中國學術思想 研究輯刊

三四編
林慶彰 主編

第 4 冊

劉牧《易》學研究（上）
盧秀仁 著

花木蘭文化事業有限公司

國家圖書館出版品預行編目資料

劉牧《易》學研究（上）／盧秀仁 著 -- 初版 -- 新北市：花
木蘭文化事業有限公司，2021〔民110〕
序 2+ 目 8+204 面；19×26 公分
（中國學術思想研究輯刊 三四編；第 4 冊）
ISBN 978-986-518-487-2（精裝）
1.（宋）劉牧 2. 學術思想 3. 易學
030.8   110010874

ISBN-978-986-518-487-2

9 789865 184872

中國學術思想研究輯刊
三四編　第 四 冊　　　　　　　ISBN：978-986-518-487-2

劉牧《易》學研究（上）

作　　　者　盧秀仁
主　　　編　林慶彰
總 編 輯　杜潔祥
副總編輯　楊嘉樂
編　　　輯　許郁翎、張雅淋、潘玟靜　美術編輯　陳逸婷
出　　　版　花木蘭文化事業有限公司
發 行 人　高小娟
聯 絡 地 址　235 新北市中和區中安街七二號十三樓
　　　　　　電話：02-2923-1455 ／傳真：02-2923-1452
網　　　址　http://www.huamulan.tw 信箱 service@huamulans.com
印　　　刷　普羅文化出版廣告事業
封面設計　劉開工作室
初　　　版　2021 年 9 月
全書字數　495209 字
定　　　價　三四編 14 冊（精裝）新台幣 36,000 元　　版權所有 · 請勿翻印

劉牧《易》學研究（上）

盧秀仁　著

作者簡介

作者：盧秀仁字顯德
籍貫：四川安岳
生日：1964 年 12 月 18 日
學歷：國立中山大學文學博士
任教：國立高雄大學兼任助理教授

提　要

　　北宋‧吳祕於慶曆初（1041）獻劉牧《易》學相關著作於朝，致宋代學者對其《新注周易》解《易》之法，衍生諸多批判。是以本研究審酌篇幅，則從蒐羅 249 則《新注周易》佚文中，各依上、下《經》，摘掇 38 條釋例進行分析與探索，儼然發現其注《易》之法，皆以「十翼」之〈繫辭〉、〈說卦〉、〈彖〉、〈象〉、〈文言〉、〈序卦〉義旨為基，兼採以卦解卦、以爻釋爻，偶協漢儒、唐《易》之論，並摭《尚書》、《詩經》、《禮記》、《大戴禮記》、《春秋》、《左傳》、《穀梁傳》、《論語》、《史記》、《漢書》、《晉書》、《孔子家語》、《揚子法言》、《黃帝內經》、《京氏易傳》、《文子》、《呂氏春秋》、《淮南鴻烈解》、《易緯乾坤鑿度》、《易緯乾鑿度》、《尚書考靈曜》、《春秋元命苞》、「孟喜十二月卦」諸文獻，分別綜合融會，若此形成以「史事」、「天文地理」及「經傳」詮註《易》旨之特性，內容純然以儒理要義為核心，全然契合人事訓解之規範，未有絲毫象數之穿鑿，更無任何沿蹈抄襲之痕跡，洵然依循孔聖夫子之理，不類北宋眾儒諸訾議，確然可證劉牧，不啻居於宋初義理《易》學之肇端，占有宋代史事解《易》之承先啟後席位，更且有功於宋初儒學勃興之發軔。泊北宋‧李淑《書目》，記錄《易數鈎隱圖》一卷以降，歷來即存一卷、二卷、三卷之說者；迄南宋‧晁公武載記《遺論九事》之并入始，各家輯錄，均將《遺論九事》，視如劉牧之作；四庫館臣猶然因循，合聚彙編而成今日傳本，致使兩者詮釋、圖示混雜為一；且《易數鈎隱圖》之圖數，歷代尚有四十八、五十五、六十四圖之論，眾說紛紜，莫知孰是，令人無以為適。況《遺論九事》「陰陽律呂」，未見有人提出任何卓識，若然本研究為求釐正《遺論九事》與《易數鈎隱圖》錯綜之糾葛，還原確切之圖數，故採按圖分析、比較，檢覈、參校之方式，進行審究、洄泝，以尋玩彼此思想之根由與異同，從而確立劉牧「象數《易》學」，獨特創見之學術依仗。審驗得知《易數鈎隱圖》凡有七圖之數重複，晁公武所稱三卷，四十八圖，殆指五十五圖扣除七數之餘，其時總數，猶如今本五十五，無有差異。且證李淑《書目》載記《易數鈎隱圖》一卷始，迄今三卷之諸般變異，洵然總圖之數並無增減。尚且《遺論九事》及歐陽修序文之并入，當在李淑《書目》之後，至遲應在李衡增刪《周易義海》之時。且《遺論九事》全書咸非劉牧所著，更不知作者為何。劉牧河、洛之說，不源於北宋‧陳摶、范諤昌一脈，師承終將成謎。「河圖」先天、「洛書」後天本為劉牧首創，圖書宗派定位必須修正，若此綜括省覽劉牧思想，已然匯集義理、史事、科學、象數，兼容並蓄之《易學》涵養，誠然不失一代巨儒之格局與風範。

推薦序

　　盧秀仁君於民國 2006 年 9 月進入高雄師範大學經學研究所碩士班，從學於我，並以傳統經典為其志業。在學期間，虛心受教，多所叩問，尤其於《易經》學，更展現其才華，慧眼獨具，順利以《春秋內、外《傳》筮法之「八」考訂》一書，取得碩士學位。隨即獲錄取國立中山大學中文系博士班，繼續升造學習，並於 2020 年 6 月以《劉牧《易》學研究》為題，順利取得文學博士學位。

　　秀仁學術專長主要在《周易》，舉凡象數、義理易學，莫不兼攝融通，並曾撰有論文如〈「耳順」之「耳」字義及非衍考辨〉、〈劉牧《遺論九事》之「陰陽律呂」研究〉，先後發表於國內學術期刊《人文社會科學研究》與《經學研究集刊》，其學術質量俱佳，頗受肯定。

　　其博士論文《劉牧易學研究》一書，尤為煌煌巨帙。盧博士針對北宋劉牧《新注周易》，探賾索隱、鉤深研幾，考掘其注《易》之法，頗以十翼義旨為基，兼采以卦解卦、以爻釋爻，偶協漢唐諸儒《易》論，融會《易緯》圖緯諸說，並採摭群經百家之言，形成縮結史事、天文、地理等等，而以經傳詮《易》之特色。其內容以儒理要義為核心，全然契合人事訓解之規範，未見絲毫象數之穿鑿，洵然依循孔聖夫子之理，此與北宋以降，歷代學者之訾議，大相徑庭。盧博士之研究，確然可證劉牧易學，蓋可為宋初義理《易》學之肇端，於宋代史事派易學，更有啟迪之功。

　　其論文兼亦探討劉牧《易數鉤隱圖》與《遺論九事》錯綜糾葛問題，透過按圖分析、比較、檢覈、參校之方式，證明《遺論九事》咸非劉牧所著，更不知作者為何？在在可見盧博士治學細膩，不畏煩瑣，故能抽絲剝繭，考掘

真相。誠然有功於易學，亦顯見其學術之價值。今其有意將博士論文《劉牧易學研究》，藉花木蘭文化事業有限公司之篇壤，將其學術成果分享同好，誠為學界幸事。忝為其業師暨碩論指導教授，樂於推薦如上。

國立清華大學中文系兼任教授　黃忠天

2021.3.26

目次

第一章　緒　論

第一節　研究背景

　　南宋・邵伯溫（1057～1134）嘗云：「种放明逸……。明逸授盧江許堅，堅授范諤，由此一枝傳於南方也。」[註1]所稱范諤，即指北宋・范諤昌（？），惟諤昌之傳衍如何，未有陳述。

　　南宋・晁說之（1059～1129）則曰：「有盧江范諤昌者，亦嘗受《易》於种徵君。諤昌授彭城劉牧，而聱隅先生黃晞及陳純臣之徒，皆由范氏知名者也。」[註2]且南宋・朱震（1072～1138）亦謂：「漢上陳摶以先天圖傳种放，放傳穆修、修傳李之才，之才傳邵雍。放以〈河圖〉、〈洛書〉傳李溉。溉傳許堅，堅傳范諤昌，諤昌傳劉牧。」[註3]若此以降，諸家蓋皆以為范諤昌下傳於北宋・彭城劉牧（？）。

　　然歷來，對於劉牧（？）師承范諤昌（？）之說，首先提出質疑者，即南

[註1]　〔南宋〕邵伯溫撰：《易學辨惑》，收入《景印文淵閣四庫全書・經部3・易類》（臺北：臺灣商務印書館，1983年），第9冊，卷1，頁405。

[註2]　〔南宋〕晁說之撰：〈傳易堂記〉，《景迂生集》，收入《景印摛藻堂四庫全書薈要・集部第40冊・別集類》（臺北：世界書局，1988年），總第387冊，卷16，頁313。

[註3]　〔南宋〕朱震撰：〈表〉，《漢上易傳》，收入《景印文淵閣四庫全書・經部5・易類》（臺北：臺灣商務印書館，1983年），第11冊，頁5。

宋・陳振孫（1179～1262），其稱：「或言劉牧之學出於諤昌，而諤昌之學亦出种放，未知信否？晁以道，邵子文、朱子發皆云爾。」〔註4〕且因其時，所見《易數鈎隱圖》有兩本，然兩者所見劉牧之字竟不同，故亦率先發出，北宋有兩劉牧存在之困惑疑言：

> 案敏士序稱「伯祖屯田郎中，臨川先生志其墓。」今觀〈誌〉文所述，但言學《春秋》於孫復而已，當慶曆時，其《易》學盛行，不應略無一語及之？且黎獻之〈序〉稱字長民，而〈誌〉稱字先之，其果一人耶？抑二人耶？〔註5〕

陳振孫因觀北宋・王安石（1021～1086）為南宋・劉敏士（？）之伯祖劉牧，所作之〈誌〉文，僅只云及師事北宋・孫復（992～1057）研習《春秋》之事，惟仁宗慶曆其間，劉牧《易》學已然盛行，不該毫無片言支字語之？且黎獻序稱劉牧字長民，然王安石則謂先之，若此陳氏即懷疑劉牧是一人，抑或二人？

雖則陳振孫疑慮劉牧恐有二人，惟其仍記「太常博士劉牧長民撰。」〔註6〕猶視劉牧字長民者，為《易數鈎隱圖》作者。其後元初俞琰（？）亦承晁說之、陳振孫之意，而謂：「太常博士，彭城劉牧長民撰。……且黎獻之〈序〉稱長民，而〈誌〉稱字先之，其果一人耶？抑二人耶？當考！」〔註7〕惟泊俞琰以降，則未見何人進行考證，至明・章潢（1527～1608），尚云：「……是故有以十為〈洛書〉，九為〈河圖〉，如劉長民、張文曉者矣。」〔註8〕因〈河圖〉、〈洛書〉，出於《易數鈎隱圖》，若此，依然以劉牧長民為作者。

迄清初黃宗羲（1610～1695）則以王安石〈墓誌銘〉為根據，將長民、先

〔註4〕〔南宋〕陳振孫撰：〈易類〉，《直齋書錄解題》，收入《景印摛藻堂四庫全書薈要・史部第151冊・目錄類》（臺北：世界書局，1988年），總第237冊，卷1，頁8。

〔註5〕〔南宋〕陳振孫撰：〈易類〉，《直齋書錄解題》，收入《景印摛藻堂四庫全書薈要・史部第151冊・目錄類》，總第237冊，卷1，頁9。

〔註6〕〔南宋〕陳振孫撰：〈易類〉，《直齋書錄解題》，收入《景印摛藻堂四庫全書薈要・史部第151冊・目錄類》，總第237冊，卷1，頁9。

〔註7〕〔元〕俞琰撰：〈魏晉以後唐宋以來諸家著述〉，《讀易舉要》，收入《景印文淵閣四庫全書・經部15・易類》（臺北：臺灣商務印書館，1983年），第21冊，卷4，頁459。

〔註8〕〔明〕章潢撰：〈洛書洪範蔡氏洪範皇極總論〉，《圖書編》，收入《景印文淵閣四庫全書・子部274・類書類》（臺北：臺灣商務印書館，1985年），第968冊，卷8，頁286。

之合并而稱：「劉牧字先之，號長民，衢之西安人。」〔註9〕其後清・朱彝尊（1629～1709）遂依宗義之言，不採晁說之、陳振孫、俞琰「彭城劉牧」說，而謂：「夫三衢固仕國也。昔之言經術者，若鄭灼之三《禮》；劉牧、徐庸、柴翼之《易》；徐晉卿、王宏之《春秋》，是皆西安產也。」〔註10〕同黃宗羲，采王安石之〈誌〉，將劉牧邑里歸為三衢之西安人。考王安石〈墓誌銘〉之文：

> 治平元年五月六日，荊湖北路轉運判官尚書屯田郎中劉君，年五十四，以官卒。三年，卜十月某日，葬真州揚子縣蜀岡，而子洙，以武寧章望之狀來求銘。噫！余故人也，為序而銘焉。序曰：君諱牧，字先之，其先杭州臨安縣人，君曾大父，諱彥琛，為吳越王將，有功，刺衢州，葬西安，於是劉氏又為西安人。……後以君故，贈官至尚書職方郎中。君少則明敏，年十六求舉進士不中，曰「有司豈枉我哉？」乃多買書，閉戶治之。及再舉，遂為舉首，起家饒州軍事推官，與州將爭公事，為所擠，幾不免。及後，將范文正公至，君大喜曰「此吾師也！」遂以為師。〔註11〕

治平，為北宋英宗唯一年號。元年（1064）〔註12〕五月六日，劉牧先之，以年五十四卒；若然，生年，當於北宋真宗大中祥符四年（1011）〔註13〕。其曾大父為吳越王之將，有功，出仕衢州，逝葬西安，若此王安石稱劉氏亦算西安人。此（三衢之西安人）劉牧（1011～1064）十六歲，值北宋仁宗天聖四年（1026），科考進士不第。再次參加，遂得舉首，官仕饒州軍事推官，惟與州將爭執公事，而被排擠，幾乎已屆無能倖免災禍臨身之狀。之後北宋・范仲淹（989～1052）出任為將，劉牧大喜曰「此吾師也！」於焉敬奉范仲淹為老師。

〔註9〕〔清〕黃宗羲輯，全祖望訂補，馮雲濠、王梓材校正：〈泰山學案・運判劉長民先生牧〉，《宋元學案》，收入《續修四庫全書・史部・傳記類》（上海：上海古籍出版社，1995年），第518冊，卷2，頁69。

〔註10〕〔清〕朱彝尊撰：〈記・衢州府西安縣重建學記〉，《曝書亭集》，收入《景印文淵閣四庫全書・集部257・別集類》（臺北：臺灣商務印書館，1985年），第1318冊，卷65，頁374。

〔註11〕〔北宋〕王安石撰：〈墓誌・荊湖北路轉運判官尚書屯田郎中劉君墓誌銘并序〉，《臨川集》，收入《景印摛藻堂四庫全書薈要・集部第30冊・別集類》（臺北：世界書局，1988年），總第377冊，卷97，頁255。

〔註12〕方詩銘編：《中國歷史紀年表》（上海：上海辭書出版社，1980年），頁112。

〔註13〕方詩銘編：《中國歷史紀年表》，頁110。

審覈《浙江通志》有敘：「『景祐元年甲戌張唐卿榜』……劉牧_{西安人·屯田員外郎。}」〔註14〕案中所記「景祐元年甲戌」，即仁宗第三年號景祐初年甲戌，亦即西元 1034 年，〔註15〕榜首為北宋·張唐卿（1010～1037），列於同榜名單之「劉牧，西安人，屯田員外郎。」當指三衢之西安人劉牧無疑。若然，三衢劉牧，進士及第於仁宗景祐元年甲戌（1034）。

省校《范文正公年譜》所載：「景祐三年丙子，年四十八歲……五月戊寅朔，公論建都事，其略謂……夷簡大怒，以公語辯於上前，且訴公越職言事，薦引朋黨，離間君臣，……遂罷黜，落職知饒州。」〔註16〕范仲淹觸犯北宋·呂夷簡（979～1044）而遭罷官遣執饒州之時，為仁宗景祐三年丙子（1036）〔註17〕，且該年，三衢劉牧即尊事仲淹為師。

察究北宋楊億（974～1020）嘗云：「景德二年三月，試草澤劉牧，策二道，奉旨撰。」〔註18〕「景德」，為北宋真宗第二年號，景德二年，即西元 1005 年，〔註19〕該年三月，楊億奉旨，出策題兩道以殿試庶民劉牧。若此比較三衢劉牧之生年，在大中祥符四年（1011），則草澤劉牧科考之際，三衢劉牧尚未出世，亦由此可證，草澤劉牧，絕非三衢劉牧。

再探南宋·李燾（1115～1184）《續資治通鑑長編》錄曰：

> 天聖三年，……冬……十一月……庚子：「以太常博士劉牧，為屯田員外郎權度支判官。」牧善言邊事，真宗時，嘗獻陣圖兵略，得見賜出身，上知其名，於是通判定州，召對便殿而命之。劉牧邑里及賜出身當考。〔註20〕

〔註14〕〔清〕嵇曾筠等監修，沈翼機等編纂：〈宋·進士〉，《浙江通志》，收入《景印文淵閣四庫全書·史部 280·地理類》（臺北：臺灣商務印書館，1984 年），第 522 冊，卷 123，頁 279。

〔註15〕方詩銘編：《中國歷史紀年表》（上海：上海辭書出版社，1980 年），頁 110。

〔註16〕〔南宋〕樓鑰撰：《范文正公年譜》，收入張壽鏞輯：《四明叢書》（揚州：廣陵書社，2006 年），第 8 冊，頁 4746。

〔註17〕方詩銘編：《中國歷史紀年表》，頁 110。

〔註18〕〔北宋〕楊億撰：〈策問十首〉，《武夷新集》，收入《景印摛藻堂四庫全書薈要·集部第 21 冊·別集類》（臺北：世界書局，1988 年），總第 368 冊，卷 12，頁 173。

〔註19〕方詩銘編：《中國歷史紀年表》，頁 110。

〔註20〕〔南宋〕李燾撰：〈仁宗〉，《續資治通鑑長編》，收入《景印文淵閣四庫全書·史部 73·編年類》（臺北：臺灣商務印書館，1984 年），第 315 冊，卷 103，頁 598。

天聖為仁宗第一年號，天聖三年，亦西元 1025 年。〔註21〕其年三衢劉牧僅十五歲，尚未參與第一次落第之科試，是以李燾所言，其時已然位居太常博士，並晉升屯田員外郎權度支判官以通判定州之劉牧，必然非指三衢劉牧而無疑。

　　且《宋會要輯要》有載：「（仁宗天聖）四年二月……十三日，以權三司度支判官屯田員外郎劉牧，為如京史。」〔註22〕參照南宋・王應麟（1223～1296）所記：「宋朝文武無輕重之偏，……。有文臣以智畧易『右職』，當邊寄者，若：……天聖元年，劉平；四年、劉牧；……。」〔註23〕天聖四年，即西元 1026 年，為三衢劉牧先之科舉失利之年，若然兩處所云劉牧，絕非三衢劉牧，定然當指同於李燾輯錄之太常博士劉牧而無慮。

　　若此，依李燾之言對比前示楊億之語，草澤劉牧應於真宗景德二年（1005），科舉中第入朝，是以此事方得稱述；之後始有呈獻陣圖兵略，蒙見賜出身之事。迄繼位真宗之仁宗，於天聖三年（1025），猶然知曉其名，且召對便殿，詔命右遷。否則，真宗崩於「乾興元年春，二月戊午日」〔註24〕，乾興元年，為西元 1022 年，〔註25〕三衢劉牧先之，僅祗一十二歲，未嘗入仕，何況真宗在世之際，則更加年幼，豈能得以呈獻陣圖兵略，尚且見賜出身？承上各見，草澤劉牧，亦即太常博士劉牧，斷非三衢劉牧先之，可謂洄然豁朗，毫無執迷。

　　回顧前列黃黎獻〈序〉稱「劉牧字長民」、晁說之「《易》授彭城劉牧」及陳振孫「當慶曆時，劉牧《易》學盛行」、「太常博士劉牧長民撰」等諸文；審酌「慶曆」本為仁宗第六年號（1041 年 11 月～1048 年），〔註26〕距天聖三年，至少十六年有餘，而李燾所著「天聖三年之太常博士劉牧」，誠非三衢劉牧已驗，且學術成書，傳衍推崇，本須時間積累，況北宋存有兩劉牧之擾，若

〔註21〕方詩銘編：《中國歷史紀年表》，頁 110。

〔註22〕〔清〕徐松輯，〔民國〕陳垣主持影印：〈職官・換官〉，《宋會要輯稿》（上海：大東書局，1936 年影印），第 95 冊，葉職官六一之七。

〔註23〕〔南宋〕王應麟撰：〈官制・官品・嘉祐定橫行員數〉，《玉海》，收入《景印文淵閣四庫全書・子部 252・類書類》（臺北：臺灣商務印書館，1985 年），第 946 冊，卷 127，p384。

〔註24〕〔元〕托克托等修：〈本紀第八・真宗三〉，《宋史》，收入《景印摛藻堂四庫全書薈要・史部 43 冊・正史類》（臺北：世界書局，1988 年），總第 129 冊，卷 8，頁 183。

〔註25〕方詩銘編：《中國歷史紀年表》（上海：上海辭書出版社，1980 年），頁 110。

〔註26〕方詩銘編：《中國歷史紀年表》，頁 112。

此慶曆其時，已然廣泛流行之《易》學作者，誠然應為先於三衢劉牧賜官三十年，字呼長民，邑里彭城之太常博士劉牧而不惑；果若不然，則莫非北宋尚有第三劉牧哉？

日人戶田豐三郎（1905～1973）亦曾為此提出看法：

當て筆者は北宋《易》學に重要な係り合いをもつ九人の人物を舉げて北宋《易》學の要領を申し述べたことがある。九人を生年順に列記すると左の通りである。

范仲淹（989～1052）

胡瑗（993～1059）

歐陽修（1007～1072）

劉先之牧（1011～1064）

邵雍（1011～1077）〔註27〕

周敦頤（1017～1073）

張載（1020～1077）

呂大防（1027～1097）

程頤（1033～1107）

このらち、劉先之牧の生卒は王安石の《臨川集》卷九十七に〈墓

〔註27〕按邵雍自云：「辛亥年、辛丑月、甲子日、甲戌辰。日、辰同甲；年、月同辛，吾於此際生而為人。」且注「祥符辛亥，十二月二十五日」為其生日。〔北宋〕邵雍撰：〈生日吟〉，《擊壤集》，收入《景印文淵閣四庫全書·集部40·別集類》（臺北：臺灣商務印書館，1985年），第1101冊，卷18，頁140。又按北宋·邵伯溫（1057～1134）記：「先君曰：『死生亦常事耳。』故臨終有詩云：『⋯⋯死于太平世，客問幾何年，六十有七歲，⋯⋯，熙寧十年七月五日也。』」〔北宋〕邵伯溫撰：《易學辨惑》，收入《景印文淵閣四庫全書·經部3·易類》（臺北：臺灣商務印書館，1983年），第9冊，卷1，頁411。對照北宋·程顥（1032～1085）嘗述：「熙寧丁巳，孟秋癸丑，堯夫生生疾終於家，⋯⋯。先生生於祥符辛亥，至是蓋六十七年矣。」〔北宋〕程顥撰：〈明道文集四·邵堯夫先生墓誌銘〉，《二程文集》，收入《景印文淵閣四庫全書·集部284·總集類》（臺北：臺灣商務印書館，1985年），第1345冊，卷4，頁612。是以邵雍卒年為熙寧丁巳，七月五日，即西元1077年7月5日。方詩銘編：《中國歷史紀年表》（上海：上海辭書出版社，1980年），頁112。又按「大中祥符辛亥」，為西元1011年，該年農曆12月4日，亦西元12月31日。方詩銘編：《中國歷史紀年表》，頁110。若此邵雍生日「祥符辛亥，十二月二十五日」，已是祥符壬子，一月二十一日，當西元1012年1月21日。若然，邵雍生卒應修正為（1012～1077），享年實則六十六歲，非六十七歲。

誌銘〉が存ずるので，それに據つたが，歐陽永叔の〈易或問〉三
首の書かれた年代は景祐四年（西曆一〇三七），是の時劉先之は二
十六歳ごある。劉牧の〈河圖〉、〈洛書〉説は仁宗の朝に盛行を見
たが，永叔は《易或問》の中で，〈河圖〉、〈洛書〉説の根據とする
〈繫辭傳〉の「河出圖，洛出書，聖人則之」の一節を聖人の言葉
ではない，と否定している。隨つて永叔は〈河圖〉、〈洛書〉説に
對しては否定的態度を持していたことと考えられる。魏の王弼の
如き，二十四歳で歿して，而も不朽の名著を殘して居り，劉牧も
十六歳で進士の試驗に應じる位であるから，未だ三十歳にもなら
ぬうちに，黃黎獻とか呉祕とかいう祖述者をもち，慶曆（紀元一
〇六一以降八ヶ年）〔註28〕の初め，その書が朝廷に獻ぜられて，
天子から優詔を蒙つたのもありえぬことでない。ただかよらな事
蹟が〈墓誌銘〉に一切出て来ないのは，疑問とすべきである。こ
の點を中心に考えたのが筆者の劉牧二人説で，結論として〈河
圖〉、〈洛書〉説を唱えたのは先之の字をもつ劉牧ではなく，江蘇
省彭城の出身で，字は長民，太常博士となつた人である。その生
卒年代は不明であるが，劉先之よりも年代を上に置くべきである
と考えた。〔註29〕

戶田氏稱曾經列舉過和北宋《易》學有重要干係之九位人物，並敘述其於北
宋《易》學之相關旨要。依其出生之先後順序，循次布陳如下：范仲淹（989
～1052）、胡瑗（993～1059）、歐陽修（1007～1072）、劉先之牧（1011～1064）、
邵雍（1012～1077）、周敦頤（1017～1073）、張載（1020～1077）、呂大防（1027
～1097）、程頤（1033～1107）。其中，劉先之之生卒，則大略根據王安石《臨
川集》卷九十七之〈墓誌銘〉所載而記。歐陽永叔之〈易或問三首〉，撰寫年
代為景祐四年（西元一〇三七年），此時劉先之才二十六歲。而劉牧〈河圖〉、
〈洛書〉，盛行於仁宗朝代，惟永叔在〈易或問〉裡，出現否定之說，認為〈繫

〔註28〕按北宋仁宗慶曆年號，自西元 1041 年 11 月，迄 1048 年。方詩銘編：《中國
　　　　歷史紀年表》，頁 112。原文此處標寫（西元一〇六一年後八年）恐排版訛錯，
　　　　須修正為（西元一〇四一年後八年）。
〔註29〕〔日〕戶田豐三郎著：《易經注釋史綱》（東京：風間書房，昭和 43 年【1968】），
　　　　頁 422～423。

辭傳〉之「河出圖、洛出書、聖人則之」一節，並非聖人之言，且〈河圖〉、〈洛書〉，亦非聖人所作。可見永叔對於〈河圖〉、〈洛書〉之說，即抱持牴牾之態度。猶如魏朝之王弼（226～249），二十四歲逝世，已留存不朽之名著，若此劉牧亦在十六歲時，參加進士考試，趁其未滿三十歲，便召集北宋・黃黎獻（？）或北宋・吳祕（？）等祖述者，在慶曆（西元一○四一年後八年）初年，即將那本書獻給朝廷，因此得獲天子優詔，不足為奇。惟該事蹟竟全然未被寫入〈墓誌銘〉，則令人疑惑。若然依此為中心而加思考，是以提出兩劉牧之論。總之，執持〈河圖〉、〈洛書〉者，並非字先之之劉牧，而是出身於江蘇省彭城，字長民，成為太常博士之劉牧。雖然無法確定其出生年代，但認為應該比劉先之還要早誕生。

戶田氏已然認定《易數鈎隱圖》之作者為劉牧先之，且藉王安石〈墓誌銘〉之述，以計算劉牧先之之生卒為 1011～1064 年。更依〈墓誌銘〉所載而推測，劉先之十六歲參加進士科舉，為仿效王弼二十四歲辭世，尚能留下巨著之典範，故在未滿三十歲之際，即偕門下弟子黃黎獻或吳祕等人，於慶曆初（1041）獻書朝庭，以得仁宗褒美獎賞，更且戶田氏以為，理屬當然之過程，王安石〈墓誌銘〉中，竟然隻字未提，故而啟人疑竇。

同時，戶田氏亦撥歐陽修於仁宗景祐四年（1037）〔註30〕撰寫〈易或問〉，嘗云「〈繫辭〉果非聖人之作」，〔註31〕並於〈易童子問〉裡，陳論否定〈河圖〉、〈洛書〉相關之述，〔註32〕且依此相應〈河圖〉、〈洛書〉盛行仁宗之時，劉牧先之年僅二十六歲，若然據以判定，〈河圖〉、〈洛書〉之說，本非劉牧先之所提，當是身為太常博士，其字長民之彭城劉牧所創。並言未曉長民生卒，惟可確定比劉牧先之年長。

然審南宋・晁公武（1105～1180）所云：「劉長民《易》十五卷。右皇朝

〔註30〕〔北宋〕歐陽修撰：〈居士集目錄〉，《歐陽文忠公集》（美國哈佛大學燕京圖書館珍藏：明嘉靖庚申三十九年【1560】），葉 27。按今本文淵閣版、摛藻堂版皆無標註寫作日期。

〔註31〕〔北宋〕歐陽修撰：〈居士集第十八・易或問三首〉，《文忠集》，收入《景印摛藻堂四庫全書薈要・集部第 23 冊・別集類》（臺北：世界書局，1988 年），總第 370 冊，卷 18，頁 323。

〔註32〕〔北宋〕歐陽修撰：〈易童子問第三〉，《文忠集》，收入《景印摛藻堂四庫全書薈要・集部第 24 冊・別集類》（臺北：世界書局，1988 年），總第 371 冊，卷 78，頁 252～255。

劉牧長民撰。仁宗時言數者皆宗之，慶曆〔註33〕初，吳祕〔註34〕獻其書于朝，優詔獎之，田況為序。」〔註35〕已然清楚詮註，仁宗之時言數者，皆宗劉牧長民之《易》，且慶曆初（1041 年 11 月～1042 年），吳祕獻其書於朝，所獻乃劉長民之書，而獲優詔褒獎，儼然昭昭明矣。

　　況北宋・姚嗣宗（？）有謂：「劉牧之學，授之吳祕，祕授之夬。」〔註36〕南宋・馮椅（1140～1231）〔註37〕亦言：「牧字長民，彭城人，仁宗時，言數

〔註33〕按原文寫「厯」，惟依清・顧藹吉（？）釋「歷」所稱：「劉曜碑——三縣令隸釋云：以『厯』為『歷』。按《說文》新附字云：『厯』通用『歷』。碑則『歷』通用『厯』。」若然「厯」與「歷」字相通。〔清〕顧藹吉撰：〈入聲〉，《隸辨》，收入《景印文淵閣四庫全書・經部 229・小學類》（臺北：臺灣商務印書館，1983 年），第 235 冊，卷 5，頁 658。又按《說文》：「『曆』，厯象也。從日，麻聲。《史記》通用『厯』；郎擊切。」若此「厯」與「曆」亦通用，故「厯」、「歷」及「曆」者皆通，是以為求論文之一致，凡屬文獻之引文，或筆者言及「慶曆」、「慶厯」、「律厯」、「律歷」之詞，其「厯」、「歷」，均書以「曆」字表示。〔東漢〕許慎撰，〔北宋〕徐鉉增釋：〈第七上〉，《說文解字》，收入《景印文淵閣四庫全書・經部 217・小學類》（臺北：臺灣商務印書館，1983 年），第 223 冊，卷 7 上，頁 202。

〔註34〕按原文書「秘」字，然其他論及吳氏之文獻，尚有寫「祕」者，惟明・梅膺祚（？）嘗云：「『祕』，兵媚切，悲，去聲。……俗從『禾』，誤。」是以「祕」為正字，「秘」則為異體俗字，若此本論文，為求統一，皆采「祕」字標示。〔明〕梅膺祚撰：〈午集・示部〉，《字彙》，收入《續修四庫全書・經部・小學類》（上海：上海古籍出版社，1995 年），第 233 冊，頁 131。

〔註35〕〔南宋〕晁公武撰：〈易類・劉長民《易》十五卷〉，《郡齋讀書志》，收入《景印文淵閣四庫全書・史部 432・目錄類》（臺北：臺灣商務印書館，1984 年），第 674 冊，卷 1 上，頁 161。

〔註36〕〔南宋〕晁公武撰：〈易類・劉長民《易》十五卷〉，《郡齋讀書志》，收入《景印文淵閣四庫全書・史部 432・目錄類》，第 674 冊，卷 1 上，頁 162。

〔註37〕按作家明然於〈厚齋先生傳及四子生卒考略〉（2017 年 2 月 16 日）稱：「馮椅：生於宋紹興十年秋月，公元的 1140 年秋天，登紹熙陳亮榜進士，歿於1232 年，享年 92 歲。」http://blog.sina.com.cn/s/blog_49f503880102wtwt.html。且於〈丁酉，別這樣的春節味道〉（2017 年 3 月 1 日）http://www.chinawriter.com.cn/n1/2017/0301/c404013-29115878.html 之貼文，陳述其發現過程：「不管是在網上還是在各種的書籍資料上，均沒有查找到關於馮椅生卒紀年的詳錄，這次，終於讓我在他的老家，通過翻找原始的譜牒，弄清楚了他是誕辰在宋紹興庚申秋月，也就是公元的 1140 年秋天，通過對原版《厚齋先生傳》的閱讀，了解到他享壽 92 歲，推算出他應該是歿於 1232 年的。」又於〈覓踪厚齋，疑釋譜牒〉（2017 年 3 月 6 日）https://www.meipian.cn/efrfgpy 之貼文，亦詳論其證：「通過翻找譜牒，查找到馮椅是馮氏五十三世祖盛世公的長子，為五十四世祖，生於宋紹興十年秋月。通過年代比對，應該是出生在公元的 1140 秋天，……。根據譜牒上《厚齋先生傳》的原文記述，先生享壽九

者皆宗之。……黃黎獻受之於牧，祕受之於黎獻。」〔註38〕猶然可知，黃黎獻、吳祕皆源於劉牧長民。而《福建通志》尚記：「吳祕，字君謨，甌寧人，景祐元年進士。」〔註39〕南宋・彭百川（？）亦載：「景祐元年春，詔曰：……。三月戊寅試，禮部奏名進士張唐卿以下，並賜及第。<small>張唐卿・楊察・石詢有・吳祕 林槩・張宋・楊清……</small>」〔註40〕顯然可知，吳祕與張唐卿，甚且劉牧先之皆為仁宗景祐元年（1034）同榜進士，試問其時劉牧先之二十四歲，方始入仕，如何已讓仁宗之朝，凡言數者，皆宗之？又豈能與吳祕有師徒或再傳牽扯之關係？

若然以觀，戶田氏雖可稱為，歷來首位確定北宋存在兩劉牧之人，然其藉歐陽修於仁宗景祐四年（1037），撰寫〈易或問〉以否定〈河圖〉、洛書」之時間，對應劉牧〈河圖〉、〈洛書〉盛行仁宗之朝，而混淆劉先之獻書，得獲仁宗優詔之事，洵然已犯先入為主、張冠李戴之錯誤。其說，不僅訛雜史事，更且避重就輕，含混應付，毫無考證，非但無法解決兩劉牧之困惑，反益造成淆亂迷惘，全然不足認可與擷採。

惟今人則拾掇文獻交叉比對之方式，進行北宋兩劉牧之考證，成果甚為豐富，如李裕民，其據《直齋書錄解題》、《續資治通鑑長編》及《宋會要輯稿》、王安石〈荊湖北路轉運判官尚書屯田郎中劉君墓誌銘〉等諸述考證，亦然確定北宋有兩劉牧，一為劉牧長民、一為劉牧先之，且劉先之，曾隨北宋・孫復學《春秋》，並无著作。〔註41〕又言：「此書（《易數鈎隱圖》）不由劉長民獻上，而由其徒吳祕上之，則至遲在慶曆初（1041）長民已經去世。」〔註42〕

李科另以南宋・李埴（？）《皇宋十朝綱要》及《宋會要輯稿・選舉七》

十有二，……推斷出他應該是歿於南宋理宗的紹定 5 年，也就是公元的 1232 年。」又按明然考證，馮椅既生於 1140 年，享壽 92，若然據中國傳統年歲算法，則理當歿於 1231 年方是，故筆者據以改之。

〔註38〕〔南宋〕馮椅撰：〈先儒著述下〉，《厚齋易學》，收入《景印文淵閣四庫全書・經部 10・易類》（臺北：臺灣商務印書館，1983 年），第 16 冊，附錄 2，頁 840。

〔註39〕〔清〕郝玉麟等監修，謝道承等編纂：〈人物・建寧府・宋〉，《福建通志》，收入《景印文淵閣四庫全書・史部 287・地理類》（臺北：臺灣商務印書館，1984 年），第 529 冊，卷 47，頁 594。

〔註40〕〔南宋〕彭百川撰：〈仁宗科舉取士〉，《太平治迹統類》，收入《景印文淵閣四庫全書・史部 166・雜史類》（臺北：臺灣商務印書館，1984 年），第 408 冊，卷 27，頁 684。

〔註41〕李裕民：《四庫提要訂誤》（北京：書目文獻出版社，1990 年），頁 1～2。

〔註42〕李裕民：《四庫提要訂誤》，頁 2。

所載，認為草澤劉牧於景德二年（1005 年），科試及第且出仕為官之證據不足。且由於非正式科舉，因呈陣圖兵略而得見賜出身，是以李燾《續資治通鑑長編》方注「劉牧邑里及賜出身當考。」惟縱然如此，則同然依王安石〈墓誌銘〉及陳振孫《直齋書錄解題》之著，猶然考定草澤劉牧亦即彭城劉牧，非三衢劉牧。〔註 43〕更且循李燾《續資治通鑑長編》記載，修正北宋‧范純仁（1027～1101）〈內殿承制閤門祗候衛君墓表〉所云「軍事推官彭城劉牧」，應改為「軍事推官三衢劉牧」之錯誤。〔註 44〕尚且驗證三衢劉牧有〈次韻經略吳及石門洞〉詩、〈送張損之赴任定府幕職序〉、〈待月亭記〉等著作；然〈易數鈎隱圖序〉則肯定出自彭城劉牧之手。〔註 45〕

　　郭彧可謂首開廣泛、全面、深入之審查與覈究，以釐比北宋兩劉牧，辨別《易數鈎隱圖》真正作者及相關問題之第一人。其引「北宋仁宗時人李覯（1009～1059）《刪定易圖序論》曰：『世有治《易》根于劉牧者，其說日不同，因購牧所為易圖五十五首，觀之則甚複重……別有一本，黃黎獻為之序者，頗增多誕漫。』」〔註 46〕

　　且援晁公武、馮椅（1140～1231）之述而稱：「《郡齋讀書志》記：『……仁宗時，言數者皆宗之。慶曆初，吳祕獻其書于朝，優詔獎之。』『慶曆初』當公元 1041 年，而據馮椅《厚齋易學》記：『……黃黎獻受之于牧，祕受之于黎獻，……。』原來仁宗時的吳祕還是黃黎獻的弟子。」〔註 47〕

　　亦循元‧胡一桂（？）嘗記北宋‧宋咸（？）：「康定元年，自序《易辨》曰：『近世劉牧，既為《鈎隱圖》以畫象數。』」〔註 48〕而云：「宋咸於仁宗康定元年（1040 年）作《王劉易辨》。……說明身為黃黎獻之師之劉牧當為官於

〔註 43〕李科：〈北宋二劉牧生平補考及其詩文歸屬考辨〉，收入周裕鍇主編：《新國學第十卷》（成都：四川大學出版社，2014 年），頁 170～172。

〔註 44〕李科：〈北宋二劉牧生平補考及其詩文歸屬考辨〉，收入周裕鍇主編：《新國學第十卷》，頁 173。

〔註 45〕李科：〈北宋二劉牧生平補考及其詩文歸屬考辨〉，收入周裕鍇主編：《新國學第十卷》，頁 177～185。

〔註 46〕郭彧：〈《易數鈎隱圖》作者等問題辨〉，《周易研究》2003 年第 2 期（總第五十八期），頁 52。

〔註 47〕郭彧：〈《易數鈎隱圖》作者等問題辨〉，《周易研究》2003 年第 2 期（總第五十八期），頁 52。

〔註 48〕〔元〕胡一桂撰：〈傳注‧宋〉，《周易啟蒙翼傳》，收入《景印摛藻堂四庫全書薈要‧經部第 10 冊‧易類》（臺北：世界書局，1988 年），總第 11 冊，中篇，頁 278。

仁宗之前，而三衢劉牧則為官於仁宗及英宗之時。」〔註49〕

　　兼依「王安石為三衢劉牧所作〈墓誌銘〉剪輯如下：……治平元年五月六日荊湖北路轉運判官尚書屯田郎中劉君年五十四，以官卒……及文正公安撫河東，乃始舉君可治劇，於是君為兗州觀察推官」〔註50〕之文，而曰：「按此墓銘所記推之，三衢劉牧生於1011年，卒於1064年。而范仲淹『撫河東』時舉荐三衢劉牧『可治劇』，時當1041年。」〔註51〕

　　並結合李燾《續資治通鑑長編》：「慶曆四年秋……八月辛卯……，甲辰……河北宣撫使富弼，奏請殿中丞劉牧，掌隨行機密文字，從之。牧西安人也」〔註52〕之錄，綜括諸上，提出反詰與論見：

> 富弼奏其「掌機宜文字」，時當1044年。那麼，宋咸會稱當時年僅三十多歲之三衢劉牧為「近世劉牧」嗎？而吳祕怎麼會是三衢劉牧的二傳弟子呢？他又怎麼會把當時年僅三十多歲的三衢劉牧之書代獻之於朝廷呢？朝廷「優詔獎之」是件大事，後來王安石為三衢劉牧作〈墓誌銘〉時怎麼會一字不提呢？當時健在而年僅三十多歲之三衢劉牧，其易學著作又如何會有「仁宗時言數者皆宗之」之巨大影響？李覯又如何會說「世有治《易》根於劉牧者，其說日不同」，並把當時年僅三十多歲三衢劉牧之書「刪定之」？凡此種種，皆說明北宋時期有兩位劉牧，一是文官太常博士，一是武官屯田郎中；一是仁宗之前人，一是仁宗時人；一是彭城人，一是三衢人；一是字長民，一是字先之。〔註53〕

郭彧堪稱旁徵博引，驗證甚深，至此已然確定北宋有兩劉牧之事實，一為「仁宗之前人，文官太常博士，彭城劉牧字長民」；一為「仁宗時人之武官屯田郎中，三衢劉牧字先之」。惟其核剖之中，所言「范仲淹『撫河東』時舉荐三衢劉牧『可治劇』，時當1041年」之考據，恐有疏漏。

〔註49〕郭彧：〈《易數鈎隱圖》作者等問題辨〉，頁52。

〔註50〕郭彧：〈《易數鈎隱圖》作者等問題辨〉，頁52～53。

〔註51〕郭彧：〈《易數鈎隱圖》作者等問題辨〉，《周易研究》2003年第2期（總第五十八期），頁53。

〔註52〕〔南宋〕李燾撰：〈仁宗〉，《續資治通鑑長編》，收入《景印文淵閣四庫全書・史部74・編年類》（臺北：臺灣商務印書館，1984年），第316冊，卷151，頁467～480。

〔註53〕郭彧：〈《易數鈎隱圖》作者等問題辨〉，頁53。

　　筆者審省〈范文正公年譜〉，最早談及「使河東」之事者，即於「（慶曆）三年（1043）癸未，年五十五歲：……四月……甲申，以公為陝西宣撫使。……而公又言『河東』亦當為備，任師中常守并州，上即命使『河東』。」〔註54〕另完整指出「河東宣撫史」之職銜者，在「（慶曆）四年（1044）甲申，年五十六歲：……六月，公與琦又奏陝西八事，河北五事。……遂以公為陝西、河東宣撫使。」〔註55〕且〈年譜補遺〉則記：「康定元年（1040）……八月一日，舉劉牧、錢中孚等十七人，充陝西差遣。」〔註56〕若然以校，范仲淹宣撫河東，初始應於慶曆三年（1043）四月及四年（1044）六月，且其薦舉三衢劉牧，而為兗州觀察推官，亦該於此兩次其一之時。是以郭彧「時當1041年」之說，誠然不知所憑為何？

　　然郭彧考定已視彭城劉牧長民，「當為官於仁宗之前」，屬「文官太常博士」，列「仁宗之前人」諸證，又於兩處文獻之發現，而重新加以修正。其謂：

　　　　證據之一：楊億《武夷新集》之證。景德二年三月試草澤劉牧策二道（奉聖旨撰）……考景德二年（1005）楊億奉聖旨撰試草澤劉牧策二道之事可知，彭城劉牧當於是年致仕為官，而是年恰是澶淵之盟後第一年，故《宋史》記「景德二年春正月庚戌朔，以契丹講和，大赦天下」。而三衢劉牧作《送張損之赴任定府幕職序》，時當慶曆四年（1044），恰是澶淵之盟後四十年，故文中有「我國家以仁策馴有北四十年矣」語。按《浙江通志》所記，景祐元年甲戌（1034，宋仁宗在位）進士張唐卿榜上有三衢劉牧名，為官屯田員外郎。這就是說，彭城劉牧早在三衢劉牧前三十年就已為官。證據之二：宋王應麟《玉海》卷一百二十七「官制」記之證。嘉祐定橫行員數……按此記，彭城劉牧原為太常博士的左職文官，於宋仁宗天聖四年（1026）「以智略易右職當邊寄」。此時三衢劉牧16歲，八年後方上進士榜。依據上面兩條證據，我們可了解彭城劉牧的大概情況：宋真宗景德二年致仕，官至太常博士，至宋仁宗天聖四年，以有智略

〔註54〕〔南宋〕樓鑰撰：《范文正公年譜》，收入四庫全書存目叢書編纂委員會編：《四庫全書存目叢書・史部》（濟南：齊魯書社，1996年），第82冊，頁14。

〔註55〕〔南宋〕樓鑰撰：《范文正公年譜》，收入四庫全書存目叢書編纂委員會編：《四庫全書存目叢書・史部》，第82冊，頁15。

〔註56〕不知撰者何人：《年譜補遺》，收入四庫全書存目叢書編纂委員會編：《四庫全書存目叢書・史部》（濟南：齊魯書社，1996年），第82冊，頁20～21。

　　而易右職，赴邊疆任武官。〔註57〕

郭彧變更之前看法，肯定彭城劉牧長民，入仕於「真宗、仁宗」二朝，至仁宗天聖四年，因文官之「智略」而易「右職」，改敘邊寄武官。若此郭彧即稱：「北宋的確有二位劉牧」〔註58〕，且將彭城劉牧、三衢劉牧活動事跡，歸納一十六條，排表以示如下：

　　宋真宗（998～1022 在位）

　　景德元年（1004），北宋與契丹於澶淵立盟講和。

　　景德二年（1005）春正月，大赦天下，三月，楊億奉聖旨擬試《草澤彭城劉牧策》二道。（見楊億《武夷新集》）彭城劉牧於是年為官。

　　天禧中（1019），毗陵從事建溪范諤昌撰《易證墜簡》一卷，《大易源流圖》一卷，自謂其學出於溢浦李處約，李得之盧山許堅。（見陳振孫《直齋書錄題》）

　　宋仁宗（1023～1063 在位）

　　天聖四年（1026），彭城劉牧以文臣有智略，易右職赴邊疆為武官。（見王應麟《玉海》）

　　景祐元年（1034），張唐卿榜（進士）有劉牧，三衢人，官屯田員外郎。（見《浙江通志》）

　　康定元年（1040 年），范仲淹有《送三衢劉牧推官之兗州》詩作。（見范仲淹《范文正集》）〔註59〕

　　康定元年（1040 年），宋咸作《王劉易辨》，自序中有「近世劉牧既為《鉤隱圖》以畫象數」語。（見陳振孫《直齋書錄解題》，又記：《易辨》凡二十篇，劉牧之學大抵求異先儒，穿鑿破碎，故李、宋或刪之或辨之）宋咸謂「近世劉牧」，乃指彭城劉牧言。

　　康定元年（1040）七月十八日，石介作《泰山書院記》，有「今先生游，從之貴者，有王沂公、蔡二卿、李泰州、孔中丞，今李丞相、范經略……門人之高弟者，石介、劉牧」語。（見石介《徂徠集》卷

〔註57〕郭彧：〈北宋兩劉牧再考〉，《周易研究》2006 年第 1 期（總第七十五期），頁 27～28。

〔註58〕郭彧：〈北宋兩劉牧再考〉，《周易研究》2006 年第 1 期（總第七十五期），頁 27。

〔註59〕按「仁宗寶元二年（1039）……夏四月辛酉朔，新知兗州李迪加資政殿大學士」。

十四）又石介《上杜副樞書》中有「泰山孫明復先生其人矣，先生
道至大，嘗隨舉子於科名……執弟子禮而事者，石介、劉牧」語。
此皆指三衢劉牧而言。

慶曆初（1041），彭城劉牧二傳弟子吳祕獻《易數鈎隱圖》等書於朝，
優詔獎之，田況為之序。（見馮椅《厚齋易學》所引《中興書目》，
有「仁宗時言數者皆宗之」語）

慶曆三年（1043）十一月甲申，以泰山處士孫復為國子監直講。（見
《宋史》）

慶曆四年（1044），三衢劉牧作《送張損之赴任定府幕職序》，有「我
國家以仁策馴有北四十年矣」語。（見《宋文鑑》，又葉適《習學記
言》曰：柳開、穆修、張景、劉牧，當時號能古文。又曰：與契丹
和，前四十年劉牧送張損之，後四十年蘇洵送石揚休。）

慶曆四年（1044）八月，富弼宣撫河北，奏三衢劉牧掌機宜文字。
十二月富弼罷出，劉牧赴建卦。（見《宋史》，又梅堯臣《宛陵集》
有詩：劉牧殿丞通判建州。）

慶曆七年丁亥（1047），李覯，三十九歲，是年作《刪定劉牧易圖序》。
（見李覯《盱江集》）

嘉祐七年（1062），三衢劉牧除廣南西路轉運判官。（見廣西通志）
卷五十一，秩官：宋廣南西路轉運使劉牧）

宋英宗（1064～1067 在位）

治平元年（1064）四月，三衢劉牧移荊湖北路，五月六日，荊湖北
路轉運判官尚書屯田郎中劉牧，年五十四以官卒。（見王安石《臨川
文集》：《荊湖北路轉運判官尚書屯田郎中劉君墓誌并序》）

治平中（1066）葉昌齡撰《治平周易圖義書目》二卷，以《易數鈎
隱圖》之失，遂著此書，凡四十五圖。（見王應麟《玉海》）〔註60〕

郭彧根據諸般記錄，逐條查覈詳加比對，遂依北宋真宗、仁宗、英宗三朝，將
彭城劉牧與三衢劉牧年代、邑里全然釐分，惟其「康定元年（1040 年），范仲
淹有《送三衢劉牧推官之兗州》詩作。（見范仲淹《范文正集》）」之論說，恐
有商榷之必要。

〔註60〕郭彧：〈北宋兩劉牧再考〉，《周易研究》2006 年第 1 期（總第七十五期），頁
　　　28～29。

郭彧為修正前云「范仲淹『撫河東』時，舉荐三衢劉牧『可治劇』，而為兗州觀察推官，時當 1041 年」之述，故采范仲淹〈送三衢劉牧推官之兗州〉一文以佐其證，而改稱 1040 年。然審該文，通篇未見撰作歲律，僅於起首：「相國東魯^{時李相公}^{迪在兗}」，〔註61〕范仲淹附有「時李相公迪在兗」之注句。惟考《續資治通鑑長編》所記：「（仁宗）寶元二年……夏四月辛酉朔，新知兗州李迪，加資政殿大學士。」〔註62〕李迪始知兗州，在仁宗寶元二年，即 1039 年；〔註63〕翻閱《范文正公年譜》，毫無「寶元」（1038～1039）〔註64〕年間之記聞，再觀《年譜補遺》，則同然缺漏，猶然祗於《補遺》存錄「康定元年（1040）……八月一日，舉劉牧、錢中孚等十七人，充陝西差遣」之事，若此郭彧審定「1040 年」之陳，洶然不明所由之宗？

惟三衢劉牧何時為兗州觀察推官，純然非本研究重點，縱然「1040」理當因襲筆者前敘之推演，更易而為「慶曆三年（1043）四月」抑或「四年（1044）六月」，終歸不變三衢劉牧先之，後於彭城劉牧長民之歷史事實。如同彭城劉牧，是否景德二年（1005），中第入仕之般，全然无礙劉牧長民，已於真宗之朝，嘗獻陣圖兵略，得見賜出身，然三衢劉牧甚且尚未出生抑或童蒙，而不得參與科試入朝之史事。

且此真實之確立，除了彭城劉牧長民《易》學思想之研究，更且攸關干係有宋以降，《易》學分類之傳承、發展與定位之檢討。

第二節　研究動機與目的

一、師承淵流暨《易數鈎隱圖》與《遺論九事》之關係探求

《易數鈎隱圖》作者，為北宋彭城劉牧長民，非三衢劉牧先之，已然定案。惟陳振孫所稱：「或言劉牧之學出於諤昌，而諤昌之學亦出种放，未知信

〔註61〕〔北宋〕范仲淹撰：〈古詩·送劉牧推官之兗州〉，《范文正集》，收入《景印摛藻堂四庫全書薈要·集部第 22 冊·別集類》（臺北：世界書局，1988 年），總 369 冊，卷 2，頁 21。

〔註62〕〔南宋〕李燾編：〈仁宗〉，《續資治通鑑長編》，收入《景印文淵閣四庫全書·史部 74·編年類》（臺北：臺灣商務印書館，1984 年），第 316 冊，卷 123，頁 25～31。

〔註63〕方詩銘編：《中國歷史紀年表》（上海：上海辭書出版社，1980 年），頁 110。

〔註64〕方詩銘編：《中國歷史紀年表》。

否」之質疑，郭彧嘗作考證而謂：

> 按宋陳振孫《直齋書錄解題》所記，毗陵從事建溪范諤昌，天禧中
> 人（1019），著《易證墜簡》一卷〔註65〕，序言稱……得于溢浦李
> 處約，李得于廬山許堅。按邵伯溫《易學辨惑》所記：「明逸亦傳
> 陳摶象學，明逸授廬江許堅，堅授范諤（昌），由此一枝傳于南方
> 也。」……《宋史》記，范諤昌著《大易源流圖》一卷，今見《道
> 藏・周易圖》中有范氏《四象生八卦圖》，……「范氏諤昌曰，四
> 象者，以形言之則水、火、木、金；以數言之則老陽、老陰、少陽、
> 少陰，九、六、七、八。惟土无形，四象各以中央土配之，則是為
> 辰、戌、丑、未之成數也。水數六，故以三畫成坎，餘三畫布於亥
> 上為乾；金數九，除三畫成兌，餘六畫布於未上為坤；火數七，除
> 三畫成離，餘四畫布於巳上為巽；木數八，除三畫成震，餘五畫布
> 於寅上為艮，此四象生八卦也。」此圖反映出范諤昌「象學」的內
> 容，既然所謂「大易源流圖」中有「四象生八卦圖」，那麼就是本
> 《易傳・繫辭》「易有太極，是生兩儀，兩儀生四象，四象生八卦」
> 一節之義而演繹，除此之外還應該有「兩儀生四象圖」及「太極生
> 兩儀圖」。這就是說，范氏所推「大易源流」，是說八卦由太極步步
> 生來的，而不是說八卦源於〈河圖〉或〈洛書〉。既然范氏有如此
> 主張，那麼他所傳的「象學」就不會是〈河圖〉與〈洛書〉之內容，
> 以此溯及陳摶所傳的象學，也並非「河洛」圖書之內容；既然范氏
> 之學傳於南方，而范氏晚出，那麼就不會傳給其前之彭城劉牧。由
> 此可知，范諤昌不可能為彭城劉牧之師，彭城劉牧並沒有得到什麼
> 「河洛」圖書之傳承。〔註66〕

由邵伯溫及范諤昌自序綜析，范諤昌之學，蓋皆源於北宋・陳摶（？）一脈。
郭彧援引范諤昌〈四象八卦圖〉之述，惟未載錄其圖，筆者查覈如下：

〔註65〕按《直齋書錄解題》原文標註「《易證墜簡》二卷」。〔南宋〕陳振孫撰：《直
　　　齋書錄解題》，收入《景印摛藻堂四庫全書薈要・史部第151冊・目錄類》（臺
　　　北：世界書局，1988年），總第237冊，卷1，頁8。
〔註66〕郭彧：〈北宋兩劉牧再考〉，《周易研究》2006年第1期（總第七十五期），頁
　　　30。

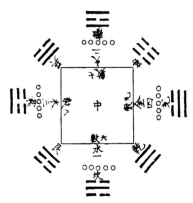

圖 1-2-1 四象八卦圖〔註67〕

范諤昌陳論該圖：「四象者，以五行之形而喻，則水、火、木、金；以數而言，即老陽九、老陰六、少陽七、少陰八。惟土行无形，四象一、二、三、四，各以中央土五相配，而變含辰、戌、丑、未土數之水六、火七、木八、金九，五行成數。水數六，故以三畫成坎☵，餘三畫布於亥上為乾☰；金數九，除三畫成兌☱，餘六畫布於未上為坤☷；火數七，除三畫成離☲，餘四畫布於巳上為巽☴；木數八，除三畫成震☳，餘五畫布於寅上為艮☶，此四象生八卦也。」

觀范氏之言，對照所繪之圖，其四正各以奇、白為陽之五白點，象徵天五之辰、戌、丑、未土數，幹駕水一成六、木三為八、火二即七、金四則九之五行成數，若然形容一、六，北方坎☵水；二、七，南方離☲火；三、八，東方震☳木；四、九，西方兌☱金之五行。范氏又云，四正五行之成數，亦為四象老陽九、老陰六、少陽七、少陰八之數，故水數六，以三畫譬三爻而成坎☵、餘三畫，陳於亥，如乾☰三爻；金數九，除三畫，應三爻而成兌☱，餘六畫置於未，猶坤☷六段；火數七，去三畫，對離☲三爻，餘四畫，列於巳，象巽☴四段；木數八，減三畫，成三爻之震☳，餘五畫，布於寅，同艮☶五段，若此即為「四象生八卦」之義。

郭彧稱「此圖反映出范諤昌『象學』之內容，既然《大易源流圖》中有『四象生八卦圖』，那麼即是沿〈繫辭〉『易有太極，是生兩儀，兩儀生四象，四象生八卦』之義而推演鋪陳」，若此郭彧又云「除此之外，應該還有『兩儀生四象圖』及『太極生兩儀圖』。且范諤昌《大易源流》所陳八卦，則由太極步步形成，而非源於〈河圖〉或〈洛書〉。」是以郭彧總結「范氏所傳『象學』，

〔註67〕李一泯編校：《周易圖》，收入《道藏》（北京、上海、天津：文物出版社、上海書店、天津古籍出版社，1988年），第3冊，卷下，157～158。

不會是〈河圖〉、〈洛書〉內容，洎此回溯陳摶之『象學』，亦非〈河圖〉與〈洛書〉；然范氏之學傳於南方，況范氏晚出，不會傳給其前之彭城劉牧。若然可知，范諤昌不可能為彭城劉牧之師，彭城劉牧並沒有得到什麼『河、洛』圖書之傳承。」

郭彧之說，誠然存有爭議。首先「范諤昌天禧中人（1019）」之意，當指諤昌其時尚在人世，惟彭城劉牧亦同然存活。倘以景德二年（1005）草澤劉牧參加殿試，作為早出范氏之論，筆者以為過於牽強。實則二者，皆在同期，或僅年歲有長、幼之分，然恐無年代先、後之別。

第二，彭城劉牧《易數鉤隱圖》中，猶然循序自「《易》有太極，是生兩儀，兩儀生四象，四象生八卦」逐一繪圖詮釋，〔註68〕即如郭彧對劉牧之評述：

> 對於八卦之由來，是本《繫辭》「易有太極」一節之義，謂其由「太極」一氣步步生出，八卦之象是由「天地之數」而設計出來的，而不是什麼聖人則什麼「河出圖，洛出書」畫出來的。〔註69〕

若然劉牧此處，豈非已與范諤昌、陳摶之「象學」相契？況劉牧嘗云：「五行成數者，水數六、金數九、火數七、木數八也。水居坎☵而生乾☰；金居兌☱而生坤☷；火居離☲而生巽☴；木居震☳而生艮☶；土〔註70〕居四正而生乾☰、坤☷、艮☶、巽☴，共成八卦也。」〔註71〕審其文意，殆與諤昌之注，近乎一致，更且《遺論九事》「重六十四卦推盪訣」亦載：

> 原夫八卦之宗，起於四象，四象者，五行之成數也。水數六，除三畫為坎☵，餘三畫，布於亥上成乾☰；金數九，除三畫為兌☱，餘六畫布於申上成坤☷；火數七，除三畫為離☲，餘四畫布於巳上成巽☴；木數八，除三畫為震☳，餘五畫布於寅上成艮☶，此所謂四

〔註68〕〔北宋〕劉牧撰：《易數鉤隱圖》，收入《景印摛藻堂四庫全書薈要‧經部第14冊‧易類》（臺北：世界書局，1988年），總第15冊，卷上，頁241～246。

〔註69〕郭彧：〈《易數鉤隱圖》作者等問題辨〉，《周易研究》2003年第2期（總第五十八期），頁51。

〔註70〕按原文為「巳」字，惟南宋‧李衡（1100～1178）輯錄「『土』居四正」。〔南宋〕李衡刪增：《周易義海撮要》，收入《景印摛藻堂四庫全書薈要‧經部第3冊‧易類》（臺北：世界書局，1988年），總第4冊，卷7，頁279。又按依語意分析，原文或遺逸「『土』巳居四正」之「土」字，故據李衡所載，逕改為「『土』居四正」。

〔註71〕〔北宋〕劉牧撰：《易數鉤隱圖》，卷上，頁246。

象生八卦也。且五行特舉金、木、水、火而不言土者，各王四時也。

　　然聖人无中得象，象外生意，於是乎畫而成卦。〔註72〕

觀其語詞之旨，非但相類劉牧所言，竟與諤昌之謂，幾乎雷同。

　　第三，甚至，劉牧尚有「〈河圖〉四象」、「〈河圖〉八卦」兩圖，以喻「四象生八卦」與〈河圖〉之淵源詮釋；「〈河圖〉四象」圖如下：

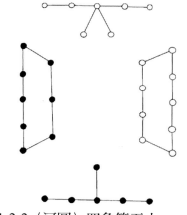

圖 1-2-2 〈河圖〉四象第五十一〔註73〕

「〈河圖〉八卦」圖：

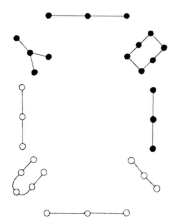

圖 1-2-3 〈河圖〉八卦第五十二〔註74〕

〔註72〕〔北宋〕劉牧撰：《遺論九事》，收入《景印摛藻堂四庫全書薈要·經部第 14 冊·易類》（臺北：世界書局，1988 年），總第 15 冊，頁 276。

〔註73〕〔北宋〕劉牧撰：《易數鈎隱圖》，收入《景印摛藻堂四庫全書薈要·經部第 14 冊·易類》（臺北：世界書局，1988 年），總第 15 冊，卷下，頁 270。

〔註74〕〔北宋〕劉牧撰：《易數鈎隱圖》，收入《景印摛藻堂四庫全書薈要·經部第 14 冊·易類》，總第 15 冊，卷下，頁 270。

劉牧同然亦有「〈洛書〉五行生數」、「〈洛書〉五行成數」圖陳示；「〈洛書〉五行生數」圖：

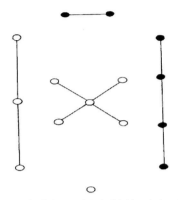

圖 1-2-4〈洛書〉五行生數第五十三〔註75〕

「〈洛書〉五行成數」圖：

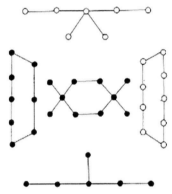

圖 1-2-5〈洛書〉五行成數第五十四〔註76〕

綜覽以省，范、劉、《遺論》「四象生八卦」諸述，洵然不禁令人懷疑，范諤昌與彭城劉牧，彼此學術之脈絡，是否存在師徒之關係，抑或毫無聯繫？且《易數鈎隱圖》與《遺論九事》均有提及，惟前略而後詳，其中之牽扯，果如鄭吉雄所云：「〈遺論九事〉實即論九圖，『一圖』亦即一事。如『辨陰陽卦』、『蓍數揲法』之類，大體是補前三卷論說不足的地方」〔註77〕？

〔註75〕〔北宋〕劉牧撰：《易數鈎隱圖》，收入《景印摛藻堂四庫全書薈要・經部第14冊・易類》，總第 15 冊，卷下，頁 270。

〔註76〕〔北宋〕劉牧撰：《易數鈎隱圖》，收入《景印摛藻堂四庫全書薈要・經部第14冊・易類》（臺北：世界書局，1988 年），總第 15 冊，卷下，頁 270。

〔註77〕鄭吉雄：〈論宋代易圖之學及其後的發展〉，《中國文學研究》第 1 期（1987 年5 月），頁 7。

　　況且劉牧確然已具〈河圖〉、〈洛書〉之訓註，若此校閱，冒然遽定「范、劉二者，无有授受干係」，「彭城劉牧未有『河、洛』圖書之傳承」，筆者以為恐失嚴緊而草率，猶須重新加以探討與深考；同時令人費解之處，在於劉牧已然撰作《易數鉤隱圖》「四象生八卦」，何以又於《遺論九事》另加補註？該書與劉牧之間，有否誠如鄭氏所謂之關聯，亦為本研究所欲解決之問題。

二、《易數鉤隱圖》卷、圖之數與《遺論九事》之作者考辨

　　今本《易數鉤隱圖》分有三卷，計五十五圖。惟歷來則有南宋・王應麟（1223～1296）於其《玉海》「《鉤隱圖》三卷」條下標註：「《書目》一卷；又《卦德通論》一卷。」〔註78〕其著錄之《書目》乙書，陳振孫於「《三朝經武聖畧》十五卷」之條目嘗云：「天章閣侍講王洙撰。寶元中，上進，凡十七門，後五卷為〈奏議〉。《中興書目》云：十卷，李淑《書目》：十五卷，今本與《邯鄲》卷數同。」〔註79〕文中已然陳述《書目》作者，為北宋・李淑（1002～1059），且《書目》又名《邯鄲書目》，與《中興書目》別為兩書。李淑堪稱歷來首位將劉牧著作，收錄於目錄類書者，若然，依其所載，劉牧《易數鉤隱圖》之篇數為一卷，惟未言及《遺論九事》。

　　至南宋・鄭樵（1104～1162）於所著《通志》，則記錄：「《鉤隱圖》，三卷。劉牧」〔註80〕當時所見之《易數鉤隱圖》，已由李淑之一卷，分成三卷之數，且提及「《先儒遺事》一卷。〔劉牧；一作陳純臣。〕」〔註81〕所言《先儒遺事》，當指《遺論九事》，一本作者，記為劉牧，一本登錄北宋・陳純臣（？）。

　　迄南宋・晁公武（1105～1180）著云：「《鉤隱圖》，三卷。右劉牧撰，皆《易》之數也，凡四十八圖。并《遺事九》，有歐陽永叔〈序〉，而其文殊不

〔註78〕〔南宋〕王應麟撰：〈藝文・易〉，《玉海》，收入《景印文淵閣四庫全書・子部250・類書類》（臺北：臺灣商務印書館，1985年），第944冊，卷36，頁40。

〔註79〕〔南宋〕陳振孫撰：〈神仙類〉，《直齋書錄解題》，收入《景印摛藻堂四庫全書薈要・史部151冊・目錄類》（臺北：世界書局，1988年），總第237冊，卷12，頁224。

〔註80〕〔南宋〕鄭樵撰：〈藝文略第一・經類第一・易〉，《通志》，收入《景印摛藻堂四庫全書薈要・史部第128冊・別史類》（臺北：世界書局，1988年），總第214冊，卷63，頁552。

〔註81〕〔南宋〕鄭樵撰：〈藝文略第一・經類第一・易〉，《通志》，收入《景印摛藻堂四庫全書薈要・史部第128冊・別史類》，總第214冊，卷63，頁552。

類。」〔註82〕晁公武與鄭樵為同時之人，其收錄之《易數鈎隱圖》，猶然三卷之數，惟以四十八圖稱計，並言該書有歐陽修（1007～1072）為之作序，然文章殊異，不類歐氏手筆，且有《遺論九事》并入。若然以判，《遺論九事》納入《易數鈎隱圖》，同時出現歐陽修之書前序文，當於晁公武之世，且由晁氏率先明著。其與鄭樵之纂錄相異，是否彼此擷取之版本不類，〔註83〕以至鄭樵毫无陳述，則恐有未定。

其後馮椅，論及劉牧《易數鈎隱圖》乙書，另引《中興書目》曰：「《中興書目》云：『……《易數鈎隱圖》一卷，采摭天地奇耦之數，自太極生兩儀而下，至于河圖，凡六十四位點之成圖，於圖之下，各釋其義。』」〔註84〕《中興書目》，郭彧稱之《中興館閣書目》，〔註85〕倘依王應麟所云：「淳熙四年十月，少監陳騤等，言乞編撰書目，五年六月九日，上《中興館閣書目》七十卷，序列一卷。」〔註86〕則《館閣書目》之成書，應於淳熙五年（1178）〔註87〕六月九日以前，作者南宋‧陳騤（1128～1203），雖略晚於鄭樵、公武，惟亦屬同等年代之人。所裒輯之《易數鈎隱圖》，應是合併著錄作者為劉牧之《遺論九事》而成一本，若此方稱「自太極生兩儀而下，至于河圖，凡六十四位點之成圖」，〔註88〕且依循《邯鄲書目》所記之卷數，而編為一

〔註82〕〔南宋〕晁公武撰：《郡齋讀書志》，收入《景印文淵閣四庫全書‧史部432‧目錄類》（臺北：臺灣商務印書館，1984年），第674冊，卷1上，頁161。

〔註83〕按王應麟於「晁公武〈讀書志〉」條目嘗云：「晁公武《讀書志》四卷。初南陽井氏度傳錄蜀中書甚富。舉以與公武，公武分為四部，經類十、史類十三、子類十六、集類三，每讀一書，撮其大旨論之。紹興二十一年自序。」〔南宋〕王應麟撰：〈藝文‧書目〉，《玉海》，收入《景印文淵閣四庫全書‧子部250‧類書類》（臺北：臺灣商務印書館，1985年），第944冊，卷52，頁415。又按自是以觀，晁公武所見《易數鈎隱圖》，當為其時，川蜀流傳之版本。

〔註84〕〔南宋〕馮椅撰：〈先儒著述下〉，《厚齋易學》，收入《景印文淵閣四庫全書‧經部10‧易類》（臺北：臺灣商務印書館，1983年），第16冊，附錄2，頁840。

〔註85〕按郭彧謂：「《中興館閣書目》記：『《易數鈎隱圖》一卷』、『本朝太常博士劉牧撰』、『牧字長民，彭城人，仁宗時言數者皆宗之。』（見馮椅《厚齋易學‧附錄二》）」郭彧：〈《易數鈎隱圖》作者等問題辨〉，《周易研究》2003年第2期（總第五十八期），頁51。

〔註86〕〔南宋〕王應麟撰：〈藝文‧書目〉，《玉海》，頁415。

〔註87〕方詩銘編：《中國歷史紀年表》（上海：上海辭書出版社，1980年），頁120。

〔註88〕按：《易數鈎隱圖》洎「太極第一」，訖「十日生五行并相生第五十五」，共五十五圖，加上《遺論九事》之九圖，合計六十四圖。惟「點之成圖」者，實際為六十一圖，《遺論九事》另有三圖——「大衍之數五十第三」、「著數揲法

卷。扣除《遺論九事》九圖之數，屬《易數鈎隱圖》之圖數為五十五，則與晁公武所說之四十八圖，相差七圖。之後陳振孫則記：

> 《新注周易》十一卷、《卦德統論》一卷、《畧例》一卷，又《易數鈎隱圖》二卷，太常博士劉牧長民撰。……又有三衢劉敏士，刻於浙右庾司者，有歐陽公序，文淺俚，決非公作。其書三卷，與前本大同小異。〔註89〕

陳氏无書《遺論九事》，惟按鄭樵、晁公武、陳騤所述之理以推，其時之見，殆將鄭樵、晁公武所言三卷本之《易數鈎隱圖》，合為一卷，且如《中興書目》，將標記作者為劉牧之《先儒遺事》（《遺論九事》）一卷，併編而成一書兩卷之《易數鈎隱圖》，然其圖數，不知為何，未有註記。另言三衢劉敏士刻於浙右庾司，附有歐陽修序文，分三卷本之《易數鈎隱圖》，恐與晁公武撰次之本相同，然其圖數如何，陳氏亦未著明。至元・馬端臨（1254～1323）則云：

> 劉長民《易解》十五卷。鼂氏曰：皇朝劉牧長民撰。……又有《鈎隱圖》三卷，皆《易》之數也，凡五十五圖。并《遺事九》，有歐陽永叔〈序〉，而其文殊不類。陳氏曰：……又有三衢劉敏士，刻於浙右庾司者，歐公序文淺俚，決非公作。其書三卷，與前本大同小異。〔註90〕

馬氏之時，所見兩本，一本猶如晁公武載錄之《鈎隱圖》，篇分三卷，五十五圖，亦并《遺論九事》及附文殊不類歐陽修之序文。與晁氏陳敘，僅於圖數四十八與五十五之差異。另一版本，即如陳振孫所謂三衢劉敏士，刻於浙右庾司之本，與晁氏之本，內容大同小異。若然，依端臨之意以判，則三衢本之圖數，亦同然為五十五圖，且與所引晁氏論本之圖數，均不含計《遺論九事》之圖。惟馬端臨於此所談《易數鈎隱圖》卷、圖之數，皆與今本相同。至於《遺論九事》之作者為誰，猶如晁公武般，界於模糊之間，然又能分辨其為後來

第八」、「陰陽律呂圖第九」，非以「點之成圖」方式表現，若此《中興書目》，乃以總圖之數，概括而言也。〔北宋〕劉牧撰：《遺論九事》，收入《景印摛藻堂四庫全書薈要・經部第 14 冊・易類》（臺北：世界書局，1988 年），總第 15 冊，頁 276～282。

〔註89〕〔南宋〕陳振孫撰：〈易類〉，《直齋書錄解題》，收入《景印摛藻堂四庫全書薈要・史部第 151 冊・目錄類》（臺北：世界書局，1988 年），總第 237 冊，卷 1，頁 9。

〔註90〕〔元〕馬端臨著：〈經籍考二・經《易》〉《文獻通考》，收入《景印文淵閣四庫全書・部・》（臺北：臺灣商務印書館，），第 614 冊，卷 175。

摻入，非歸屬於《易數鈎隱圖》。

　　《宋史‧藝文志》撰序：「劉牧《新注周易》十一卷，又《卦德通論》一卷、《易數鈎隱圖》一卷。」〔註91〕其記《易數鈎隱圖》之卷數，恐承於《中興書目》抑或《邯鄲書目》，惟未詳述圖數，是以无從研判《遺論九事》與《易數鈎隱圖》之關係。或如《中興書目》「凡六十四位點之成圖」，兩書併成一書一卷，則亦且未定。

　　迄朱彝尊，則視《宋史‧藝文志》所錄，僅及《鈎隱圖》，未含《遺論九事》之卷數，且以為晁公武《郡齋讀書志》所記《易數鈎隱圖》三卷，亦不含《遺論九事》，故依〈宋志〉及陳振孫《直齋書錄解題》「《易數鈎隱圖》二卷」之觀念，而將兩者分開標示為：「劉氏牧《新注周易》——〈宋志〉十一卷；⋯⋯《周易先儒遺論九事》一卷⋯⋯；《易數鈎隱圖》——〈宋志〉一卷。《清書志》、《紹興書目》作三卷，今本同。」〔註92〕朱彝尊將《遺論九事》與《先儒遺事》二名併稱，改易為《周易先儒遺論九事》，並訂其為劉牧所著。且〈宋志〉載錄之《易數鈎隱圖》一卷，即為晁公武《郡齋讀書志》、《紹興書目》所言三卷之合編，二者內容咸與今本相同。惟今本《易數鈎隱圖》有五十五圖，與《中興書目》、馬端臨之敘述一般，然晁公武則云四十八圖，其間之不同，即為本研究尤須分析之重點。

　　況晁公武、馬端臨均稱《遺論九事》為後來并入之書，二者之言，尚可由以下李覯之述與劉牧自序而加佐證。

　　李覯與李淑為同時之人，其於《刪定易圖序論》嘗謂：「因購牧所為《易》圖五十五首，覯之則甚複重，假令其說之善，猶不出乎〈河圖〉、〈洛書〉、『八卦』三者之內，彼五十二皆疣贅也。」〔註93〕所陳「購牧所為《易》圖五十五首」之話語，已然點明其時所得之《易數鈎隱圖》，猶如今日五十五圖之本，更且未有談及《遺論九事》，若然泊此豁然可判，李覯所獲《易數鈎隱圖》之版本，甚至卷數，理當同於李淑《書目》之載記，亦且不含《遺

〔註91〕〔元〕托克托撰：〈藝文志第一百五十五‧藝文一〉，《宋史》，收入《景印摛藻堂四庫全書薈要‧史部第 47 冊‧正史類》（臺北：世界書局，1988 年），總第 133 冊，卷 202，頁 362。

〔註92〕〔清〕朱彝尊撰：〈易〉，《經義考》，收入《景印摛藻堂四庫全書薈要‧史部第 151 冊‧目錄類》（臺北：世界書局，1988 年），總第 237 冊，卷 16，頁 583～584。

〔註93〕〔北宋〕李覯撰：〈刪定易圖序論〉，《旴江集》，收入《景印文淵閣四庫全書‧集部 34‧別集類》（臺北：臺灣商務印書館，1985 年），第 1095 冊，卷 4，頁 53。

《論九事》在內。

　　另審劉牧之〈序〉言：「今採摭天地奇偶之數，自太極生兩儀，而下至於〈復〉卦☷☳，凡五十五位『點之成圖』，於逐圖下各釋其義，庶覽之者，易曉耳。」〔註94〕文中僅祇論敘「五十五位『點之成圖』」之圖數，毫無相關《遺論九事》之詞句。顯然劉牧《易數鈎隱圖》之成書，即與今傳本之圖數五十五猶然一致，未有增減，且均无《遺論九事》并於其內。至於分卷是否為三，抑或與李覯所得、李淑之登錄，同然輯為一卷，則僅在於原本內容編排之差別，洵不影響其五十五圖存在之事實。

　　若然明確如此，惟何以鄭樵之時，已有一為劉牧、一為陳純臣所作之《先儒遺事》問世？且迄陳騤《中興書目》、陳振孫《直齋書錄解題》，乃至朱彝尊《經義考》，盡皆視為劉牧所撰？是以《遺論九事》之作者為何？果為劉牧，抑或陳純臣？咸為本研究特須加以考辨之重點。

　　郭彧无涉《遺論九事》之驗，惟對於《易數鈎隱圖》，亦有進行卷、圖數之考證。其省察一卷、二卷、三卷及四十八與五十五圖之問題，則據劉牧之自序，推衍曰：

　　　　今見於《道藏・易數鈎隱圖》的作者自序全文如下：……。我們從這一自序可以得出如下的結論：……從「太極」至於「復卦」的「五十五位」之圖是作者自己「點之成圖」，並「於逐圖下各釋其義」，目的是使「覽者易曉。」這就是說，這些易圖完全是作者點之而成，既曰「不能妄為之穿鑿」，則說明與所謂「天生神物」（〈龍圖〉、〈龜書〉）無任何關係。其次我們看今本三卷本《易數鈎隱圖》的內容，看哪卷內容符合《道藏》本「自序」的本義。今見《道藏》本《易數鈎隱圖》為三卷本。卷上列「太極第一」、「太極生兩儀第二」、「天五第三」、「天地數十有五第四」、「天一下生地六第五」、「地二上生天七第六」、「天三左生地八第七」、「地四右生天九第八」、「兩儀生四象第九」、「四象生八卦第十」、「兩儀得十成變化第十一」、「天數第十二」、「地數第十三」、「天地之數第十四」、「大衍之數第十五」、「其用四十有九第十六」、「少陽第十七」、「少陰第十八」、「老陽第十九」、「老陰第二十」、「七八九六合數第二十一」、「乾畫三位第二

〔註94〕〔北宋〕劉牧撰：〈序〉，《易數鈎隱圖》，收入《景印摛藻堂四庫全書薈要・經部第14冊・易類》（臺北：世界書局，1988年），總第15冊，頁240。

十二」、「坤畫三位第二十三」、「陽中陰第二十四」、「陰中陽第二十五」、「乾獨陽第二十六」、「坤獨陰第二十七」、「離為火〔註95〕二十八」、「坎為水第二十九」、「震為木第三十」、「兌為金第三十一」、「天五合地十為土第三十二」、「人稟五行第三十三」，卷中列「乾坤生六子第三十四」、「乾下交坤第三十五」、「坤上交乾第三十六」、「震為長男第三十七」、「巽為長女第三十八」、「坎為中男第三十九」、「離為中女第四十」、「艮為少男第四十一」、「兌為少女第四十二」、「坎生復卦第四十三」、「離生姤卦第四十四」、「三才第四十五」、「七日來復第四十六」。此既是「采摭天地奇偶之數，自太極生兩儀而下，至於復卦凡五十五位」所「點之成圖」之圖。從這四十六幅圖之作，我們可以看出，作者所點之圖的根本依據是出於他自己對《易傳》有關文字的理解。〔註96〕

觀郭彧之解釋，本人以為，其恐已明顯錯解劉牧自序「今採摭天地奇偶之數，自太極生兩儀，而下至於〈復〉卦䷗，五十五位點之成圖，於逐圖下各釋其義」之語意。古代文章無刪節號以示省略，「位」字於此，作量詞，等同「幅」、「首」之用，原意即指「自『太極生兩儀』之圖始，下至於〈復〉卦䷗……，凡『五十五位』，以象徵天地、陰陽之奇偶點數，繪製所成之圖，逐次於各圖之下，詮釋其義。」劉牧字詞句述之表達，猶如前敘《中興書目》將《易數鈎隱圖》五十五圖，合併《遺論九事》之九圖，而成六十四位點之成圖所言：「《易數鈎隱圖》一卷，采摭天地奇耦之數，自太極生兩儀而下，至于河圖，凡六十四位點之成圖，於圖之下，各釋其義」之般。

　　若此郭彧誤以為，僅「太極生兩儀」至〈復〉卦䷗，計四十六圖，屬劉牧之作，而謂：「從『太極』至於『復卦』的『五十五位』之圖是作者自己『點之成圖』，並『於逐圖下各釋其義』，目的是使『覽者易曉。』這就是說，這些易圖完全是作者點之而成……此既是『采摭天地奇偶之數，自太極生兩儀而下，至於復卦凡五十五位』所『點之成圖』之圖。從這四十六幅圖之作，我們可以看出，作者所點之圖的根本依據是出於他自己對《易傳》有關文字的理解。」是以郭彧即依此而云：

〔註95〕按郭彧原文寫「地」，明顯誤植，逕改。
〔註96〕郭彧：〈《易數鈎隱圖》作者等問題辨〉，《周易研究》2003年第2期（總第五十八期），頁50～51。

以上之記說明,《易數鉤隱圖》為太常博士彭城劉牧所撰,初為一卷本,後有二卷本或三卷本。至三卷本,晁公武所見則是有四十八圖之刻本,為今見《易數鉤隱圖》前兩卷的內容(其中當無「〈河圖〉第四十九」、「〈河圖〉天地數第五十」、「〈河圖〉四象第五十一」、「〈河圖〉八卦第五十二」、「〈洛書〉五行生數第五十三」、「〈洛書〉五行成數第五十四」、「十日生五行并相生第五十五」諸圖)。陳振孫所見則是三衢劉敏士刻於浙右庾司的三卷本,有圖共五十五幅,即為今見《道藏》本內容。〔註97〕

郭彧稱《易數鉤隱圖》,初為一卷本,若然對應前述,劉牧親作四十六圖之說,則該卷圖數,當指「太極生兩儀第一」至「七日來復第四十六」,凡四十六圖。惟「二卷本」之情況,郭彧略而未論,逕言晁公武所提三卷本之四十八圖,即為今本卷上、卷中之圖,不含今本卷下「〈河圖〉第四十九」至「十日生五行并相生第五十五」等九圖。〔註98〕然今本卷上、卷中,兩卷計四十八圖,尚有「〈臨〉卦䷒八月第四十七」〔註99〕、「〈遯〉卦䷠第四十八」〔註100〕,惟此兩圖,猶如「二卷本」之處理,郭彧同然含混跳過。並指陳振孫所視,則乃三衢劉敏士所刻,有圖共五十五幅,為今所見《道藏》本內容。

然省郭彧之考證,本人以為潛存幾處恐須商榷之問題:

(一)倘劉牧親作初始本,祗有四十六圖,則與序文「五十五位點之成圖」之「五十五位」如何呼應?「五十五位」又該作何解釋?

(二)若晁公武所謂四十八圖,即為今本卷上、卷中之圖數,然其前敘劉牧「五十五位點之成圖」,僅至「七日來復第四十六」,若此「〈臨〉卦䷒八月第四十七」、「〈遯〉卦䷠第四十八」之隸屬為何?則通篇未有檢討。

(三)「劉牧親作一卷本,為四十六圖」;晁公武《郡齋讀書志》「三卷本,四十八圖」,為今本「卷上、卷中」二卷之圖;「三卷本,五十五圖」,為今《道藏》本「三卷,五十五圖」;若然,「二卷本」之狀,必須作何思索?郭彧無有

〔註97〕郭彧:〈《易數鉤隱圖》作者等問題辨〉,《周易研究》2003年第2期(總第五十八期),頁52。

〔註98〕〔北宋〕劉牧撰:《易數鉤隱圖》,收入《景印摛藻堂四庫全書薈要‧經部第14冊‧易類》(臺北:世界書局,1988年),卷下,頁269~271。

〔註99〕〔北宋〕劉牧撰:《易數鉤隱圖》,卷中,頁266。

〔註100〕〔北宋〕劉牧撰:《易數鉤隱圖》,卷中,頁266。

交代。

（四）況今傳本尚有文淵閣版、摛藻堂版、通志堂版均為「三卷，五十五圖」，承郭之言，豈然盡與《道藏》同歸一本？

若此筆者以為，郭彧或求能與前述論證銜接，故謂：

> 《易數鈎隱圖》作者的本意是說，八卦者是由「聖人設之」。聖人又如何而「設之」？是「觀於象也」。「象由數設」，八卦之象如何由「天地奇偶之數」而設？是從「太極」、「兩儀」、「四象」步步而來。究其本則是從《繫辭》「易有太極」一節演繹而來。〔註101〕

郭彧依劉牧《鈎隱圖》之自序，判定撰作之本意，皆從〈繫辭〉「易有太極」一節演繹而來。且據此而稱今本《易數鈎隱圖》：

> 卷下乃是「〈河圖〉第四十九」、「〈河圖〉天地數第五十」、「〈河圖〉四象第五十一」、「〈河圖〉八卦第五十二」、「〈洛書〉五行生數第五十三」、「〈洛書〉五行成數第五十四」、「十日生五行并相生第五十五」諸圖及「〈龍圖〉〈龜書〉論」。要之謂八卦是伏羲則「河出圖、洛出書」而畫之。顯然這一卷的內容與前面所引作者自序的本意不合。〔註102〕

其以今本卷下諸圖，顯示「八卦是伏羲則『河出圖、洛出書』而畫之」為由，遂指不符劉牧「今採摭天地奇偶之數，自太極生兩儀」云云之自序本意。更截取李覯《刪定易圖序論》所言：「觀之則甚複重」、「頗增多誕漫」之語，而加評論：

> 如此，我們可以推斷，彭城劉牧原本《易數鈎隱圖》只是有「自太極生兩儀而下至於復卦」的易圖四十六幅的一卷本，其中並無〈河圖〉、〈洛書〉等圖，而今見三卷本之卷下之「〈河圖〉第四十九」、「〈河圖〉天地數第五十」、「〈河圖〉四象第五十一」、「〈河圖〉八卦第五十二」、「〈洛書〉五行生數第五十三」、「〈洛書〉五行成數第五十四」、「十日生五行并相生第五十五」等圖，誠如李覯所言，的確是「觀之則甚複重」：「〈河圖〉天地數第五十」既是卷上之「天地數

〔註101〕郭彧：〈《易數鈎隱圖》作者等問題辨〉，《周易研究》2003 年第 2 期（總第五十八期），頁 50。

〔註102〕郭彧：〈《易數鈎隱圖》作者等問題辨〉，《周易研究》2003 年第 2 期（總第五十八期），頁 51。

十有五第四」；「〈河圖〉四象第五十一」既是卷上之「兩儀生四象第九」；「〈河圖〉八卦第五十二」既是卷上「四象生八卦第十」；「十日生五行并相生第五十五」既是卷上「二儀得十成變化第十一」。至謂「頗增多誕漫」，則「〈河圖〉第四十九」、「〈洛書〉五行生數第五十三」、「〈洛書〉五行成數第五十四」三圖乃是不合於一卷本作者自序本意之圖。〔註103〕

郭彧猶然堅持，認定彭城劉牧之《易數鉤隱圖》，初始本為一卷，僅由「太極生兩儀」至「「七日來復」，計四十六圖所構成。而今三卷本之卷下「〈河圖〉第四十九」、「〈河圖〉天地數第五十」、「〈河圖〉四象第五十一」、「〈河圖〉八卦第五十二」、「〈洛書〉五行生數第五十三」、「〈洛書〉五行成數第五十四」、「十日生五行并相生第五十五」等七圖，即如李覯所稱「觀之則複重」。其「〈河圖〉天地數第五十」〔註104〕，即是卷上「天地數十有五第四」〔註105〕；「〈河圖〉四象第五十一」〔註106〕，則是卷上「兩儀生四象第九」〔註107〕；「〈河圖〉八卦第五十二」〔註108〕，同為卷上「四象生八卦第十」〔註109〕；「十日生五行并相生第五十五」〔註110〕，猶是卷上「二儀得十成變化第十一」〔註111〕。

　　若然反思，初始一卷本，果如郭彧所言，只有四十六圖，猶循此加之郭彧視為李覯所謂「觀之甚複重」之下卷七圖，合計亦僅五十三圖，尚不足兩圖，試問「〈臨〉卦䷒八月第四十七」、「〈遯〉卦䷠第四十八」，又將何去何從？此二圖到底相契，抑或違悖劉牧自序之本意？郭彧依然未有論疏。況筆者查考，「〈河圖〉四象第五十一」圖：

〔註103〕郭彧：〈北宋兩劉牧再考〉，《周易研究》2006年第1期（總第七十五期），頁32。
〔註104〕〔北宋〕劉牧撰：《易數鉤隱圖》，收入《景印摛藻堂四庫全書薈要・經部第14冊・易類》（臺北：世界書局，1988年），總第15冊，卷下，頁269。
〔註105〕〔北宋〕劉牧撰：《易數鉤隱圖》，卷上，頁243。
〔註106〕〔北宋〕劉牧撰：《易數鉤隱圖》，卷下，頁270。
〔註107〕〔北宋〕劉牧撰：《易數鉤隱圖》，卷上，頁245。
〔註108〕〔北宋〕劉牧撰：《易數鉤隱圖》，卷下，頁270。
〔註109〕〔北宋〕劉牧撰：《易數鉤隱圖》，卷上，頁246。
〔註110〕〔北宋〕劉牧撰：《易數鉤隱圖》，卷下，頁271。
〔註111〕〔北宋〕劉牧撰：《易數鉤隱圖》，卷上，頁246。

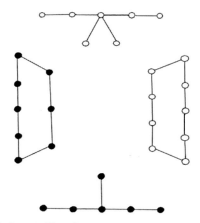

非僅與「兩儀生四象第九」圖相埒：

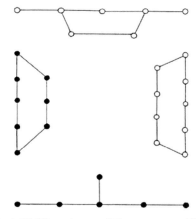

尚且與以下「七八九六合數第二十一」圖〔註112〕一致：

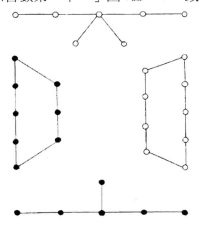

〔註112〕〔北宋〕劉牧撰：《易數鈎隱圖》，收入《景印摛藻堂四庫全書薈要‧經部第
　　　　14 冊‧易類》（臺北：世界書局，1988 年），總第 15 冊，卷上，頁 252。

甚且「兩儀生四象第九」、「七八九六合數第二十一」兩圖，均列今本之卷上，同處郭彧所稱劉牧初始一卷四十六圖之中。若此，豈非「觀之甚複重」之病，已然早犯於原始之本哉？更且「十日生五行并相生第五十五」圖：

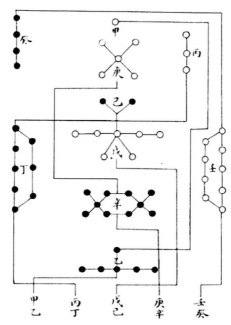

又如何能與「二儀得十成變化第十一」圖如下，相提而並論：

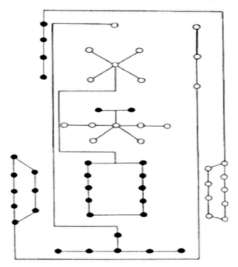

二者呈現之土行十數，儼然不類，豈能勉強視如一般？惟〈河圖〉第四十九」、「〈洛書〉五行生數第五十三」、「〈洛書〉五行成數第五十四」，郭彧另以「頗增多誕漫」之由，逕指「三圖乃是不合於一卷本作者自序本意之圖。」並言：

從文字上看，卷下有「〈河圖〉、〈洛書〉出於犧皇之世」、「〈龍圖〉
其位有九，四象、八卦皆所包韞。且其圖縱橫皆合天地自然之數，
則非後人能假偽而設之也。夫〈龍圖〉呈卦，非聖人不能畫之」、「〈河
圖〉相傳於前代，其數自一至九，包四象、八卦之義，而兼五行之
數，〈洛書〉則惟五行生成數也，然犧皇但畫卦以垂教，則五行之數
未顯，故禹更陳五行而顯九類也」等說，顯然有悖於卷上原作者自
序之初衷。〔註113〕

郭彧又輔今本卷下諸語，以佐其論證卷下之圖，「不合」、「有悖」一卷本作者
劉牧之自序「本意」、「初衷」。然筆者重新審閱李覯《刪定易圖序論》之敘：

世有治《易》根于劉牧者，其說日不同，因購牧所為《易》圖五十
五首，觀之則甚複重，假令其說之善，猶不出乎〈河圖〉、〈洛書〉、
「八卦」三者之內，彼五十二皆疣贅也。……別有一本，黃黎獻為
之序者，頗增多誕漫，自鄶以下，可無譏焉。〔註114〕

文中，已然明確說出，其購劉牧所為之《易》圖，本即「五十五首」。且云觀
此五十五首猶甚複重，若然假令牧說之善，則不出乎〈河圖〉、〈洛書〉、「八
卦」三者，餘「五十二」圖蓋皆屬疣贅。於此，亦同然點出五十五圖之中，洵
有相關〈河圖〉、〈洛書〉之列。另稱尚別有一本，乃黃黎獻為之作序，內容頗
增多誕漫，惟該本如何，顯與「五十五」圖不類，是以李覯視如鄶下無譏，微
不足道，而未加陳述。

若此審省，可知郭彧撫詘，無視李覯確然已稱「五十五首」之數，而反
藉「觀之甚複重」之語，以襯今本卷下、卷上重複之圖例，作為卷下四圖，乃
後人增入之根據，其間之驗證，誠然出現幾項之矛盾：

（一）郭彧所稱劉牧初始本四十六圖，則與李覯所購五十五首產生牴牾。

（二）四圖之中，尚有同列卷上「兩儀生四象第九」、「七八九六合數第
二十一」之圖，二者亦具複重之衝突。

（三）「十日生五行并相生第五十五」與「二儀得十成變化第十一」之圖，
不可等同而視。

〔註113〕郭彧：〈北宋兩劉牧再考〉，《周易研究》2006 年第 1 期（總第七十五期），頁
　　　　32。

〔註114〕〔北宋〕李覯撰：〈刪定易圖序論〉，《盱江集》，收入《景印文淵閣四庫全書・
　　　　集部 34・別集類》（臺北：臺灣商務印書館，1985 年），第 1095 冊，卷 4，
　　　　頁 53。

　　（四）李覯之時，劉牧之作，純然有〈河圖〉、〈洛書〉之示，郭彧以「頗增多誕漫」之詞，證「〈河圖〉第四十九」、「〈洛書〉五行生數第五十三」、「〈洛書〉五行成數第五十四」等三圖，不合一卷本劉牧自序之本意及相悖初衷，咸為張冠李戴之誤用。

　　郭彧穿鑿附會、錯把馮京當馬涼之訛舛考證，尚可由下之述，得見梗概：

　　　這一敘說過程充分說明，一卷本《易數鉤隱圖》的作者是本《繫辭》「易有太極」一節之義而闡明其「象由數設」意圖的。特別是謂「河出圖，洛出書」為「聖人《易》外別有其功，非專《易》內之物」之一語，道破彭城劉牧並不主張八卦之畫與「河出圖，洛出書」之間有什麼關係。如果彭城劉牧主張八卦是聖人則「河出圖，洛出書」而畫，那就是說「河出圖，洛出書」應該為《易》內之物，他便不會有如此相反之說。〔註115〕

郭彧此云「特別是謂『河出圖，洛出書』為『聖人《易》外別有其功，非專《易》內之物』之一語，道破彭城劉牧並不主張八卦之畫與『河出圖，洛出書』之間有什麼關係。」業已全然錯把孔穎達之言與何氏之辭串連，誤以為皆屬劉牧之詮，而進行淆訛之探究；考劉牧掇拾孔穎達之疏文：

　　　《經》曰「兩儀生四象」，孔氏疏謂「……今於釋卦之處，已破之矣。何氏謂『天生神物，聖人則之』，一也；『天地變化，聖人效之』，二也；『天垂象，見吉凶，聖人象之』，三也；『河出圖，洛出書，聖人則之』，四也。今謂此四事，聖人《易》外別有其功，非專《易》內之物。何得稱《易》有四象？且又云『《易》有四象，所以示也。』〈繫辭〉焉所以告也。」〔註116〕

比較孔穎達援引何氏之原疏：

　　　今於釋卦之處，已破之矣。何氏以為四象謂「天生神物，聖人則之」，一也；「天地變化，聖人效之」，二也；「天垂象，見吉凶，聖人象之」，三也；「河出圖，洛出書，聖人則之」，四也。今謂此等四事，乃是聖人《易》外別有其功，非專《易》內之物。何得稱《易》有四象？

〔註115〕郭彧：〈北宋兩劉牧再考〉，《周易研究》2006年第1期（總第七十五期），頁31。

〔註116〕〔北宋〕劉牧撰：《易數鉤隱圖》，收入《景印摛藻堂四庫全書薈要·經部第14冊·易類》（臺北：世界書局，1988年），總第15冊，卷上，頁245。

且又云「《易》有四象，所以示也。」〈繫辭〉焉所以告也。〔註117〕
若然將「河出圖，洛出書」、「聖人《易》外別有其功，非專《易》內之物。」
兩則語句剽摘串接，則了然郭彧所犯之舛誤。如此以判，其所作之辨析，確
然已不足采信。郭彧尚有斷章取意，而做出定見之例者，如：

> 從《易數鈎隱圖》前兩卷的文字中，我們還可以看出後人把有關〈河
> 圖〉、〈洛書〉、〈龍圖〉等詞竄入其中的痕跡。如《兩儀生四象第九》
> 之圖說曰：「夫五上駕天一而下生地六，下駕地二而上生天七，右駕
> 天三而左生地八，左駕地四而右生天九，此〈河圖〉四十有五之數
> 耳，斯則二儀所生之四象。」其中「此〈河圖〉四十有五之數耳」
> 十字，顯然為後人竄入的文字。「斯則」所指為六、七、八、九四象
> 數，合之為三十，與四十有五之數毫不相干。〔註118〕

然筆者察閱劉牧「兩儀生四象第九」圖下之訓注原文：

> 四象若天一、地二、天三、地四所以兼天五之變化，上、下交易，
> 四象備其成數而後能生八卦矣。於是乎坎☵、離☲、震☳、兌☱居
> 四象之正位，不云五象者，以五无定位，舉其四，則五可知矣。夫
> 五上駕天一而下生地六，下駕地二而上生天七，右駕天三而左生八，
> 左駕地四而右生天九，此〈河圖〉四十有五之數耳。斯則二儀所生
> 四象。〔註119〕

四象六、七、八、九之數，皆由天五斡駕二儀之四象生數天一、地二、天三、
地四而成，若此天一、地二、天三、地四、天五、地六、天七、地八、天九之
合即為〈河圖〉四十有五之數。「斯則二儀所生之四象」語義，殆指前示「兩
儀生四象第九」圖之北六、南七、左八、右九四象之數。全文上下，前後連
貫、清楚明白，泂不見有何羼雜之痕蹟可異。

惟郭彧之錯斷「『此〈河圖〉四十有五之數耳』十字，顯然為後人竄入」
之驗證，猶然反應其於《易數鈎隱圖》一卷、二卷、三卷；四十八圖、五十五

〔註117〕 〔三國・魏〕王弼注，〔唐〕陸德明音義，孔穎達正義：《周易經傳注疏》，
收入《景印摛藻堂四庫全書薈要・經部第 1 冊・易類》（臺北：世界書局，
1988 年），總第 2 冊，卷 11，頁 269。

〔註118〕 郭彧：〈北宋兩劉牧再考〉，《周易研究》2006 年第 1 期（總第七十五期），頁
31。

〔註119〕 〔北宋〕劉牧撰：《易數鈎隱圖》，收入《景印摛藻堂四庫全書薈要・經部第
14 冊・易類》（臺北：世界書局，1988 年），總第 15 冊，卷上，頁 245。

圖，相關查考之疏略與資料判讀之欠缺，以致推驗之諸般結果，非但未得肯定，尚且造成混雜與訛失，誠然不足令人摘掇與信任。若此，亦為本研究，尤須確切深入，進行探求之原因。

三、人事解《易》之法式與義理《易》學定位之研辯

郭彧檢驗彭城劉牧《易數鈎隱圖》相關「太極」之陳述，且與北宋五子諸說相互比較，而作出結論：

> 周敦頤之所以被尊之為「理學開山」，是因其著有《太極圖易說》與《易通》，於「宇宙論」及「體用論」等方面均有論述，而最終歸結為義理之學與性命之學。……。北宋五子皆講「道」與「太極」（或「太虛」），或曰「道為太極」，或曰「太極一氣」，或曰「自無極而為太極」，……。彭城劉牧有「太極無數與象」、「兩儀之氣混而為一」、「太極者一氣也」、「天地未分之前，元氣混而為一，一氣所判是曰兩儀」、「兩儀乃天地之象，天地乃兩儀之體」等論說，亦是典型的宇宙生成論，並且早在周敦頤之前就已有是說。如此，我們梳理「宋明理學」時，就應當有彭城劉牧的一席之地，以彰顯其先於「理學開山」周敦頤的啟蒙作用。孔子所謂「吾道一以貫之」，當然包括「性與天道」。天道、地道、人道終歸入太極大道。今存宋代易學著作中，是彭城劉牧首言「太極」並有一○之圖（先於周敦頤一○太極之圖），堪稱有宋道學的先驅，我們講「宋明理學」，理應從彭城劉牧始。通過我們的考證得知，彭城劉牧不是先把「河洛」圖書納入書中的始作俑者，而是有宋首先申明「太極一氣」，分而為兩儀（天地之體），進而生成四象、八卦的道學家。為此，在「宋明理學」的研究領域中，的確應該為彭城劉牧存留一席之地。〔註120〕

郭彧從現存宋代《易》學著作分析，考定彭城劉牧，先於北宋‧周敦頤（1017～1073），為最早提出「太極」學說，且繪一○太極之圖者，堪稱有宋以降道學之先驅。且認為，首位申明倡導「太極一氣」、分為「兩儀」（天地之體），而成四象、八卦之道學家，當屬劉牧，若此提出「宋明理學」之哲學領域，確然必須保有劉牧一席之地。

〔註120〕郭彧：〈北宋兩劉牧再考〉，《周易研究》2006 年第 1 期（總第七十五期），頁 33。

　　筆者依前述彭城劉牧，景德二年（1005）參與科考、天聖三年（1025）已為太常博士等諸般史事記載，誠然相信，其活躍年代，甚早於北宋五子之邵雍、周敦頤、張載（1020～1077）、程顥（1032～1085）、程頤（1033～1107）。若然，對於郭彧之論證，筆者儼然抱持肯定之態度。

　　惟劉牧非僅《易數鈎隱圖》之作，尚有《新注周易》、《卦德通論》之著，然該書皆已亡佚，〔註121〕今日不傳。其相關論疏，大致可從諸般典籍、文獻及南宋・李衡（1100～1178）《周易義海撮要》，輯錄之掇菁擷華語句，窺其吉光片羽之識，尤以《撮要》之裒綴，最為關鍵。觀省李衡之序：「今於千百家內斥去雜學異說，摘取專明人事，羽翼吾道者，僅百家編為一集」〔註122〕，猶然可知，凡屬專明人事義理之說者，計有百家，被編集成冊，而劉牧詮註亦在其中，顯然《新注周易》、《卦德通論》，殆屬義理訓釋之撰述。

　　審覽四庫館臣所云：「王弼盡黜象數，說以老莊，一變而胡瑗、程子始闡明儒理。」〔註123〕概言《易》自老、莊《易》說演進，迄宋而儒理《易》學興起，代表人物，則為北宋・胡瑗（993～1059）及程頤。然彭城劉牧之年代，誠然早於程頤，且有義理《易》學之著作問世，而劉牧參加科舉殿試之際，胡瑗年僅一十三歲，按理劉牧或與胡瑗為前、後同期之人，惟何以四庫館臣，評論北宋儒理《易》學，未有隻字提及劉牧？

　　重複查考李燾於《續資治通鑑長編》之著錄：

　　　　（仁宗，天聖三年，冬十一月）庚子，以「太常博士」劉牧，為「屯田員外郎權度支判官」。牧善言邊事，真宗時嘗獻陣圖兵略，得見賜出身，上知其名，於是通判定州，召對便殿而命之。〔註124〕

文中陳敘北宋仁宗，知曉時任「太常博士」之劉牧善言邊事，於宋真宗時，嘗

〔註121〕按筆者由歷代文獻輯佚249則劉牧義理訓注佚文，僅得一條《卦德通論》相關之詮釋（詳見附錄，編號1），餘皆無法分辨其歸屬。惟依《新注周易》十一卷，《卦德通論》一卷之卷數比例考量，筆者於本研究，仍以《新注周易》，作為劉牧人事義理著作之主要論述代表。

〔註122〕〔南宋〕李衡撰：〈序〉，《周易義海撮要》，收入《景印摛藻堂四庫全書薈要・經部第3冊・易類》（臺北：世界書局，1988年），總第4冊，頁2。

〔註123〕〔清〕永瑢等撰：〈經部一・易類一〉，《四庫全書總目提要》，收入王雲五主編：《萬有文庫第一集一千種》（上海：商務印書館，1931年），第1冊，卷1，頁2。

〔註124〕〔南宋〕李燾撰：〈仁宗〉，《續資治通鑑長編》，收入《景印文淵閣四庫全書・史部73・編年類》（臺北：臺灣商務印書館，1984年），第315冊，卷103，頁598。

獻陣圖兵略，得獲賜出身。天聖三年（1025），冬十一月庚子（22日〔註125〕），將之召對便殿，詔命通判定州而擢任「屯田員外郎權度支判官」之職。

清‧徐松（1781～1848）蒐輯之《宋會要輯稿》則載記：「（仁宗天聖）四年二月……十三日，以『權三司度支判官屯田員外郎』劉牧為如京使」。〔註126〕天聖四年二月十三日，劉牧又以「權『三司』度支判官屯田員外郎」之位，陞任為「如京使」。「權『三司』度支判官屯田員外郎」之官銜，雖多出「三司」二字且「屯田員外郎」置於職名之後，惟揆理，當同於李燾所記「屯田員外郎權度支判官」之稱。蓋因天聖三年，十一月二十二日之晉封，距天聖四年二月十三日之爵位更替，間隔亦不過兩個半月有餘。是以由此兩則事蹟之接續，當可研判勾勒劉牧之仕途軌跡：

「太常博士」（天聖三年【1025】冬十一月庚子【22】日前）→「屯田員外郎權度支判官（權三司度支判官屯田員外郎）」（天聖三年【1025】冬十一月庚子【22】日後）→「如京使」（天聖四年【1026】二月十三日後）。

若此對照陳振孫於《直齋書錄解題》之載敘：

> 《新注周易》十一卷、《卦德統論》一卷、《略例》一卷又《易數鈎
> 隱圖》二卷：「太常博士」劉牧長民撰〔註127〕

依條目所云「太常博士」之職稱推斷，劉牧《新注周易》等諸書，至遲應成書於天聖三年（1025年）冬十一月庚子日之前。吳國武亦采同法演繹而謂：「天聖三年　乙丑（1025）　本年或稍前，劉牧新注《周易》。」〔註128〕李裕民亦循相若模式考證《易數鈎隱圖》之成書年代，惟稱：

> 此書，《直齋書錄解題》卷一云：「太常博士劉牧長民撰。」知必作
> 于天聖初年（約1023～1025間）任太常博士之時。〔註129〕

〔註125〕按據李燾載：「（仁宗，天聖三年，冬）十一月己卯朔」，換算而得庚子為十一月二十二日。〔南宋〕李燾撰：〈仁宗〉，《續資治通鑑長編》，收入《景印文淵閣四庫全書‧史部73‧編年類》，第315冊，卷103，頁597。

〔註126〕〔清〕徐松輯，〔民國〕陳垣主持影印：〈職官‧換官〉，《宋會要輯稿》（上海：大東書局，1936年影印），第95冊，葉61之7。

〔註127〕〔南宋〕陳振孫撰：〈易類〉，《直齋書錄解題》，收入《景印摛藻堂四庫全書薈要‧史部第151冊‧目錄類》（臺北：世界書局，1988年），總第237冊，卷1，頁8～9。

〔註128〕吳國武著：《兩宋經學學術編年》（南京：鳳凰出版社，2015年），上冊，頁87。

〔註129〕李裕民：《四庫提要訂誤》（北京：書目文獻出版社，1990年），頁2。

其論定劉牧於天聖元年（1023）～三年（1025）任太常博士其間，著成該書。
然李氏言天聖元年（1023）之斷代，恐似稍嫌輕率，殊不知所據為何？

　　天聖七年己巳（1029），北宋‧胡瑗（993～1059）三十七歲，據胡鳴盛
（1886～1971）稽考所稱：

> 先生之曾孫滌記云：「侍講布衣時，與孫明復、石守道同讀書泰山，
> 攻苦食淡，終夜不寢，一坐十年不歸。……」據以上諸說，是先生
> 與孫明復、石守道在泰山共讀，事實確鑿，惜均未載其年月。石守
> 道之年既少先生十二歲，以理推之，先生與守道等在泰山讀書，最
> 早應在二十歲以上。與守道等在泰山分散，最遲亦應在守道成進士
> 前。歐陽修《徂徠石先生墓誌》謂守道成進士，年二十六歲，從先
> 生十二歲數至此歲，即守道成進士之年，用特識於此。〔註130〕

若然石介（1005～1045）26 歲成進士，胡瑗大石介 12 歲，則石獲賜進士第
時，胡瑗 38 歲；惟胡又與石介、孫復（992～1057）於泰山共讀 10 年，且至
遲應於石介得進士之前，與二人分手，故保守估計，概以 37 歲往前推衍，亦
即 28～37 歲，天禧四年庚申〔註131〕（1020）～天聖七年己巳，胡瑗尚於泰
山刻苦自勵，徹夜不寐。

　　易行廣另有考證云：

> 1015 年乙卯，宋真宗大中祥符八年……石介（1005～1045）奉父命，
> 亦從山東來杭拜林逋為師，時方十一歲……1016 年丙辰，宋真宗大
> 中祥符九年……孫復（992～1057）因貢試不中，隱居泰山講學，四
> 方弟子從之甚眾。1017 年丁巳，宋真宗天禧元年……石介之父年邁
> 多病，要介轉孫復處求學，以便照應。孫復派徒祖無擇（1003～1087）
> 陪介回魯。〔註132〕

倘沿易氏所述推算，宋真宗天禧元年（1017），石介轉學孫復之年紀為 13 歲，
換言之，石介即從此與孫復開始讀書於泰山，其時孫復 26 歲、胡瑗 25 歲，
而此年亦當為胡與孫、石三者共讀 10 年之最早起始時間。10 年之後，為宋仁

〔註130〕〔民國〕胡鳴盛編〈安定先生年譜〉，收入吳洪澤、尹波主編：《宋人年譜叢
　　　　刊》（成都：四川大學出版社，2002 年），第 2 冊，頁 675。
〔註131〕按胡鳴盛謂：「天禧四年庚申，先生二十八歲。」〔民國〕胡鳴盛編〈安定先
　　　　生年譜〉，收入吳洪澤、尹波主編：《宋人年譜叢刊》，第 2 冊，頁 674。
〔註132〕易行廣編著：《余靖譜傳誌略》（廣州：暨南大學出版社，1993 年），頁 45～
　　　　46。

宗天聖五年丁卯〔註133〕（1027），石介23歲，孫復36歲，胡瑗35歲，符合胡鳴盛所云「與守道等在泰山分散，最遲亦應在守道成進士前」之說法。若此胡瑗與石介、孫復同研10年之最早時限，則為「天禧元年丁巳（1017）～天聖五年丁卯（1027）」。

然無論是「天禧四年庚申～天聖七年己巳」抑或「天禧元年丁巳～天聖五年丁卯」，其間劉牧《新注周易》、《卦德通論》、《易數鈎隱圖》等諸書均已付梓行世。而胡瑗於仁宗景祐元年甲戌（1034），於吳，方始教授生徒，〔註134〕相距於《新注周易》、《卦德通論》之成書，下限亦有9年之差。惟楊亞利有謂：

> 開宋代純以儒家義〔註135〕理解《易》風氣之先的則是「慶曆易學」。這裡的所謂「純」，是相對雜以佛、老解《易》而言。在儒家義理解《易》方面，胡瑗是「慶曆易學」中最有代表性的人物。……一方面，他對漢易、晉易有所繼承。首先，他與晉易有直接的繼承關係。胡瑗的易學和晉易的代表人物王弼的易學同屬義理學派，在形式上他們是一致的。一是引史證經。王弼解《易》注重人事，以人類社會生活解釋《周易》中卦爻象的變化和卦爻辭的內容，此種學風亦被胡瑗《周易口義》所發揚。……二是以義理為宗。《周易口義》發揚王弼派重義理的學風，著重解說卦爻辭的文意。〔註136〕

楊氏稱「慶曆易學」開宋代儒家義理解《易》風氣之先，而胡瑗為其最具代表之人物，不僅對於漢、晉《易》學有所傳承，且含「引史證經」及「義理為宗」之特色。然劉牧《易》學義理之作，洵然早於胡瑗，更且盛行於朝，倘就學術成風之時間先後推究，則楊氏所述，確然須有重新省視檢討之必要，而此亦為本研究首須探索與考求之首要工作。

劉牧《新注周易》、《卦德通論》於今已然亡佚。若然欲探其義理之底蘊，窺其涵蓋之區域，同然猶如《易數鈎隱圖》與《遺論九事》之關係與思想脈絡

〔註133〕按胡鳴盛謂：「天聖五年丁卯，先生三十五歲。」〔民國〕胡鳴盛編〈安定先生年譜〉，收入吳洪澤、尹波主編：《宋人年譜叢刊》，第2冊，頁674。

〔註134〕〔民國〕胡鳴盛編〈安定先生年譜〉，收入吳洪澤、尹波主編：《宋人年譜叢刊》，第2冊，頁675。

〔註135〕按原文遺漏「義」字，為求文句通順，遂以加之。

〔註136〕楊亞利：〈「慶曆易學」發微〉，《周易研究》2004年第4期（總第66期），頁76。

之鑽研般，皆須進行文獻材料之搜羅與裒輯，分類與辨析，始能判斷其純然之真象與應有之學術定位。

第三節　綜論文獻回顧、蒐討與采捋

一、古籍

北宋‧李覯（1009～1059），對於彭城劉牧《易數鈎隱圖》之內容，盡皆訾議，〔註137〕惟〈河圖〉、〈洛書〉、「八卦」之見，全然承襲彭城劉牧之述：

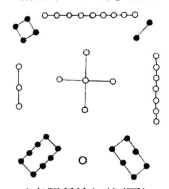

圖 1-3-1（李覯所繪）〈河圖〉〔註138〕

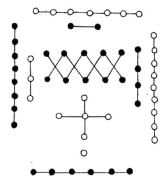

圖 1-3-2（李覯所繪）〈洛書〉〔註139〕

〔註137〕詳見〔北宋〕李覯撰：〈刪定易圖序論〉，《旴江集》，收入《景印文淵閣四庫全書‧集部34‧別集類》（臺北：臺灣商務印書館，1985年），第1095冊，卷4，頁53～64。

〔註138〕〔北宋〕李覯撰：〈刪定易圖序論〉，《旴江集》，收入《景印文淵閣四庫全書‧集部34‧別集類》，第1095冊，卷4，頁54。

〔註139〕〔北宋〕李覯撰：〈刪定易圖序論〉，《旴江集》，收入《景印文淵閣四庫全書‧集部34‧別集類》，第1095冊，卷4，頁54。

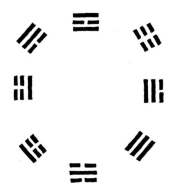

圖 1-3-3（李覯所繪）八卦〔註140〕

且云：「或問劉氏之說，〈河圖〉、〈洛書〉同出於伏羲之世，何如？曰信也。……〈洛書〉五十有五協於〈繫辭〉天地之數；〈河圖〉四十有五，雖於《易》無文，然其數與其位灼有條理，不可移易，非妄也。」〔註141〕然審李覯通篇著作，全然未有《新注周易》或《卦德通論》相關之陳示。

北宋・呂陶（1028-1104）不贊同劉牧老陽九、老陰六、少陽七、少陰八之述，而有批評曰：

> 夫《易》者生于數而成于變化，聖人所以盡三才之理也。其吉凶禍福，進退得失之塗，其安危治亂，否泰消長之勢，其隱則造于幾微之先，其顯則立于神用之表，烏可以七、八、九、六之數言哉？是故劉牧以數解，不若輔嗣以用說也。〔註142〕

呂陶贊王弼以人事之用解《易》，否定劉牧《易數鈎隱圖》四象六、七、八、九之敘。惟呂陶僅及於劉牧象數之言，未談《新注周易》或《卦德通論》之理。

北宋・程頤（1033-1107）則嘗反駁劉牧論「上《經》、下《經》」及「乾☰、坤☷、坎☵、離☲同生」之注者，其云：

> 或問：「劉牧言上《經》，言形器以上事，下《經》言，形器以下事。」
> 曰：「非也。」上《經》言雲雷〈屯〉☳，雲雷豈無形耶？」曰：「牧又謂上《經》是天地生萬物，下《經》是男女生萬物。」曰：「天地

〔註140〕〔北宋〕李覯撰：〈刪定易圖序論〉，《盱江集》，收入《景印文淵閣四庫全書・集部34・別集類》（臺北：臺灣商務印書館，1985年），第1095冊，卷4，頁55。

〔註141〕〔北宋〕李覯撰：〈刪定易圖序論〉，《盱江集》，收入《景印文淵閣四庫全書・集部34・別集類》，第1095冊，卷4，頁55。

〔註142〕〔北宋〕呂陶撰：《淨德集》，收入《景印文淵閣四庫全書・集部37・別集類》（臺北：臺灣商務印書館，1985年），第1098冊，卷18，頁147。

中只是一箇生。人之生於男女，即是天地之生，安得為異？」曰：
「牧又謂乾☰、坤☷與坎☵、離☲男女同生。」曰「非也。譬如父
母生男女，豈男女與父母同生？既有〈乾〉☰、〈坤〉☷，方三索而
得六子。若曰〈乾〉☰、〈坤〉☷生時，六子生理同有，則有此理。
謂〈乾〉☰、〈坤〉☷、〈坎〉☵、〈離〉☲同生，豈有此事？既是同
生，則何言六子耶？」〔註143〕

觀此三則劉牧釋《易》之句，因未見全文，不知詳細，故無從辨析，惟或可分
判概屬《新注周易》（抑《卦德通論》）遺佚之寸斷注語。伊川之訾議尚有：

問：「劉牧以下《經》四卦相交，如何？」曰：「怎生地交？若論相
交，豈特四卦，如〈屯〉☲、〈蒙〉☶、〈師〉☷、〈比〉☵皆是相交。
一顛一倒。卦之序皆有義理，有相反者，有相生者，爻變則義變也。」
下來卻似義起，然亦是以爻也，爻變則義變。「劉牧言兩卦相比，上
《經》二陰二陽相交，下《經》四陰四陽相交，是否？」曰：「八卦
已相交了，及重卦，只取二象為義，豈又於卦畫相交也？《易》須
是默識心通，只如此窮文義，徒費力。」〔註144〕

程頤此提兩則，審其語意，理當論上、下《經》之卦序排列變化，惟內容猶然
不明，無從評斷劉牧看法。然可確定，殆隸《新注周易》（或《卦德通論》）之
本。

南宋・朱震（1072-1138）亦循《易數鈎隱圖》、《遺論九事》「〈河圖〉九
數」之述而曰：

〈河圖〉，劉牧傳於范諤昌，諤昌傳於許堅，堅傳於李溉，溉傳於种
放，放傳於希夷陳摶。其圖戴九履一，左三右七，二四為肩，六八
為足，縱橫十有五，總四十有五。〔註145〕

歷來談劉牧〈河圖〉受授於范諤昌之說者，即始於此。朱震描繪〈河圖〉之用
詞，近於《遺論九事》所云：「戴九履一，左三右七，二與四為肩，六與八為

〔註143〕〔南宋〕朱熹編：〈劉元承手編〉，《二程遺書》，收入《景印文淵閣四庫全書・
子部4・儒家類》（臺北：臺灣商務印書館，1985年），第698冊，卷18，頁
180。

〔註144〕〔南宋〕朱熹編：〈劉元承手編〉，《二程遺書》，收入《景印文淵閣四庫全書・
子部4・儒家類》（臺北：臺灣商務印書館，1985年），第698冊，卷18，頁
180。

〔註145〕〔南宋〕朱震撰：《卦圖》，收入《景印摛藻堂四庫全書薈要・經部第2冊・
易類》（臺北：世界書局，1988年），總第3冊，上，頁773。

足，五為腹心，縱橫數之皆十五。」〔註146〕所繪〈河圖〉，相類於《易數鈎隱圖》〔註147〕、《遺論九事》〔註148〕：

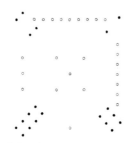

圖 1-3-4（朱震所繪）〈河圖〉〔註149〕

朱震〈洛書〉之論，則沿《易數鈎隱圖》之詮，彙整而謂：

> 〈洛書〉，劉牧傳之，一與五合而為六；二與五合而為七；三與五合
> 而為八；四與五合而為九；五與五合而為十。一、六為水，二、七為
> 火，三、八為木，四、九為金，五、十為土，十即五、五也。〔註150〕

且依劉牧所稱「此乃五行生成數，本屬洛書」〔註151〕而示之圖：

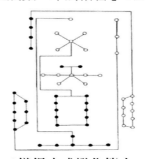

圖 1-3-5 二儀得十成變化第十一〔註152〕

〔註146〕〔北宋〕劉牧撰：《遺論九事》，收入《景印摛藻堂四庫全書薈要·經部第 14
冊·易類》（臺北：世界書局，1988 年），總第 15 冊，頁 275。
〔註147〕〔北宋〕劉牧撰：《易數鈎隱圖》，收入《景印摛藻堂四庫全書薈要·經部第
14 冊·易類》（臺北：世界書局，1988 年），總第 15 冊，卷下，頁 269。
〔註148〕〔北宋〕劉牧撰：《遺論九事》，頁 275。
〔註149〕〔南宋〕朱震撰：《卦圖》，收入《景印摛藻堂四庫全書薈要·經部第 2 冊·
易類》（臺北：世界書局，1988 年），總第 3 冊，上，頁 772。
〔註150〕〔南宋〕朱震撰：《卦圖》，收入《景印摛藻堂四庫全書薈要·經部第 2 冊·
易類》（臺北：世界書局，1988 年），總第 3 冊，上，頁 774。
〔註151〕〔北宋〕劉牧撰：《易數鈎隱圖》，收入《景印摛藻堂四庫全書薈要·經部第
14 冊·易類》（臺北：世界書局，1988 年），總第 15 冊，卷上，頁 247。
〔註152〕〔北宋〕劉牧撰：《易數鈎隱圖》，收入《景印摛藻堂四庫全書薈要·經部第
14 冊·易類》，總第 15 冊，卷上，頁 246。

按其陳述之次第，重新繪製：

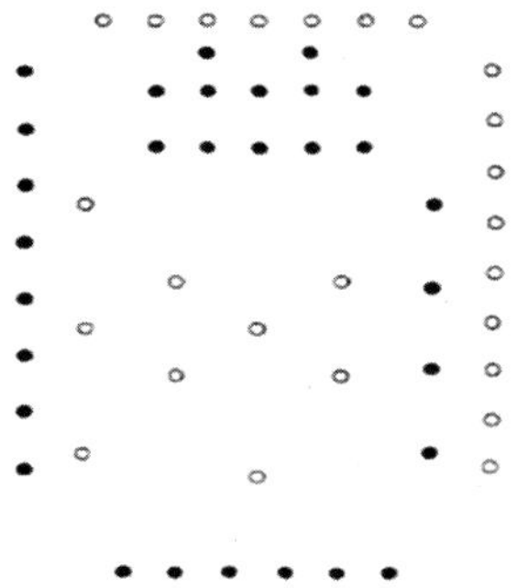

圖 1-3-6（朱震所繪）〈洛書〉〔註153〕

朱震所列之〈洛書〉，與李覯之呈現，堪稱一般，未因南、北兩宋時空之移轉而有所變化，顯然劉牧其時所釋之圖旨，即然如此。惟劉牧手法，殆為配合「一、六為水，二、七為火……」云云之講敘使然，是以李、朱方能遵行繪製如此。

　　北宋以降，未有〈河圖〉、〈洛書〉傳衍源流之記述，然迄朱震則提出：

> 國家龍興，異人間出。濮上陳摶，以先天圖傳种放，放傳穆修，修
> 傳李之才，之才傳邵雍。放以〈河圖〉、〈洛書〉傳李溉，溉傳許堅，
> 堅傳范諤昌，諤昌傳劉牧。〔註154〕

泊此，彭城劉牧《易數鈎隱圖》、《遺論九事》談及之〈河圖〉、〈洛書〉，全然被劃歸於陳摶授受一脈，且被視為師從於諤昌。惟朱震之根據為何，從未言明，而後人卻幾乎依然采掇奉持。

　　朱震猶如李覯，沿循劉牧於《易數鈎隱圖》所詮釋之〈河圖〉、〈洛書〉，然對於《易數鈎隱圖》之諸般注訓，則多所批駁，幾乎未有同意。〔註155〕惟雖否定劉牧五十有五之述，〔註156〕卻又贊引「劉牧曰：『天五居中，主乎變化，三才既備，退藏於密』，是也」〔註157〕，以佐其「五十有五」之陳。且抨：「劉牧謂《經》，唯舉〈乾〉☰、〈坤〉☷，老陽、老陰三百六十之數，當期之

〔註153〕〔南宋〕朱震撰：《卦圖》，上，頁774。

〔註154〕〔南宋〕朱震撰：〈表〉，《漢上易傳》，收入《景印文淵閣四庫全書・經部5・易類》（臺北：臺灣商務印書館，1983年），第11冊，頁5。

〔註155〕〔南宋〕朱震撰：《叢說》，收入《景印摛藻堂四庫全書薈要・經部第2冊・易類》（臺北：世界書局，1988年），總第3冊，頁837～841。

〔註156〕〔南宋〕朱震撰：《叢說》，收入《景印摛藻堂四庫全書薈要・經部第2冊・易類》，總第3冊，頁837～838。

〔註157〕〔南宋〕朱震撰：《漢上易傳》，收入《景印摛藻堂四庫全書薈要・經部第2冊・易類》（臺北：世界書局，1988年），總第3冊，卷7，頁697。

日，不更別舉他卦之爻，而疑六日七分之義，此不以三隅反也。」〔註158〕朱震確然大部不采劉牧《鈎隱圖》之敘，然於《新注周意》（或《卦德通論》），則抑有程度不同之取捨。

朱震〈屯卦䷂·大象〉之解，明顯摻入劉牧之注，猶如抄襲之般混成己意：

> 坎☵在上為雲，雷動於下，雲蓄雨而未降，〈屯〉䷂也。「屯」者，結而未解之時，雨，則屯解矣。〈象〉言「雷雨之動滿盈者」，要終而言也。解絲棼者，綸之、經之。經綸者，經而又綸，終則有始。〈屯〉䷂自〈臨〉䷒變，離☲為絲，坎☵為輪，綸也。離☲南，坎☵北，南、北為經，經綸也。〔註159〕

文內「雨，則屯解矣。〈象〉言『雷雨』，要終而言也。解絲棼者，綸之、經之，經而又綸，終則有始。離☲南，坎☵北，南、北為經」之詞句，全然出自劉牧之語。〔註160〕

惟〈剝卦䷖·初六〉爻辭之句讀，朱震則不采劉牧之法而謂：「劉牧讀『剝牀以足蔑』。案〈六四〉曰：『剝牀以膚。』則剝牀以足當句絕。」〔註161〕

〈咸卦䷞·九五〉：「咸其脢，无悔。」〔註162〕朱震釋「脢」字引：「鄭康成曰：背脊肉也。虞翻、陸震、劉牧同。」〔註163〕若然其「脢」義，同於劉牧，皆沿鄭玄之說。

朱震注〈解卦䷧·九四〉「解而拇，朋至斯孚。」〔註164〕亦掇劉牧言「朋」

〔註158〕〔南宋〕朱震撰：《漢上易傳》，收入《景印摛藻堂四庫全書薈要·經部第2冊·易類》，總第3冊，卷7，頁698。

〔註159〕〔南宋〕朱震撰：《漢上易傳》，收入《景印摛藻堂四庫全書薈要·經部第2冊·易類》，總第3冊，卷1，頁477～478。

〔註160〕〔南宋〕李衡刪增：《周易義海撮要》，收入《景印摛藻堂四庫全書薈要·經部第3冊·易類》（臺北：世界書局，1988年），總第4冊，卷1，頁19。

〔註161〕〔南宋〕朱震撰：《漢上易傳》，收入《景印摛藻堂四庫全書薈要·經部第2冊·易類》（臺北：世界書局，1988年），總第3冊，卷3，頁545。

〔註162〕〔三國·魏〕王弼注，〔唐〕陸德明音義，孔穎達正義：《周易經傳注疏》，收入《景印摛藻堂四庫全書薈要·經部第1冊·易類》（臺北：世界書局，1988年），總第2冊，卷6，頁144。

〔註163〕〔南宋〕朱震撰：《漢上易傳》，收入《景印摛藻堂四庫全書薈要·經部第2冊·易類》（臺北：世界書局，1988年），總第3冊，卷4，頁573。

〔註164〕〔三國·魏〕王弼注，〔唐〕陸德明音義，孔穎達正義：《周易經傳注疏》，卷7，頁168。

之訓而云：「四震☰為足，初在下體之下，動而應足，拇之象。九四陽也。陽與陽為朋，劉牧曰『朋謂二』，四當大臣之位，下與初六小人相應，則九二君子與我朋類者，不信而去。」〔註165〕

由上諸例以觀，似乎朱震摭劉牧《新注周易》（或《卦德通論》）之見者眾，惟駁之者少。然審《漢上易傳》全書，亦僅此四則能獲比較，其效猶如九牛一毛，全然無法研判劉牧《新注周易》（或《卦德通論》）之梗概於萬一。

惟後於朱震之南宋‧李衡（1100～1178），刪削釐定北宋‧房審權（？）「義意重複，文詞冗瑣」之《周易義海》，〔註166〕成今本《周易義海撮要》。書中輯錄甚多彭城劉牧《新注周易》（或《卦德通論》）節抄之辭句，甚可幫助本研究，進行劉牧相關義理《易》學思想之探索。

且明‧葉良佩（？）嘗云：「愚讀《周易》考古注疏，若《子夏》、《京郎傳》、房審權《義海》，旁及緯書，自漢至今，專門學不啻百有餘家。……乃於百有餘家內，摘取精要者，彙為是編。」〔註167〕省閱其言，亦曾親睹審權《義海》，若然觀其彙編之《周易義叢》，書內同然載記諸多劉牧《新注周易》（或《卦德通論》）注文。若此，即可與李衡《周易義海撮要》，相互校讎、參訂，誠然增加本研究採拾資料之精確。

清‧沈起元（1685～1763）則遵己稱：「學義、文、周三聖之《易》者，自當以孔《傳》為主，……說《易》諸書，概無偏主，惟以合于孔《傳》，足以旁通曲暢者，即為採入，名曰《孔義集說》，以明遵孔之意。」〔註168〕是以選求節芟《周易義海撮要》所記劉牧注文三十則，臚列書中，藉此亦可輔助，管窺劉牧符契夫子義理解《易》之底蘊。

清‧程廷祚（1691～1767）另以「六條編書」法：「一曰正義，當乎《經》義者，謂之正義。……。二曰辨正，辨正者，前人有所異同，辨而得其正者也。……。三曰通論，所論在此而連類以及于彼曰通論。……。四曰餘論，一

〔註165〕〔南宋〕朱震撰：《漢上易傳》，卷4，頁599。

〔註166〕〔清〕永瑢等撰：〈經部三‧易類三‧《周易義海撮要十二卷》〉，《四庫全書總目提要》，收入王雲五主編：《萬有文庫第一集一千種》（上海：商務印書館，1931年），第1冊，卷3，頁29。

〔註167〕〔明〕葉良佩撰：〈引〉，《周易義叢》，收入《續修四庫全書‧經部‧易類》（上海：上海古籍出版社，1995年），第7冊，頁1。

〔註168〕〔清〕沈起元撰：〈凡例〉，《周易孔義集說》，收入《景印文淵閣四庫全書‧經部44‧易類》（臺北：臺灣商務印書館，1983年），第50冊，頁7～8。

言之有當而可資以發明，亦所錄也。五曰存疑。六曰存異」，〔註169〕而於所撰
《大易擇言》，截取《義海撮要》所載劉牧諸說，予以類敘於內。若此，查審
其書，猶可佐佑了然劉牧義理《易》學不同之分別。

　　清・翟均廉（？）撰有《周易章句證異》，其間蒐羅數條劉牧與歷代《易》
家，字詞句讀，訓詁注釋同異比較之資料，〔註170〕對於理解劉牧，於文義看
法分歧之處，其所稟承抑或自創之詮註脈絡，頗有助益。

　　然則與劉牧《新注周易》（或《卦德通論》）牽扯者，非僅上述七家之例。
洎房審權《周易義海》，乃至李衡《周易義海撮要》問世以降，尚有為數頗多
或援引或襲用於其著作者，惟限於篇幅之故，則不一、一列舉。若然如何表
示，將連同簡介之七家，一併於下節〈研究方法〉詳敘。

　　至南宋・張浚（1097～1164）依然奉行彭城劉牧訓解之〈河圖〉、〈洛書〉。
四庫館臣云：「胡一桂議其專主劉牧，今觀所論〈河圖〉，信然。朱子不取牧說
而作浚〈行狀〉，但稱尤深於《易》、《春秋》、《論》、《孟》，不言其《易》出於
牧，殆諱之歟。」〔註171〕果如一桂所稱，張浚專主劉牧之學，然不見其嘗謂
〈河圖〉、〈洛書〉出於牧手，且僅止於「河、洛」之說，而不及於《新注周
易》（或《卦德通論》）。迄南宋・朱熹（1130～1200）之言：

> 惟劉牧臆見，以九為〈河圖〉，十為〈洛書〉，託言出於希夷，既與
> 諸儒舊說不合，又引大傳以為二者皆出於伏羲之世，其易置圖、書
> 竝無明驗，但謂伏羲兼取圖、書則《易》、〈範〉之數，誠相表裏，
> 為可疑耳。〔註172〕

若然朱熹斥「劉牧易置河十、洛九而成河九、洛十，乃其個人之見，更且假
託出於希夷」之語一出，洎此以降，凡從朱子之學者，盡皆奉為圭臬而無

〔註169〕〔清〕程廷祚撰：《大易擇言》，收入《景印文淵閣四庫全書・經部 46・易
　　　　類》（臺北：臺灣商務印書館，1983 年），第 52 冊，卷 1，頁 456。

〔註170〕〔清〕翟均廉撰：《周易章句證異》，收入《景印文淵閣四庫全書・經部 47・
　　　　易類》（臺北：臺灣商務印書館，1983 年），第 53 冊，卷 1，頁 688～698；
　　　　卷 2，頁 715～729。

〔註171〕〔清〕永瑢等撰：〈經部二・易類二・《紫巖易傳十卷》〉，《四庫全書總目提
　　　　要》，收入王雲五主編：《萬有文庫第一集一千種》（上海：商務印書館，1931
　　　　年），第 1 冊，卷 2，頁 18。

〔註172〕〔南宋〕朱熹撰：《易學啟蒙》，輯入〔清〕李光地編校：《御纂性理精義》，
　　　　收入《景印摛藻堂四庫全書薈要・子部第 3 冊・儒家類》（臺北：世界書局，
　　　　1988 年），第 248 冊，卷 4，頁 372。

違。如南宋・章如愚（？）即依樣，編入其著。〔註173〕南宋・陳埴（？）
則謂：「劉牧直謂伏羲兼取圖書，又從而易置之，是蓋知其表裏之說而不善
用也。」〔註174〕

　　元・胡方平（？）亦全然承引朱子之敘，以佐其述。〔註175〕元・鮑雲龍
（1226～1296）稱：「蔡西山曰『圖書之象，自漢・孔安國、劉歆，魏・關朗
子明，有宋康節先生邵堯夫皆謂如此，至劉牧始兩易其名』，而諸家因之，故
今復之，悉從其舊。」〔註176〕元・陳櫟（1252～1335）云：「圖數十，故《易》
有天一至地十之文；書數九，故〈範〉有初一至次九之疇，此說自漢以來未之
有改也。獨劉牧自出意見，無所祖述，妄從而易置之，先儒辨之，非不明也。」
〔註177〕元・胡一桂（？）謂：「愚案《龍圖》序，希夷正以五十五數為〈河
圖〉，則劉牧乃以四十五數為圖，托言出於希夷者，蓋亦妄矣。」〔註178〕

　　殆歲月推衍，朝代更迭，歷明迄清，經朱熹之說，配合朱震授受之表，
幾乎已然令人深固，概多以為〈河圖〉四十五、〈洛書〉五十五之圖、數，
洵為劉牧更易希夷而自創。惟清・胡渭（1633～1714）則以劉牧本即作者之
意，而駁朱熹、南宋・蔡元定（1135～1198）曰：「初劉牧以四十有五為〈河
圖〉，五十有五為〈洛書〉，實〈龍書〉之本象，而季通以為牧之所易置，……
且引關、邵以相證。今按關《易》明係偽書不可以為據，而郡子圓星方土之
論，其意別有所在，未嘗以五十有五為〈河圖〉也。」〔註179〕清・朱彝尊

〔註173〕〔南宋〕章如愚編：〈經籍門・河圖洛書〉，《羣書考索續集》，收入《景印文
　　　　淵閣四庫全書・子部244・類書類》（臺北：臺灣商務印書館，1985年），第
　　　　938冊，卷1，頁5。
〔註174〕〔南宋〕陳埴撰：〈河圖洛書〉，《木鍾集》，收入《景印文淵閣四庫全書・子
　　　　部9・儒家類》（臺北：臺灣商務印書館，1985年），第703冊，卷3，頁633。
〔註175〕〔元〕胡方平撰：《易學啟蒙通釋》，收入《景印摛藻堂四庫全書薈要・經部
　　　　第8・易類》（臺北：世界書局，1988年），總第9冊，卷上，頁36。
〔註176〕〔元〕鮑雲龍撰，〔明〕鮑寧辨正：〈卦氣〉，《天原發微》，收入《景印文淵
　　　　閣四庫全書・子部112・術數類》（臺北：臺灣商務印書館，1985年），第806
　　　　冊，卷4上，頁220。
〔註177〕〔元〕陳櫟撰：〈考辨論・河圖洛書辨〉，《定宇集》，收入《景印文淵閣四庫
　　　　全書・集部144・別集類》（臺北：臺灣商務印書館，1985年），第1205冊，
　　　　卷4，頁202。
〔註178〕〔元〕胡一桂撰：〈宋〉，《周易啟蒙翼傳》，收入《景印摛藻堂四庫全書薈要・
　　　　經部第10冊・易類》（臺北：世界書局，1988年），總第11冊，中篇，頁275。
〔註179〕〔清〕胡渭撰：〈啟蒙圖書〉，《易圖明辨》，收入《景印文淵閣四庫全庫・經
　　　　部38・易類》（臺北：臺灣商務印書館，1983年），第44冊，卷5，頁720。

（1629～1709），反不以劉牧自創，而乃師承之識，直斥蔡季通：「劉長民〈河圖〉數九、〈洛書〉數十，此受於師者，然爾西山蔡氏乃更之，非長民易置也。」〔註180〕

然則學風演變訖此，猶似全然著重於劉牧《易數鈎隱圖》之「〈河圖〉九數」、「洛書十數」與「〈河圖〉為十」，「〈洛書〉為九」之辨正，甚且《易數鈎隱圖》其他諸事，乃至《遺論九事》與劉牧之關係；〈河圖〉四十五、〈洛書〉五十五是否劉牧所為，尤其《新注周易》（含《卦德通論》）之思想考究等方面，已然疏略殆盡，無人研問，縱然如今，亦祇滯留於《易數鈎隱圖》〈河圖〉、〈洛書〉，乃至部分圖示之探究。

二、專書與學位論文

（一）專書

如近人朱伯崑（1923～2007），非但誤視彭城劉牧為北宋中期之人，亦且只作〈圖九洛書十說〉；〈太極說〉；〈象由數設〉之探討，未有遍及整本《易數鈎隱圖》及《遺論九事》之辨析，更且未有絲毫劉牧義理《易》學之釋解。〔註181〕

林忠軍錯認劉牧先之即劉牧長民，故稱：「劉牧（1011～1064），字先之，號長民。」〔註182〕若此提出訛舛之驗證：「由於劉牧易學屬泰山學派，與當時政治上反對新法，強化封建政權和理學強調道統相一致，故為當時學界所推崇。」〔註183〕況林氏猶視《易數鈎隱圖》與《遺論九事》皆為劉牧所作，是以大致概括進行了分析，尚且樹立某些個人觀點，本研究將於後續檢討。

〔註180〕〔清〕朱彝尊撰：《經義考》，收入《景印摛藻堂四庫全書薈要・史部第151冊・目錄類》（臺北：世界書局，1988年），總第237冊，卷16，頁585。

〔註181〕朱伯崑著：《易學哲學史第二卷》（北京：崑崙出版社，2005年），頁28～51。

〔註182〕林忠軍著：《象數易學發展史第二卷》（濟南：齊魯書社，1998年），頁158。按林忠軍概依清・黃宗羲（1610～1695）《宋元學案・泰山學案》所云而稱，黃氏原文略述如下：「劉牧字先之，號長民，衢之西安人，……。先生又受《易》學于范諤昌，諤昌本于許堅，堅本于种放，實與康節同所自出。」〔清〕黃宗羲輯，全祖望訂補，馮雲濠、王梓材校正：〈泰山學案・運判劉長民先生牧〉，《宋元學案》，收入《續修四庫全書・史部・傳記類》（上海：上海古籍出版社，1995年），第518冊，卷2，頁69。

〔註183〕林忠軍著：《象數易學發展史第二卷》，頁182。按清・黃宗羲（1610～1695）〈泰山學案〉，記錄彭城劉牧及其弟子黃黎獻（？）、吳祕（？）、鄭央，皆歸於北宋・孫復（992～1057）門下。〔清〕黃宗羲輯，全祖望訂補，馮雲濠、王梓材校正：〈泰山學案・表〉，《宋元學案》，第518冊，卷2，頁46。

　　惟林氏依然偏執於劉牧象數《易》學之研辯，全然未有相關義理思想之
解析，同時並無《易數鈎隱圖》與《遺論九事》，彼此相互比較之詮論，未作
二者脈絡是否同然抑或存有差異之分判，殊覺可惜。〔註184〕

　　李申以為「最初的《太極圖》應是一個空心圓」〔註185〕，然而自始至終，
皆未提及劉牧《易數鈎隱圖》之「太極」空心圓圖，〔註186〕頗令人不解。且
云「《易數鈎隱圖》。這部著作沒有聽說獻給朝廷，但在當時也廣有影響。」
〔註187〕其說，洵然查考失據，已犯訛錯。李申認為「劉牧創制〈河圖〉、〈洛
書〉」，若然僅就《易數鈎隱圖》之「〈河圖〉第四十九」、「〈洛書〉五行生數第
五十三」、「〈洛書〉五行成數第五十四」等三圖進行研討。〔註188〕尚且未有考
證，亦將彭城劉牧長民，誤視為三衢劉牧先之而曰：「李覯，與劉牧差不多同
時，是范仲淹弟子。劉牧又得范的賞識，二人可說都是純正的儒者。劉牧《易
數鈎隱圖》剛出世，就得到了李覯的反應。」〔註189〕觀覽李申之撰，非但未
有絲毫《新注周易》、《卦德通論》之義理詮釋，更且僅只簡單描述上列三圖，
對於劉牧《易》學思想之研究，筆者以為功效不大。

　　張其成謂：「在現存文獻中，第一次將河圖、洛書視為黑白點數的人是劉
牧。」〔註190〕張氏認為劉牧乃首位將〈河圖〉、〈洛書〉，以黑白點數表示者。
且述：「北宋時期對十數圖和九數圖究竟誰為河圖誰為洛書，曾有過爭論。」
〔註191〕亦因習朱震傳衍表而稱：「范諤昌的學生劉牧開始確立『河圖』與『洛
書』的具體圖像。有學者認為黑白點河圖、洛書很可能是劉牧自己偽造出來
的。為了取信於人，才假托出自麻衣道者和希夷先生陳摶。」〔註192〕張氏云
劉牧受授於范諤昌，而開始確立〈河圖〉、〈洛書〉具體圖像。惟筆者以為，倘
劉牧果師事范氏，則圖像必由范氏所傳，何故須得自己開始確立？

　　況張氏援引朱熹、蔡元定之述，摻以「可能」之模稜用語，猜測劉牧偽
造，而為取信他人，是以假托出自麻衣道者和陳摶希夷之立論，洵然缺乏學

〔註184〕林忠軍著：《象數易學發展史第二卷》，頁158～183。
〔註185〕李申著：《易圖考》（北京：北京大學出版社，2000年），頁65。
〔註186〕李申著：《易圖考》，頁66～74。
〔註187〕李申著：《易圖考》，頁161。
〔註188〕李申著：《易圖考》，頁160～165。
〔註189〕李申著：《易圖考》，頁167。
〔註190〕張其成著：《易圖探秘》（南寧：廣西科學技術出版社，2007年），頁115。
〔註191〕張其成著：《易圖探秘》，頁112。
〔註192〕張其成著：《易圖探秘》，頁116。

術研究之嚴肅。何況《易數鈎隱圖》，甚至《遺論九事》兩書，各自通篇上下，純然未見麻衣道者或陳希夷之名，朱熹、季通「托言」之說，本就可疑，然張氏全然未加驗證，遽然取之以陳，確然無法令人采信。張其成又語：

> 實際上九數、十數的排列圖式早在戰國時代至遲在漢初就已形成，只是當時還不是黑白點圖式，也還未稱為「河圖洛書」而已。直到劉牧才將九數、十數圖與河圖洛書聯繫起來。劉牧視十數圖為洛書，視九數圖為河圖，由此引出了一場「河洛之爭」或稱「圖書大戰」。
> 〔註193〕

張氏猶視劉牧為〈河圖〉九數、〈洛書〉十數之創始者，亦因此形成南宋以降之「河洛之爭」、「圖書大戰」。張其成更述：

> 綜上所述，十數圖、九數圖命為「河圖」、「洛書」是在宋代。北宋劉牧開始將九數圖命名為河圖、將十數圖命名為洛書；與他同時的阮逸則將九數圖命名為洛書，將十數圖命名為河圖，這種定名得到南宋朱熹、蔡元定的支持，於是成為定論。〔註194〕

審閱張其成之作，皆僅限於劉牧所釋之河九、洛十與朱熹、蔡元定之河十、洛九打轉，誠然對於本研究未能提供任何之助益。

（二）學位論文

許瑞宜《劉牧易學研究》，則以今本《易數鈎隱圖》、《遺論九事》為其研尋重點，尚且分析比較「先天圖派」、「河圖洛書派」、「太極圖派」，以探求圖書《易》學之起源與發展。介紹劉牧之生平及著作，藉由研討陳摶、种放、李溉、許堅、范諤昌所存之資料，以解析劉牧之學術淵源。並以「太極說」、「象由數設說」、「圖九書十說」三大部分，研辯《易數鈎隱圖》之思想理論。更且以為劉牧創「圖九書十」，而開啟河洛之學，進而引發爭議。依「太極生兩儀及天地數」、「乾坤生六子」、「河圖與洛書」三方面，比較《易數鈎隱圖》與《遺論九事》二書之相似、相異，以求深入了解劉牧之《易》學思想。文末綜合整理劉牧《易》學之貢獻、價值與對後人之影響。〔註195〕

惟許氏依然誤以三衢劉牧即彭城劉牧而云：「劉牧（1011～1064），字先

〔註193〕張其成著：《易圖探秘》（南寧：廣西科學技術出版社，2007年），頁116。
〔註194〕張其成著：《易圖探秘》，頁119。
〔註195〕許瑞宜：《劉牧易學研究》（臺南：國立臺南大學語文教育學系，2006年碩士論文。）

之，號長民。」〔註196〕錯認王安石撰寫之〈墓誌銘〉、《宋元學案》、《宋史翼》所記，即為彭城劉牧之生平事跡；已然循《宋元學案》、《東都事略》承朱震傳衍表所述，而先入為主，以為劉牧學說，來自於道教，源出陳摶一脈，師承於范諤昌，〔註197〕未作詳細之考辨。

　　猶然疏忽後來并入之問題，遂以認定《遺論九事》之作者即為劉牧。〔註198〕探究劉牧《易》學理論，只就《易數鈎隱圖》之「圖九書十說」、「太極說」、「象由數設說」三部分進行檢審，未能全面得窺彭城劉牧象數《易》學之全貌。《易數鈎隱圖》與《遺論九事》之異同評斷，未見整體與深入，尤其省略《遺論九事‧陰陽律呂》之詮釋與研索，若此獲取之結果，不夠客觀與嚴密。

　　同然欠缺《新注周易》、《卦德通論》義理思想之蒐輯、論解與研究，未能掌握劉牧義理《易》學之真實底蘊。

　　劉嚴《劉牧《易數鈎隱圖》研究》，依循北宋‧晁說之（1059～1129）所述，以為彭城劉牧師承范諤昌。〔註199〕然則定義「北宋真宗、仁宗年間確有彭城劉牧與三衢劉牧二人。原本《易數鈎隱圖》作者為彭城劉牧，之後又變成三衢劉牧且幾成定論。」〔註200〕換言之，劉嚴考證《易數鈎隱圖》之作者，既可為彭城劉牧，亦可為三衢劉牧，前後語焉不詳，模糊難辨。況且年代檢審淆舛，彭城劉牧，真宗之時入仕，甚早於仁宗入朝之三衢劉牧，二者豈能同代以觀？全書侷促於〈河圖〉、〈洛書〉、「畫卦」、「重卦」諸說之研討，且持黑、白點之〈河圖〉、〈洛書〉為劉牧創造之見，〔註201〕雖有提出「劉牧《易》學之歷史影響」等相關識解，惟未有廣泛進行《易數鈎隱圖》及《遺論九事》

〔註196〕許瑞宜：《劉牧易學研究》（臺南：國立臺南大學語文教育學系，2006 年碩士論文），頁 19。
〔註197〕許瑞宜：《劉牧易學研究》，頁 19。
〔註198〕許瑞宜：《劉牧易學研究》，頁 30。按許瑞宜云：「此《遺論九事》之九圖，大體乃補《易數鈎隱圖》前三卷論說之不足也。」許瑞宜：《劉牧易學研究》，頁 24。又稱：「《易數鈎隱圖》與《周易先儒遺論九事》均是劉牧之著作。」許瑞宜：《劉牧易學研究》，頁 104。
〔註199〕劉嚴：《劉牧《易數鈎隱圖》研究》（中國人民大學：2017 年碩士論文），頁 10。
〔註200〕劉嚴：《劉牧《易數鈎隱圖》研究》，頁 21。
〔註201〕按諸如劉嚴云：「劉牧創造黑白點河圖洛書」；且言：「『劉牧創造黑白點河圖洛書』，并以其點數為數，構建宇宙生成過程，描繪八卦和六十四卦的來源」；又謂「『劉牧創造黑白點河圖洛書』，并以其點數為數，構建宇（宙）以數為根本，數生象，象生形，形合而生動物及人的宇宙生成過程。」劉嚴：《劉牧《易數鈎隱圖》研究》，頁 24；55；56。

全書比較與鑽研,甚且全然忽略《新注周易》、《卦德通論》等義理思想之研辯,若然所得各項之結果,誠然無法獲得肯定之認同。

三、期刊、學報、會議論文

詹石窗撰有〈劉牧《易數鈎隱圖》略析〉乙文。文中未有作者考辨,沿循陳摶淵流傳承,遵劉牧即為范諤昌之門徒,將《易數鈎隱圖》之學說,與道門氣血運行之思想結合。〔註202〕認為該書,非僅專門為了養生撰寫,基本之宗旨,則是為了闡述《易》道,探討象數之秘。且導因於劉牧對義理派釋《易》方式之不滿,是以劉牧方於《易數鈎隱圖》中經常批評某些義理派之人物,如韓康伯、孔穎達。〔註203〕視《遺論九事》為劉牧之作,而就〈河圖〉、〈洛書〉之論闡述,全文未言其他。〔註204〕既稱略析,則不外乎,殆屬一篇簡單扼要之介紹,未及梗概於萬一。

姜海軍〈劉牧易學的承傳、詮釋及影響探析〉,文中考據猶然年代溷舛而謂:

> 他曾傳承陳摶圖數易學,並師從范仲淹為學,又學《春秋》於孫復,後被《宋元學案》列入「泰山學案」。可以說,劉牧在易學詮釋的思想與方法上,遠紹陳摶,近承范諤昌,與邵雍先天之學異派同源,形成了獨具特色的河洛易學。〔註205〕

姜氏全然依循黃宗羲〈運判劉長民先生牧〉通篇之述,〔註206〕兼采四庫館臣所云:「(劉牧)其說出於陳摶,與邵子先天之學,異派同源」〔註207〕之說。錯把彭城劉牧長民,與三衢彭城劉牧,視為一人,遂稱:「劉牧(1011~1064),

---

〔註202〕詹石窗:〈劉牧《易數鈎隱圖》略析〉,《宗教學研究》1996年第3期,頁1~2。

〔註203〕詹石窗:〈劉牧《易數鈎隱圖》略析〉,《宗教學研究》1996年第3期,頁2~4。

〔註204〕詹石窗:〈劉牧《易數鈎隱圖》略析〉,《宗教學研究》1996年第3期,頁4。

〔註205〕姜海軍:〈劉牧易學的承傳、詮釋及影響探析〉,收入張濤主編:《周易文化研究第五輯》(北京:社會科學文獻出版社,2013年),頁55。

〔註206〕〔清〕黃宗羲輯,全祖望訂補,馮雲濠、王梓材校正:〈泰山學案·運判劉長民先生牧〉,《宋元學案》,收入《續修四庫全書·史部·傳記類》(上海:上海古籍出版社,1995年),第518冊,卷2,頁69。

〔註207〕〔清〕永瑢,紀昀等撰:〈經部一·易類〉,《四庫全書簡明目錄》,收入《景印文淵閣四庫全書簡明目錄·附索引》(臺北:臺灣商務印書館,1983年),第6冊,卷1,頁7。

字先之，號長民，世稱長民先生。北宋衢州（今浙江衢州）人。」〔註208〕

其言：「有宋一代，劉牧的影響要遠超邵雍，只是由於蔡元定、朱熹等人對邵雍之學的推尊與詮釋，隨著朱學盛行於元明清三代，劉牧之學也隨之日漸式微」〔註209〕之見，筆者以為或僅止於《易數鈎隱圖》之慨嘆，惟未及於義理《易》學之感悟，因其通篇皆誤認彭城劉牧，屬北宋中期之人，而以「劉牧作為宋中期圖書典範」〔註210〕為依歸，祇作該書〈河圖〉、〈洛書〉、「大衍五十」、「四象」之討論，毫無義理思想之詮註，甚至未有《遺論九事》之片語。

尚且姜氏考據，竟以劉牧「四象」援引莊氏之旨，而稱「劉牧引用莊氏所云，認為四象不完僅是金、木、水、火，而是代指實象、假象、義象、用象等四象」〔註211〕之訛證，更顯荒謬，誠然已犯斷章取義，曲解劉牧之旨。〔註212〕若然筆者觀其全文，只行閱覽，惟未有任何采摘。

劉謹銘〈劉牧易學研究〉，同然將長民、先之，并合為一，而謂：「劉牧（1011～1064），衢州西安人。字先之，號長民，世稱長民先生。」〔註213〕其雖年代、作者淆訛混雜，惟尚據錢基博所云：「至宋儒言《易》，而象數之中，復歧出圖書一派。此派蓋大昌於邵雍，而造端於彭城劉牧長民者也。」〔註214〕而稱：「在宋代的易學中，出現了以圖書表述易學思想的流派，且在這當中，劉牧是第一個提倡的易學家。」〔註215〕若此即言：「可以看到劉牧以圖書解說《易》的詮釋方式，自易學發展史的角度看，實具有無可否定的影響力與重要性。」〔註216〕然其述：「在劉牧《易數鈎圖》的眾多圖式當中，並沒有完整的《洛書》」〔註217〕之說，則有待商榷。劉氏陳敘：

〔註208〕姜海軍：〈劉牧易學的承傳、詮釋及影響探析〉，頁55。
〔註209〕姜海軍：〈劉牧易學的承傳、詮釋及影響探析〉，頁55。
〔註210〕姜海軍：〈劉牧易學的承傳、詮釋及影響探析〉，頁63。
〔註211〕姜海軍：〈劉牧易學的承傳、詮釋及影響探析〉，頁67。
〔註212〕按劉牧云「四象者，其義有二：一者，謂兩儀所生之四象；二者，謂《易》有四象所以示之『四象』。」〔北宋〕劉牧撰：《易數鈎隱圖》，收入《景印摛藻堂四庫全書薈要‧經部第14冊‧易類》（臺北：世界書局，1988年），總第15冊，卷上，頁245。
〔註213〕劉謹銘：〈劉牧易學研究〉，《玄奘人文學報》第八期，2008年7月，頁54。
〔註214〕錢基博撰：《周易解題及其讀法》，收入王雲五主編《國學小叢書》（上海：商務印書館，1931年），頁40。
〔註215〕劉謹銘：〈劉牧易學研究〉，《玄奘人文學報》第八期，2008年7月，頁55。
〔註216〕劉謹銘：〈劉牧易學研究〉，頁56。
〔註217〕劉謹銘：〈劉牧易學研究〉，頁57。

就其易學體系之形塑言，則不難看出，漢代易學對於劉牧，實有深刻的影響。即以《河圖》與《洛書》的說法為例，漢代思想家孔安國、劉歆早已提及。又在漢易的各種觀點中，揚雄所云「一六為水，為北方，為冬」、「二七為火，為南方，為夏」、「三八為木，為東方，為春」、「四九為金、為西方，為秋」、「五五為土，為中央」之說，無疑是以數目比配位置的相關說法之源頭所在。（而此參見劉牧《周易先儒遺論九事·大衍之數五十第三》的圖式可知）〔註218〕

審其之語，知其已然忽略晁公武嘗云「并入」之詞，猶視《遺論九事》全然為劉牧之作。若此尚可由其引《遺論九事·太皥氏授龍馬負圖第一》之文，當作劉牧之說而應證。〔註219〕惟《遺論九事》與劉牧之關係為何，本研究則於之後深入探索。

劉謹銘全文，討論劉牧「以數為本的易學立場」，〔註220〕著重於〈河圖〉、〈洛書〉、「八卦」、「天地之數」、「大衍之數」、「四象」之詮釋，誠然有其個人之見解，可為參考，惟或受篇幅之礙，祇侷限於《易數鈎隱圖》及《遺論九事》，且又未能全般比對、檢討，尚且疏略義理《易》學之畛域，而舉「整個易學史發展之脈絡」大纛，定義劉牧於「以『數』為本建構完整易學系統的第一人。」〔註221〕其識考雖稱頗有見地，然僅將劉牧歸屬於象數一脈，則筆者以為，恐失公允與偏執。

閻耀棕〈劉牧《易數鈎隱圖》析論〉，則以《易數鈎隱圖》之書為主，《遺論九事》為輔，進行數圖之分析，其謂：

> 劉牧傳世著作凡《易數鈎隱圖》、《易數鈎隱圖遺論九事》兩部，俱收於《道藏·洞真部·靈圖類》雲字號中，其中《易數鈎隱圖》專衍宇宙生成圖式；《易數鈎隱圖遺論九事》則補述《易數鈎隱圖》所論不足處，兼以圖式說解宋代以前其它易說。故本研究擬以《易數鈎隱圖》為主、《易數鈎隱圖遺論九事》為輔，分次由太極至四象之衍生過程、已成〈河圖〉八卦之象、〈洛書〉五行之質三部份，逐條

〔註218〕劉謹銘：〈劉牧易學研究〉，頁58。
〔註219〕劉謹銘：〈劉牧易學研究〉，頁62～63。
〔註220〕劉謹銘：〈劉牧易學研究〉，頁60～61。
〔註221〕劉謹銘：〈劉牧易學研究〉，頁83。

　　試析質對所纂承援用者，進而試論劉牧所以作圖之微旨。〔註222〕
閻氏已然知曉劉牧「生當北宋初年，理學五子之前」〔註223〕，惟猶視《遺論
九事》為劉牧之作，未作晁公武「并入」說之研審。其采《易數鈎隱圖》之
「太極第一」、「太極生兩儀第二」、「天地數十有五第四」、「天一下生地六第
五」、「地二上生天七第六」、「天三左生地八第七」、「地四右生天九第八」、「兩
儀生四象第九」、「四象生八卦第十」、「二儀得十成變化第十一」、「太衍之數
第十五」、「其用四十有九第十六」、「乾獨陽第二十六」、「坤獨陰第二十七」、
「乾下交坤第三十五」、「坤上交乾第三十六」、「震為長男第三十七」、「巽為
長女第三十八」、「坎為中男第三十九」、「離為中女第四十」、「艮為少男第四
十一」、「兌為少女第四十二」、〈河圖〉第四十九」、「〈洛書〉五行成數第五十
四」等二十四圖，其間摻以《遺論九事》「大衍之數五十第三」乙圖，合併進
行考辨。
　　閻氏將《遺論九事》「太皞氏授龍馬負圖第一」之述與《易數鈎隱圖》「〈河
圖〉第四十九」混為一談，雖已見矛盾，猶然轉以術數之語以解，而成其個人
之辭：

　　　　若專由五行而論〈河圖〉數象，則一六為水一組分居北與東北、三
　　　　八為木一組分居東與東北，其五行方位合於〈洛書〉，其由四正衍四
　　　　維之生成方向合於〈四象生八卦〉圖，然以二七為火一組分居西與
　　　　南、四九為金一組分居南與東南，其五行方位則不合於〈洛書〉，而
　　　　金火方位對調，是謂「金火交併」。〔註224〕

閻氏稱「劉牧實以〈河圖〉數象外幹後天陰陽五行四時八方流轉之象，有別
於〈洛書〉僅單就先天五行之質而述，故後世多據劉牧〈河圖〉之理以資後天
應用。」〔註225〕其論概屬術數之說，惟依然有待商榷。五行既分「先天」、「後
天」，然其文中未有交代，不知如何區別？況羅盤二十四山淨陰、淨陽，則乃
先天對應先天，確立之後，方於後天實際運用；男命寄坤☷、女命寄艮☶，亦
皆同然一般，若此其謂〈河圖〉之理，以資後天應用」之說，泂然莫知所以？
閻氏又言：

〔註222〕閻耀棕：〈劉牧《易數鈎隱圖》析論〉，《國文經緯——第七期》（彰化：彰化
　　　　師範大學國文學系，2011 年），頁 142。
〔註223〕閻耀棕：〈劉牧《易數鈎隱圖》析論〉，《國文經緯——第七期》，頁 142。
〔註224〕閻耀棕：〈劉牧《易數鈎隱圖》析論〉，《國文經緯——第七期》，頁 160。
〔註225〕閻耀棕：〈劉牧《易數鈎隱圖》析論〉，《國文經緯——第七期》，頁 160。

> 劉牧〈河圖〉本已融攝卦氣學，是以後人可以劉牧〈河圖〉後天順
> 數之理作卦氣之用，此外後人又有據劉牧〈河圖〉之理，應用於窮
> 理盡性之學者，然應用於窮理盡性之學者，非據其順數之理，而反
> 將其數象逆數，意在逆後天生化而返先天一氣之純，以求返本歸真，
> 存天理而去人欲。〔註226〕

省觀所敘，其將劉牧《易數鈎隱圖》所陳之〈河圖〉，與漢儒卦氣及宋明理學
相為牽扯，殆為個人引伸之識。筆者以為與劉牧象數《易》學、義理《易》學
之原本思想，全然未有關連。何況從《易數鈎隱圖》論「七日來復」〔註227〕
可知，劉牧本即不采卦氣值日之說，又豈能將〈河圖〉融攝卦氣之學？通篇
之文，與本研究所需，全然未有交集之處。

王風〈劉牧的學術淵源及其學術創新〉一文，對於劉牧活動年代亦進行
考辨，確定：「劉先之不是劉長民，朱震所述北宋圖書學傳承譜係不可靠。《鈎
隱圖》的作者劉牧是北宋初期人物，不是北宋中期人物。他卒於慶曆之前，
其活動年代比宋初三先生要早，當是宋明儒學的創始者之一。」〔註228〕且於
劉牧學術淵源驗證，劉牧「五行生成數，本屬洛書。此畫之者，欲備天地五十
五數也」之意為：

> 意思是說：「五十五數屬於洛書，（洛書是不能用白點圖式畫出的），
> 此處用黑白點所畫的，是「天地之數」五十五，（不是洛書）。」劉
> 牧再三強調洛書是「書」，不是「圖」，不能以圖示之，後世所傳黑
> 白點圖式的〈洛書〉不符合劉牧本意。〔註229〕

惟筆者以為王風之說，恐有疏漏；審《易數鈎隱圖》「〈洛書〉五行生數第五十
三」：

〔註226〕閻耀棕：〈劉牧《易數鈎隱圖》析論〉，《國文經緯——第七期》（彰化：彰化
　　　　師範大學國文學系，2011年），頁161。
〔註227〕〔北宋〕劉牧撰：《易數鈎隱圖》，收入《景印摛藻堂四庫全書薈要·經部第
　　　　14冊·易類》（臺北：世界書局，1988年），卷中，頁262～263。
〔註228〕王風：〈劉牧的學術淵源及其學術創新〉，《道學研究》2003年第2期（總第
　　　　2期），頁111。
〔註229〕王風：〈劉牧的學術淵源及其學術創新〉，《道學研究》2003年第2期（總第
　　　　2期），頁116。

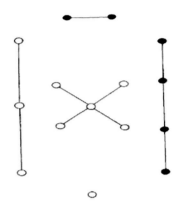

「〈洛書〉五行成數第五十四」：

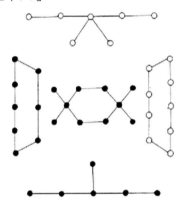

劉牧於此生、成之分解圖陳示，洵然已說明「洛書五十有五」之圖，即為此二者之合併，與其所言之旨並無牴牾。王風又於文中研索證稱：

> 綜合劉牧的數、象、形概念，有以下結論：第一，形由象生，象由數設。第二，數、象在八卦之先。第三，數、象在天地之先。第四，河圖為象，洛書為形。一方面，數在天地、八卦、河圖、洛書之先，另一方面，數的運動和組合可生成天地、八卦、河圖、洛書。一部《鉤隱圖》，其主要內容是討論「數」如何生成天地、八卦、河圖、洛書。因此《鉤隱圖》的數，及其所述由數組合生成天地、八卦、河圖、洛書的過程，不論從宇宙論的角度看，或單純從易學的角度看，都屬於先天學範圍。〔註230〕

若此其謂：「提起先天學，人們常會想到邵雍，視之為先天學的創始者。實際上，《易數鉤隱圖》已經建立了一種先天「數」學，應當是宋明先天象數學的

〔註230〕王風：〈劉牧的學術淵源及其學術創新〉，《道學研究》2003 年第 2 期（總第 2 期），頁 121。

雛形。」〔註231〕王風之識，頗為獨到，可茲參考。惟其或未全然洞悉劉牧之
陳述：

> 謂天一、地二、天三、地四，止有四象，未著乎形體，故曰形而上
> 者，謂之道也。天五運乎變化，上駕天一下生地六，水之數；下駕
> 地二，上生天七，火之數也；右駕天三，左生地八，木之數也；左
> 駕地四，右生天九，金之數也；地十應五而居中，土之數也。此則
> 已著乎形數，故曰形而下者謂之器。……〈河圖〉所以示其象也。……
> 〈洛書〉所以陳其形也。〔註232〕

文中非但提出先天概念，尚且論及後天之理。實則劉牧《易數鈎隱圖》已然
涵蓋先天、後天之學於其中；然此將於本研究，再作深入解析。

王風堪稱最早對《易數鈎隱圖》及《遺論九事》二書，實際進行檢驗與
比對者。其於文中，以《易數鈎隱圖》與《遺論九事》相互審查，校覈二者之
關係且提出三大論證：

（一）《鈎隱圖》與《遺論九事》是兩部著作。

（二）有種種理由可以判定《遺論九事》不可能出自劉牧之手。……
《遺論九事》有云：……。其中的部份思想亦見於《鈎隱圖》：「水
居坎而生乾，金居兌而生坤，火居離而生巽，木居震而生艮。」

㈠《鈎隱圖》斷言「形由象生，象由數設」，《遺論九事》卻以為「無
中得象，象外生意」。

㈡《鈎隱圖》嚴格區別四象與五行，《遺論九事》則以金木水火為四
象。《遺論九事》的觀點正是《鈎隱圖》嚴屬批評的觀點。

㈢《鈎隱圖》則認為「天五退藏於密」；《遺論九事》則認為，五十
減五，是由於「五位父母密藏五子之用」。

㈣《鈎隱圖》則認為「天五」藏在七九六八四象之中，四象均含「天
五」；《遺論九事》則認為「五子」藏於金木水火土五行之中，五行
各藏「一」。

㈤《鈎隱圖》以點畫圖，作為「大衍之數」的圖式（見圖四）：

〔註231〕 王風：〈劉牧的學術淵源及其學術創新〉，《道學研究》2003 年第 2 期（總第
2 期），頁 116。

〔註232〕 〔北宋〕劉牧撰：〈論中〉，《易數鈎隱圖》，收入《景印摛藻堂四庫全書薈要・
經部第 14 冊・易類》（臺北：世界書局，1988 年），總第 15 冊，卷中，頁
264。

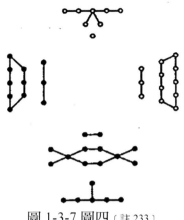

圖 1-3-7 圖四〔註 233〕

《遺論九事》則用「天地之數生合五行圖」，為「大衍之數」的圖式
（見圖五）：

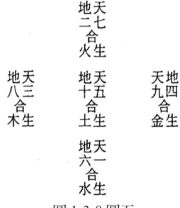

天七
地二
合
火生

天三　天五　地四
地八　地十　天九
合　　合　　合
木生　土生　金生

天一
地六
合
水生

圖 1-3-8 圖五

（六）《遺論九事》以「虛一不用」釋「其用四十有九」，其說合乎西
漢以來的傳統意見；《鈎隱圖》則不同意「虛一之數為太極」的成
說：……。《鈎隱圖》與《遺論九事》在「數象」、「象形」、「大衍
之數」、「大衍之圖」、「太極」等方面的分歧，說明《遺論九事》與
《鈎隱圖》的理論基礎有明顯差別，具體意見相齟齬，絕非出自劉
牧之手。

〔註 233〕按王風所繪本圖左方三黑點，對照《易數鈎隱圖》，實為四黑點，明顯為筆
誤，惟為尊重原文，此則不予更正。〔北宋〕劉牧撰：《易數鈎隱圖》，收入
《景印摛藻堂四庫全書薈要‧經部第 14 冊‧易類》（臺北：世界書局，1988
年），總第 15 冊，卷上，頁 248。

（三）《遺論九事》保留了前人的「金木水火為四象」說、「虛一之數象太極」說，以及「天地之數生合五行圖」，這些觀點已被劉牧批判和發展，所以《遺論九事》也不大可能是劉牧後學所制。《遺論九事》雖非劉牧著作，但它是《鈎隱圖》的直接思想來源之一。《遺論九事》第一章即《太皥氏授龍馬負圖》，即為劉牧《鈎隱圖・〈龍圖〉〈龜書〉論》所謂的〈龍圖〉。《遺論九事》第三章《大衍之數五十》的「天地生合五行圖」，被劉牧取為〈洛書〉。《遺論九事》第六章《復見天地之心》說：「子午相去隔亥上之六則六日也，六乃老陰之數，至於少陽來復，則七日之象明矣。」這個思想也被吸收在《鈎隱圖》第四十六章《七日來復》中：「天有十日，陽上生也，至七為少陽。」此外《鈎隱圖》的「七日來復」圖來自《遺論九事》的《復見天地之心》圖，《鈎隱圖》的《乾為陽》圖、《坤為陰》圖、《離為火》圖、《坎為水》圖、《兌為金》圖、《震為木》圖，則來自《遺論九事》的《辨陰陽卦》圖式。《鈎隱圖》汲取了《遺論九事》的精華，同時捨棄了其中的雜說，是對《遺論九事》的繼承和發展。〔註234〕

省觀王風之言，其以《遺論九事》之「太皥氏授龍馬負圖第一」〔註235〕、「重六十四卦推盪訣第二」〔註236〕、「大衍之數五十第三」〔註237〕、「辨陰陽卦第五」〔註238〕、「復見天地之心第六」〔註239〕等五圖之敘，與劉牧《易數鈎隱圖》之陳相互比較，提出可為參酌之個人見解。確認《易數鈎隱圖》與《遺論九事》是兩部著作，斷定《遺論九事》不可能出自劉牧之手。尚且以為《遺論九事》是《鈎隱圖》直接思想來源之一，且稱《鈎隱圖》屏除《遺論九事》之雜說，擷采其精華，繼承和發展《遺論九事》之大要。若此更指

〔註234〕 王風：〈劉牧的學術淵源及其學術創新〉，《道學研究》2003 年第 2 期（總第2 期），頁 121～124。

〔註235〕 〔北宋〕劉牧撰：《遺論九事》，收入《景印摛藻堂四書全書薈要・經部第 14冊・易類》（臺北：世界書局，1988 年），總第 15 冊，頁 275。

〔註236〕 〔北宋〕劉牧撰：《遺論九事》，收入《景印摛藻堂四書全書薈要・經部第 14冊・易類》，總第 15 冊，頁 276。

〔註237〕 〔北宋〕劉牧撰：《遺論九事》，收入《景印摛藻堂四書全書薈要・經部第 14冊・易類》，總第 15 冊，頁 276～277。

〔註238〕 〔北宋〕劉牧撰：《遺論九事》，收入《景印摛藻堂四書全書薈要・經部第 14冊・易類》，總第 15 冊，頁 278。

〔註239〕 〔北宋〕劉牧撰：《遺論九事》，收入《景印摛藻堂四書全書薈要・經部第 14冊・易類》，總第 15 冊，頁 278～279。

「《遺論九事》為劉牧之前的文獻」〔註240〕、「《遺論九事》應是劉牧傳自前
人的資料」〔註241〕。

　　然筆者以為《遺論九事》計有九圖論九事。另有「八卦變六十四卦第四」
〔註242〕、「卦終未濟第七」〔註243〕、「蓍數揲法第八」〔註244〕、「陰陽律呂圖
第九」〔註245〕。此四圖之情況，王風通篇未有檢討。況且《遺論九事》為後
來迄南宋晁公武之時，方云「并入」之說，北宋李覯購置五十五圖之際尚未
見聞。若然「《遺論九事》是《鈞隱圖》直接思想來源之一」、「《鈞隱圖》屏除
《遺論九事》之雜說，擷采其精華，繼承和發展《遺論九事》之大要」、尤其
「《遺論九事》為劉牧之前文獻」、「《遺論九事》應是劉牧傳自前人之資料」
等驗證，恐未得整體圓滿之核對，即做此般之結論，未免有失偏頗而欠缺客
觀，洵有重新商榷之必要，若此則為本研究所須施行之工作。

　　王風全文，著重於劉牧《易數鈞隱圖》部分圖示思想之研辯，兼及《遺
論九事》與劉牧關係之查考，而予定義「劉牧之學術淵源及其學術創新」。雖
則依年代查考而云：「《鈞隱圖》的作者劉牧是北宋初期人物，不是北宋中期
人物。他卒於慶曆之前，其活動年代比宋初三先生要早，當是宋明儒學的創
始者之一。」〔註246〕然則猶然疏略劉牧義理《易》學之相關特性及其歷史定
位之詳細探究，是以同然亦為本研究，必須執行之重點。

第四節　研究方法與步驟

　　彭城劉牧長民，已於真宗之朝，得見賜出身，然三衢劉牧先之，則尚未
出生抑或童蒙。此般之史事確定，關係彭城劉牧，居宋初《易》學之傳承、分
類與定位研究。

〔註240〕王風：〈劉牧的學術淵源及其學術創新〉，頁107。
〔註241〕王風：〈劉牧的學術淵源及其學術創新〉，頁121。
〔註242〕〔北宋〕劉牧撰：《遺論九事》，頁277～278。
〔註243〕〔北宋〕劉牧撰：《遺論九事》，頁280。
〔註244〕〔北宋〕劉牧撰：《遺論九事》，收入《景印摛藻堂四書全書薈要・經部第14
　　　　冊・易類》（臺北：世界書局，1988年），總第15冊，頁281。
〔註245〕〔北宋〕劉牧撰：《遺論九事》，收入《景印摛藻堂四書全書薈要・經部第14
　　　　冊・易類》，總第15冊，頁281～283。
〔註246〕王風：〈劉牧的學術淵源及其學術創新〉，《道學研究》2003年第2期（總第
　　　　2期），頁111。

若此，劉牧〈河圖〉、〈洛書〉思想之淵源；《易數鈎隱圖》原本確實卷、圖數目之審省；《易數鈎隱圖》、《遺論九事》彼此關係之牽扯；《遺論九事》之作者考辨諸問題，皆須加以探索、釐比與審定。

何況劉牧《新注周易》、《卦德通論》等人事訓《易》著作，洵然早於胡瑗，更且盛行於北宋仁宗之朝。若然，劉牧義理《易》學之相關特性及其應居之歷史定位，亦須詳加考省與判定。惟馮椅嘗引《中興書目》云：

> 《新注周易》十一卷。本朝太常博士劉牧撰，吳祕表進、田況序。牧字長民，彭城人，仁宗時，言數者皆宗之。又有《周易卦德通論》一卷，論元、亨、利、貞四時；《易數鈎隱圖》一卷，采摭天地奇耦之數，……吳祕又撰《周易通神》一卷，凡三十四篇，注云所以釋《鈎隱》。黃黎獻受之於牧，祕受之於黎獻……《周易略例》一卷，本朝黃黎獻撰。……宗以為《略例》一本，總之於《新注周易》，以《通神》為第十四卷，《略例》為第十五卷，此為牧之學者，集而為一書也。〔註247〕

吳祕於慶曆初（1041）獻劉牧《易》學相關著作於朝；計《新注周易》十一卷、《卦德通論》一卷、《易數鈎隱圖》一卷，併吳祕《通神》一卷、黃黎獻《略例》一卷，合計十五卷。吳、黃之作不論，惟屬劉牧之著者，於今僅存《易數鈎隱圖》三卷及晁公武所云并入之《遺論九事》一卷，餘則皆盡亡佚。

是以在欠缺考據材料，尤其義理《易》學，相關文獻嚴重缺乏之情況，本研究，將采「義理」、「象數」兩大領域，分別進行論辯與考證。

一、義理《易》學之研究方法與步驟

（一）文獻搜集與彙整

欲探劉牧相關義理《易》學之述，則須先從現存文獻，諸如《易程傳》、《漢上易傳》、《周易義海撮要》、《厚齋易學》、《周易義叢》、《讀易述》、《周易傳義補疑》、《大易擇言》、《周易章句證異》、《周易孔義集說》等等，〔註248〕廣泛、全面、搜羅、袤取、分類、彙集其《新注周易》、《卦德通論》之相關詮

〔註247〕〔南宋〕馮椅撰：〈先儒著述下〉，《厚齋易學》，收入《景印文淵閣四庫全書·經部10·易類》（臺北：臺灣商務印書館，1983年），第16冊，附錄2，頁840。

〔註248〕按進行搜集、彙整之詳細相關文獻書目，請參閱本研究「附錄」及其逐條註腳。

釋、訓注，以利後續之鑽研。

（二）輯佚章句之閱覽、擇取與分析

逐條概略省讀，衡量篇幅，審酌選取文辭清晰，語意完整之辭句，進行詳實之剖辨與訓解，以期獲得劉牧詮譯之方法、沿循之淵源與解《易》之特色。

（三）配合傳略、史書、年譜進行考辨，釐清義理《易》學畛域之席位

依據劉牧義理解《易》之方式、特性及其思想脈絡，利用諸如《崇文總目》、《武夷新集》、《續資治通鑑長編》、《宋會要輯要》、《玉海》、《宋人年譜叢刊》、《宋人生卒行年考》、《范文正公年譜》、《文忠集年譜》、《年譜補遺》、《李直講年譜》等等相關典籍記載，查驗比對生卒活動年代與宋初相關義理《易》學，興盛傳衍之先後，以驗證劉牧應有之歷史地位。

二、象數《易》學之研究方法與步驟

象數《易學》之研省，綜采《易數鈎隱圖》、《遺論九事》，彼此逐圖交相研辯、比較之模式執行，其方法及步驟如下：

（一）「道」、「太極」、〈河圖〉、〈洛書〉、「大衍」之審辨

依據《易數鈎隱圖》之陳述與圖示，逐次解析，劉牧詮釋「道」、「太極」、〈河圖〉、〈洛書〉、「大衍」之思想脈絡。

（二）《易數鈎隱圖》各圖演繹詮貫之析辯

沿循《易數鈎隱圖》所列各圖，契合章節陳論，明辨劉牧訓解各圖生成之創見與因襲之淵流。

（三）《易數鈎隱圖》與《遺論九事》，相關圖示之校核

隨其彼此產生疑慮之牽扯，審驗《易數鈎隱圖》、《遺論九事》，各自之詮述與圖示，以確立兩者之思想關係。

（四）明確《遺論九事》之作者

探討《遺論九事》，未與《易數鈎隱圖》產生連繫之其餘圖說。期使全書九圖、九事，皆能得以釐清與劉牧相互之因緣，並確立真正之作者。

（五）〈河圖〉四十五、〈洛書〉五十五之源頭論證

省閱《易數鈎隱圖》之陳述，與相關典籍、文獻之審校，以辯證「〈河圖〉

四十五、〈洛書〉五十五」與劉牧之牽繫與師承之根由。

（六）《易數鈎隱圖》，卷、圖肇始數目之驗證

鏊比、審辨《易數鈎隱圖》，歷代一、二、三卷及四十八圖與五十五圖之差別，以確定原本卷數及圖數之真象。

（七）檢討歷來文獻傳寫之訛舛與是正

由於北宋兩劉牧之得以確證，故而歷代諸如「河、洛傳衍」、「兩派六宗」、《宋元學案》之謬誤，皆須加以更正。

第二章　劉牧義理著作與釋《易》方法之論辯

　　研究彭城劉牧長民之《易》學，歷來幾乎盡皆著重於完整傳本之《易數鈎隱圖》與《遺論九事》，且又往往偏執於〈河圖〉、〈洛書〉相關之議題，全然疏忽更且遺忘，其《新注周易》、《卦德通論》之義理思想，所可能蘊涵之畛域與存在之歷史定位及價值。若然本章，即專就劉牧義理《易》學之議題，進行深入之鑽研與考辨。

第一節　義理著作與諸儒攻訐義理解《易》之檢討

一、義理著作流傳遞變之綜述

　　南宋・晁公武（1105～1180）記錄北宋・彭城劉牧（？）注《易》之著作云：

> 劉長民《易》十五卷。右皇朝劉牧長民撰。仁宗時言數者皆宗之，
> 慶曆初，吳祕獻其書于朝，優詔獎之，田況為序。〔註1〕

晁氏謂宋仁宗慶曆初年，北宋・吳祕（？）獻劉長民《易》注十五卷於朝庭，獲君上褒美嘉獎，並由北宋・田況（1005～1063）為之作序。元・胡一桂（？）

─────────────────

〔註1〕〔南宋〕晁公武撰：〈易類・劉長民易十五卷〉，《郡齋讀書志》，收入《景印文淵閣四庫全書・史部 432・目錄類》（臺北：臺灣商務印書館，1984 年），第 674 冊，卷 1 上，頁 161。

稱晁公武上述吳祕所呈之書：「此《易解》也。」〔註2〕並以「劉牧《周易解》
十二卷」〔註3〕載記。

　　惟據北宋・李覯（1009～1059）〈年譜〉所錄：「康定二年十一月，改慶曆
元年，辛巳，三十三歲。」〔註4〕可知宋仁宗康定二年（1041）十一月，改年
號為慶曆；慶曆初年，歲次辛巳，僅只十一、十二兩月。

　　《續資治通鑑長編》載錄：「（慶曆元年冬）十二月……己丑，翰林學士
王堯臣等，上新修《崇文總目》六十卷。〔註5〕顯見《崇文總目》成書於慶曆
初年十二月十四日〔註6〕之前，而傳本《崇文總目》收錄歷代《易》類著作，
共「一十八部，計一百七十一卷」。〔註7〕登錄於最末之第一十八部書目，即
為因詔參與《崇文》校正條目，討論撰次者〔註8〕之北宋・王洙原叔（997～
1057）纂述之「《周易言象外傳》十卷」，且宋代所屬，僅此一書臚列，〔註9〕
由此可判，吳祕獻書之際，〔註10〕《崇文》編訂業已完成，故未及收錄劉牧

〔註2〕〔元〕胡一桂撰：〈傳注〉，《周易啟蒙翼傳》，收入《景印摛藻堂四庫全書薈
　　　要・經部第10冊・易類》（臺北：世界書局，1988年），總第11冊，中篇，
　　　頁278。

〔註3〕〔元〕胡一桂撰：〈傳注〉，《周易啟蒙翼傳》，收入《景印摛藻堂四庫全書薈
　　　要・經部第10冊・易類》，總第11冊，中篇，頁278。

〔註4〕〔南宋〕魏峙撰《李直講年譜》，輯入〔北宋〕李覯撰：《盱江集》，收入《景
　　　印文淵閣四庫全書・集部34・別集類》（臺北：臺灣商務印書館，1985年），
　　　第1095冊，頁7。

〔註5〕〔南宋〕李燾編：〈仁宗〉，《續資治通鑑長編》，收入《景印文淵閣四庫全書・
　　　史部74・編年類》（臺北：臺灣商務印書館，1984年），第316冊，卷134，
　　　頁206。

〔註6〕按依《續資治通鑑長編》所錄：「十二月丙子朔」起算，至己丑日為十二月十
　　　四日。〔南宋〕李燾編：〈仁宗〉，《續資治通鑑長編》，收入《景印文淵閣四庫
　　　全書・史部74・編年類》，第316冊，卷134，頁205。

〔註7〕〔北宋〕王堯臣、王洙、歐陽修等撰：〈易類〉，《崇文總目》，收入《景印文
　　　淵閣四庫全書・史部432・目錄類》（臺北：臺灣商務印書館，1984年），第
　　　674冊，卷1，頁4。

〔註8〕〔清〕永瑢等撰：〈史部四十一・目錄類一〉，《四庫全書總目提要》，收入王
　　　雲五主編：《萬有文庫第一集一千種》（上海：商務印書館，1931年），第17
　　　冊，卷85，頁20。

〔註9〕〔北宋〕王堯臣、王洙、歐陽修等撰：〈易類〉，《崇文總目》，收入《景印文
　　　淵閣四庫全書・史部432・目錄類》，第674冊，卷1，頁6。

〔註10〕按吳國武據南宋・李燾（1115～1184）《續資治通鑑長編》所載，推定吳祕獻
　　　書，當在慶曆二年四月二十五日，其云：「又案：《長編》卷一百三十五（P3240）
　　　載：慶曆二年（1042）四月『戊戌（二十五日），以講《周易》徹，召講讀官
　　　及兩制、宗室、正刺史以上，燕於崇政殿。』當時獻《易》當與經筵講《易》

《易》注。

南宋・王應麟（1223～1296）於其所著《玉海》之「劉牧_{長民}《易》，十卷」標目注言：「《書目》：劉牧《新注》十一卷。」〔註11〕該《書目》，經謝保成考定：「王應麟所引《書目》是李淑《邯鄲書目》」〔註12〕。李淑（1002～1059）〔註13〕，北宋人，曾受命參與《崇文總目》編纂看詳事務，〔註14〕南宋・陳振孫（1179～1262）有云：

> 《邯鄲書目》十卷。學士河南李淑獻臣撰。號《圖書十志》，皇祐己
> 丑，自作序以示子孫。〔註15〕

李淑所著《邯鄲書目》又名《圖書十志》，其於皇祐己丑年，即皇祐元年（1049），為此書作序。依陳振孫所稱作序時間推算，《邯鄲書目》成書應於皇祐之初，其時已晚《崇文總目》問世約八年。

王應麟另據《中興館閣書目》於「李淑《圖書十志》」目下注曰：「《中興書目》〔註16〕：淑，皇祐中撰《邯鄲書目》十卷。」〔註17〕「皇祐中」即皇祐三年（辛卯，1051），若此，李淑撰成《書目》則略後於《崇文》十年。

然毋論晚出八或十年，《邯鄲書目》堪稱為最早收錄劉牧注《易》書目者，且作者李淑理當親見此書，其載劉牧注《易》之書名為「《新注》」，篇帙十一

有關。」然筆者以為吳國武似乎忽略慶曆改元時間，及「初」、「二」字義之區別，故其所稱「本年（慶曆二年）吳祕獻劉牧《新注周易》、《易數鉤隱圖》」之說，本章僅作參考，不予採用。吳國武著：《兩宋經學學術編年》（南京：鳳凰出版社，2015年），上冊，頁123。

〔註11〕〔南宋〕王應麟撰：〈藝文・易〉，《玉海》，收入《景印文淵閣四庫全書・子部250・類書類》（臺北：臺灣商務印書館，1985年），第944冊，卷36，頁40。

〔註12〕〔唐〕吳兢撰，〔民國〕謝保成集校：《貞觀政要集校》（北京：中華書局，2012年），頁15。

〔註13〕按李淑生卒年，參考李裕民著：《宋人生卒行年考》（北京：中華書局，2010年），頁82。

〔註14〕〔清〕永瑢等撰：〈史部四十一・目錄類一〉，《四庫全書總目提要》，第17冊，卷85，頁20。

〔註15〕〔南宋〕陳振孫撰：〈目錄類〉，《直齋書錄解題》，收入《景印摛藻堂四庫全書薈要・史部第151冊・目錄類》（臺北：世界書局，1988年），總第237冊，卷8，頁151。

〔註16〕按《中興書目》即南宋・陳騤（1128～1203）所編《中興館閣書目》之簡稱。參閱劉向東：《《中興館閣書目》重輯與考述》（上海：華東師範大學古籍研究所碩士論文，2015年），頁1～4。

〔註17〕〔南宋〕王應麟撰：〈藝文・易〉，《玉海》，卷52，頁414。

卷，所言卷數應屬可供酌參之原卷帙數。

　　南宋‧尤袤（1127～1194）亦載：「劉牧《易傳》、劉牧《易數鈎隱圖》」〔註18〕，其稱劉牧注《易》之書為《易傳》，惟未著明帙數。其後馮椅（1140～1231）於《厚齋易學》「《新注周易》、《卦德通論》、《易數鈎隱》、《通神》」條下記錄：

> 《中興書目》云：「《新注周易》十一卷。本朝太常博士劉牧撰，吳祕表進、田況序。牧字長民，彭城人，仁宗時，言數者皆宗之。又有《周易卦德通論》一卷，論元、亨、利、貞四時；《易數鈎隱圖》一卷，采摭天地奇耦之數，自太極生兩儀而下，至于河圖，凡六十四位點之成圖，於圖之下，各釋其義。」……吳祕又撰《周易通神》一卷，凡三十四篇，注云所以釋《鈎隱》。黃黎獻受之於牧，祕受之於黎獻，久之無傳，因作《通神》以奏之。〔註19〕

《中興書目》所載「十一卷」之卷數，概循《邯鄲書目》而來，且書名亦沿「新注」之後多加「周易」二字，稱之《新注周易》。另劉牧尚著有《周易卦德通論》、《易數鈎隱圖》各一卷，其再傳弟子吳祕則撰《周易通神》一卷以釋《鈎隱圖》。依此對照馮椅於「黃黎獻《略例》、《室中記師隱訣》」目下之註：

> 《中興書目》：《周易略例》一卷，本朝黃黎獻撰。黎獻學《易》於劉牧，采摭其綱，宗以為《略例》一本，總之於《新注周易》，以《通神》為第十四卷，《略例》為第十五卷，此為牧之學者，集而為一書也。〔註20〕

文中說明，從劉牧之學者，將吳祕《周易通神》一卷、黃黎獻《略例》一卷，併入《新注周易》而為《新注》第十四及第十五卷；若此回溯上則馮椅敘述之序，《周易卦德通論》當列第十二卷、《易數鈎隱圖》為第十三卷，如此加計《新注周易》十一卷，總合而成十五卷，亦由此可知晁公武《郡齋》所稱十五卷數之道理所在。

〔註18〕〔南宋〕尤袤撰：〈周易類〉，《遂初堂書目》，收入《景印文淵閣四庫全書‧史部432‧目錄類》（臺北：臺灣商務印書館，1984年），第674冊，頁438。

〔註19〕〔南宋〕馮椅撰：〈先儒著述下〉，《厚齋易學》，收入《景印文淵閣四庫全書‧經部10‧易類》（臺北：臺灣商務印書館，1983年），第16冊，附錄2，頁840。

〔註20〕〔南宋〕馮椅撰：〈先儒著述下〉，《厚齋易學》，收入《景印文淵閣四庫全書‧經部10‧易類》，第16冊，附錄2，頁840。

陳振孫《直齋書錄解題》概循《中興書目》，惟去《通神》而載：「《新注周易》十一卷、《卦德統論》一卷、《略例》一卷，又《易數鉤隱圖》二卷。」〔註21〕《卦德統論》即《卦德通論》；《易數鉤隱圖》則依六十四位點之成圖，分五十五圖之《易數鉤隱圖》、九圖之《遺論九事》各為一卷而成二卷；四者合計，猶為十五卷數。同理胡一桂「劉牧《周易解》十二卷」之說，應可判為《新注周易》十一卷，加上論「元、亨、利、貞」四時之《周易卦德通論》一卷之結合。

清‧朱彝尊（1629～1709）依《宋史‧藝文志》及《紹興書目》，輯錄劉牧著有《新注周易》乙書，且登載其篇帙，各為十一卷及十卷，惟該書至朱氏其時，業已亡佚。〔註22〕朱彝尊所據《宋史‧藝文志》登錄之書名、卷數，〔註23〕皆同於《邯鄲書目》、《中興書目》，惟《紹興書目》則於篇數有所相異。

張固也、李秋實考證朱彝尊所引《紹興書目》，為宋代《秘書省續編到四庫闕書目》（簡稱《秘目》）之省稱。〔註24〕且言該書：

> 著錄北宋元祐二年（1087年）至政和年間（1111～1117年）秘書省
> 陸續訪求補寫的三千二百九十五部、一萬四千九百卷秘閣原闕之
> 書。〔註25〕

元祐為北宋哲宗年號，政和則為徽宗年號，皆屬北宋之末，是以《紹興書目》所錄劉牧《新注周易》之卷帙，其間恐已遺缺僅餘十篇，若此前述王應麟所載「十卷」之數，抑或由此，且說未定。然吳國武則謂：

> 今世所稱劉牧《周易新注》十一卷，蓋合黃黎獻、吳祕之書在內。
> 今人陳樂素《宋史藝文志考證》亦有此說。〔註26〕

吳國武引陳樂素《宋史藝文志考證》，以證所言劉牧《周易新注》十一卷之帙，

〔註21〕〔南宋〕陳振孫撰：《直齋書錄解題》，收入《景印摛藻堂四庫全書薈‧史部第151冊‧目錄類》（臺北：世界書局，1988年），總第237冊，卷1，頁8。

〔註22〕〔清〕朱彝尊撰：《經義考》，收入《景印摛藻堂四庫全書薈要‧史部第151冊‧目錄類》（臺北：世界書局，1988年），總第237冊，卷16，頁583。

〔註23〕按原文：「劉牧《新注周易》十一卷」。〔元〕托克托等修：〈藝文志第一百五十五‧藝文一〉，《宋史》，收入《景印摛藻堂四庫全書薈要‧史部第47冊‧正史類》，總第133冊，卷202，頁362。

〔註24〕張固也著：《古典目錄學研究》（武漢：華中師範大學出版社，2014年），頁176。

〔註25〕張固也著：《古典目錄學研究》，頁176。

〔註26〕吳國武著：《兩宋經學學術編年》（南京：鳳凰出版社，2015年），上冊，頁123。

乃合黃黎獻、吳祕之書卷而成。惟筆者考諸陳樂素原文：

> 劉牧《新注周易》十一卷
>
> 《紹興目》十卷；《通志》卷三九，六卷；《讀書志》、《通考》均十
>
> 五卷；但《解題》及《玉海》卷三六引《中興目》同此。〔註27〕

字裡行間，咸無吳氏所稱之文，是以吳國武之考據，稍欠周延，恐難成立。

綜上推論，劉牧《新注周易》原為十一卷數，後至《紹興書目》編定之際，佚失一篇，時至今日，則已全然不見完本存世。然所見者，或因弟子、再傳弟子之著，甚且《易數鉤隱圖》、《卦德通論》之摻入，致衍後儒對其注說之批駁與否定。

二、歷代諸儒攻訐義理解《易》之檢討

如北宋‧宋咸（？）於康定元年（1040）《易辨》自序云：

> 近世劉牧既為《鉤隱圖》以畫象數，盡刊王文，〔註28〕直用己意代
>
> 之，業劉者實繁，謂劉可專門，王可焚竄。咸聞駭之，摘〈乾〉☰、
>
> 〈坤〉☷二卦中，王、劉義及《鉤隱圖》以辨之也。凡二十篇，為
>
> 二卷，題曰：《王劉易辨》。〔註29〕

宋咸稱近世劉牧作《易數鉤隱圖》以論象數，且解《易》盡除王弼注文，直用己意代之。當時宗劉者繁眾，皆主劉牧之說，而稱三國‧王弼（226～249）之言可焚棄取代。若此宋咸聞之驚駭，故以王弼、劉牧於〈乾〉☰、〈坤〉☷二卦之訓義，對照《鉤隱圖》加以辨析，而著《王劉易辨》書。

北宋‧李覯（1009～1059）或承宋咸之論，亦訾抑劉牧曰：

> 牧又注《易》新意，牽合象數，其餘援輔嗣之意而改其辭，往往即

〔註27〕陳樂素著：《宋史藝文志考證》（廣州：廣東人民出版社，2002年），頁13。

〔註28〕按原文為「盡刊『文王』」。惟依宋咸文中所言：「劉可專門，王可焚竄」、「王、劉義」句及書名定為：「《王劉易辨》」，可知「王」字乃指王弼，則原文應為「盡刊『王文』」之訛錯。清‧朱彝尊於《經義考》《王劉易辨》條即云：「盡刊王文」，「刊」與「刊」字於此同意，故本章援引，據以改之。參閱清‧朱彝尊撰：〈易十五‧王劉易辨〉，《經義考》，收入《景印摛藻堂四庫全書薈要‧史部第151冊‧目錄類》（臺北：世界書局，1988年），總第237冊，卷16，頁586。

〔註29〕〔元〕胡一桂撰：〈宋〉，《周易啟蒙翼傳》，收入《景印摛藻堂四庫全書薈要‧經部第10冊‧易類》（臺北：世界書局，1988年），總第11冊，中篇，頁278～279。

所謂《易》解也。〔註 30〕

李覯詆斥劉牧以牽強湊合象數之方式，注解《易》理新意，其餘不用象數說《易》者，則援引王弼原意卻擅改其詞而成己之論，如此而形成所謂之《易》解。觀李覯批箋之意，可謂與宋咸同然一轍。

北宋・鄭獬（1022～1072）於駁瑕指纇東漢・鄭玄（127～200），王弼及唐・陸希聲（？）解《易》之際，另一併攻詆劉牧謂之：

> 如康成之博學，其所解經莫不傳於世，至於注《易》，則學者所不齒。晚乃有王弼者，自弼而降，有陸希聲、劉牧，此最可稱道。然弼為義多老莊無用之說；希聲削文王、孔子〈繫〉、〈象〉而著以己說，茲非罪人耶？然其注差勝弼；牧之注，本沿踏於希聲而又益以茫昧荒虛，不可究之象數，茲數子者俱不免於詆訾，則宜說者之不息也。〔註 31〕

鄭獬詆議鄭玄注《易》之說，為學者所不齒。而王弼義理又多老莊無用之言；陸希聲（？）則刪削文王、孔子〈繫辭〉、〈象傳〉等「十翼」之文，而專以己意解《易》，內容雖稍勝王弼，然亦同是罪人。鄭獬更斥劉牧注《易》本因襲陸希聲模式，且增加茫昧荒虛，不可究探之象數於其間。是以鄭玄、王弼、陸希聲、劉牧諸子，皆因上述之過，故不免遭人非議不止。

南宋・晁說之（1059～1129）猶循鄭獬之論，對陸希聲加以誹議：

> 說之初聞虞翻夢吞三爻而通《易》，陸希聲夢三聖人而捨〈象〉、〈象〉作傳。意！夫二子者可語伏羲之《易》也。翻乃蔽於互體、旁通，希聲不出王輔嗣之藩籬，惜哉！〔註 32〕

晁說之稱初聞三國吳・虞翻（164～233），因「夢吞三爻」〔註 33〕之故而能通

〔註 30〕〔元〕董真卿撰：〈凡例・古今名賢〉，《周易會通》，收入《景印摛藻堂四庫全書薈要・經部第 11 冊・易類》（臺北：世界書局，1988 年），總第 12 冊，頁 247。

〔註 31〕〔北宋〕鄭獬撰：〈狀・進鮑極注周易狀〉，《鄖溪集》，收入《景印文淵閣四庫全書・集部 36・別集類》（臺北：臺灣商務印書館，1985 年），總第 1097 冊，卷 12，頁 224。

〔註 32〕〔南宋〕晁說之撰：《景迂生集》，收入《景印摛藻堂四庫全書薈要・集部第 40 冊・別集類》（臺北：世界書局，1988 年），總第 387 冊，卷 11，頁 211。

〔註 33〕按南朝宋・裴松之（372～451）於〈虞翻傳〉注曰：「翻初立《易》注，奏上曰：臣聞六經之始，莫大陰陽……蒙先師之說，依《經》立注。又臣郡吏陳桃，夢臣與道士相遇，放髮被鹿裘，布《易》六爻撓其三以飲臣，臣乞盡吞

曉《易》理；陸希聲亦因夢見伏羲、文王、孔子三聖，〔註34〕遂悟八卦，捨「十翼」之〈彖〉、〈象〉而作《易》傳。驚嘆質疑二者竟能如此，即可談論伏羲《易》旨，且語帶惋惜、隱含譏諷稱：虞翻解《易》之蔽病在於互體、旁通，而陸希聲則不出王輔嗣之藩籬。

南宋‧陳振孫（1179～1262）另詆斥劉牧而云：

> 劉牧之學，大抵求異先儒，穿鑿破碎，故李、宋或刪之或辨之。
> 〔註35〕

陳振孫訾咎劉牧《易》學，大多追求標新立異於先儒之說，內容則是穿鑿破碎，是以李覯、宋咸（？）著書或刪其《易》圖，〔註36〕或辨其《易》解。

綜觀上述諸家之批駁，歸類出大致詰斥之論：

陸希聲捨〈繫〉、〈彖〉、〈象〉作傳解《易》，其說不違王弼範疇；而劉牧又沿襲於陸希聲之法且摻入象數解《易》，其餘則依王弼原意，擅改其詞成己之見。

然劉牧注《易》內容及方法果為如此，豈非與吳祕獻其書，獲朝庭青睞而「優詔獎之」之載記相為矛盾？

亡佚之典籍著作，於其本質之優劣勝敗，往往僅能從先儒之評價加以判斷，惟如此又常常受諸先儒主觀識見之影響，遂造成對其學說價值之失真，若此欲探劉牧《新注周易》、《卦德通論》之注解特性及其詮註脈絡，則須從現有文獻中，蒐羅裒取僅存之片語鱗爪，再與先儒之評說，進行辨證與分析，或能藉此而得其真象之梗概於萬一。

之，道士言《易》道在天，三爻足矣。豈臣應當知《經》？……」〔西晉〕陳壽撰，〔南朝宋〕裴松之注：〈吳志‧虞翻傳〉，《三國志》，收入《景印摛藻堂四庫全書薈要‧史部第 11 冊‧正史類》（臺北：世界書局，1988 年），總第 97 冊，卷 12，頁 305。

〔註34〕 北宋‧阮閱（？）云：「陸希聲隱居宜興君陽山……常著《易傳》十卷。觀其自序，以謂夢在大河之陽，有三人偃臥東首，上伏義、中文王、下孔子，下以易道畀予，遂悟八卦小成之位，……。」〔南宋〕葛立方撰：《韻語陽秋》，收入《景印文淵閣四庫全書‧集部 418‧詩文評類》（臺北：臺灣商務印書館，1986 年），第 1479 冊，卷 8，頁 129～130。

〔註35〕 〔南宋〕陳振孫撰：〈易類〉，《直齋書錄解題》，收入《景印摛藻堂四庫全書薈要‧史部第 151 冊‧目錄類》（臺北：世界書局，1988 年），總第 237 冊，卷 1，頁 9。

〔註36〕 按陳振孫於「《刪定易圖論》一卷」條目云：「直講旴江李覯泰伯撰，凡六篇。蓋刪劉牧《易》圖而存之者三焉。」〔南宋〕陳振孫撰：〈易類〉，《直齋書錄解題》，收入《景印摛藻堂四庫全書薈要‧史部第 151 冊‧目錄類》，總第 237 冊，卷 1，頁 9。

惟受限於篇幅，本章先從各文獻輯錄而得之劉牧《新注周易》（含《卦德通論》）佚文中，擇取爬梳〈乾〉卦☰三例、〈坤〉卦☷四例、〈屯〉卦䷂五例及〈蒙卦䷃・初六〉、〈大過䷛・九二〉、〈恒卦䷟・大象〉、〈升卦䷭・卦辭〉、〈兌卦䷹・象傳〉、〈豐卦䷶・上六〉、〈巽卦䷸・象傳〉、〈歸妹䷵・初九〉、〈歸妹䷵・九二〉等合計二十一則之訓釋，逐次與《易》家奉為義理解《易》圭臬之「十翼」，進行比較、剖析與研究，期能廓清劉牧注《易》之法及其掇拾之思想源流。

第二節　義理解《易》與「十翼」運用之校覈

唐・陸德明（556～627）嘗言：「孔子作〈彖辭〉、〈象辭〉、〈文言〉、〈繫辭〉、〈說卦〉、〈序卦〉、〈雜卦〉□□〔註37〕『十翼』。班固曰『孔子晚而好《易》，讀之韋編三絕而為之傳。』傳即『十翼』也。」〔註38〕唐・孔穎達（574～648）則云：「孔子既作『十翼』，《易》道大明。」〔註39〕若此，儒家多視「十翼」，為夫子釋《易》之作。故而義理解《易》，必然不攙雜象數，而常執「十翼」

〔註37〕按摛藻堂版原文缺佚兩字；文淵閣版作「共成」二字。〔唐〕陸德明撰：〈注解傳述人〉，《經典釋文》，收入《景印文淵閣四庫全書・經部176・孝經類、五經總義類》（臺北：臺灣商務印書館，1983年），第182冊，卷1，頁361。又文淵閣版《周易注疏附略例》收錄〈周易注解傳述人〉則書「謂之」。〔三國・魏〕王弼、〔東晉〕韓康伯注，〔唐〕陸德明音義，孔穎達疏：〈周易注解傳述人〉，《周易注疏附略例》，收入《景印文淵閣四庫全書・經部1・易類》（臺北：臺灣商務印書館，1983年），第7冊，頁297。惟清・良裘（？）作〈周易注解傳述人考證〉云：「『孔子作〈彖辭〉、〈象辭〉、〈文言〉、〈繫辭〉、〈說卦〉、〈序卦〉、〈雜卦〉□□十翼』文義具足矣。而〈雜卦〉下郤缺二字，殊不可曉。……按〈雜卦〉下二字，以文義求之，當作『是謂』二字。據孔穎達數十翼云：『上〈彖〉一、下〈彖〉二，……雜卦十。』是〈彖〉、〈象〉、〈繫辭〉，各釐為上、下二篇。此文所列〈彖〉、〈象〉、〈繫辭〉，不曾晰出上、下，故當時刻者，疑其不足十數，因缺以俟攷耳。今亦未敢臆決，仍舊闕之。」〔三國・魏〕王弼注，〔唐〕陸德明音義，孔穎達正義：〈周易注解傳述人考證〉，《周易經傳注疏》，收入《景印摛藻堂四庫全書薈要・經部第1冊・易類》（臺北：世界書局，1988年），總第2冊，頁16。

〔註38〕〔唐〕陸德明撰：〈注解傳述人〉，《經典釋文》，收入《景印摛藻堂四庫全書薈要・經部第76冊・經解類》（臺北：世界書局，1988年），總第77冊，卷1，頁8。

〔註39〕〔三國・魏〕王弼注，〔唐〕陸德明音義，孔穎達正義：〈周易正義序・第七論傳易之人〉，《周易經傳注疏》，總第2冊，頁23。

或夫子及各類文獻典籍之相關《易》理文辭輔助，以明《易》道蘊奧之義。是以本節循此為據，即對劉牧注《易》佚文，進行釐比與考辨。

一、〈乾卦☰・九三〉爻辭

九三：君子終日乾乾，夕惕若，厲，无咎。〔註40〕

南宋・馮椅（1140～1231）於〈乾☰・九三〉，輯錄一則劉牧注說：「劉長民曰：三、四俱明人道，故不稱龍。」〔註41〕摘記雖然簡短，惟清楚呈現劉牧長民，乃依〈繫辭傳〉所云：「《易》之為書也，廣大悉備。有天道焉，有人道焉，有地道焉。兼三才而兩之，故六」〔註42〕之道理，且據《易緯乾鑿度》所載：「孔子曰：《易》有六位、三才，天、地、人道之分際也。三才之道，天、地、人也。」〔註43〕及「卦者，掛也。掛萬物視而見之，故三畫已下為地，四畫已上為天」〔註44〕之說，而稱〈乾〉卦☰九三、九四爻同居人道之位，故爻辭不稱「龍」字。

將上述劉長民之言，對照南宋・李衡（1100～1178）於《周易義海撮要》〔註45〕，之輯文：

龍能變化之物，其神不可測，其迹不可見，同〈乾〉☰道之變化。

若人則升沉出處之跡皆可觀，以三、四俱明人道，故不稱龍。〔註46〕

其最後語句，與馮椅所載全然相同。然《撮要》並無標記該文作者，此疏漏恐為李衡，於刪削北宋・房審權（？）《周易義海》之際所犯。與馮椅撰次比較，《撮要》所記全文，猶似自劉牧《新注周易》節錄而來。惟明・葉良佩（？）

〔註40〕〔三國・魏〕王弼注，〔唐〕陸德明音義，孔穎達正義：〈周易正義序・第七論傳易之人〉，《周易經傳注疏》，總第 2 冊，卷 1，頁 28。

〔註41〕〔南宋〕馮椅撰：〈易輯傳第一〉，《厚齋易學》，收入《景印文淵閣四庫全書・經部 10・易類》（臺北：臺灣商務印書館，1983 年），第 16 冊，卷 5，頁 82。

〔註42〕〔三國・魏〕王弼注，〔唐〕陸德明音義，孔穎達正義：《周易經傳注疏》，卷 12，頁 292。

〔註43〕〔東漢〕鄭玄成注：《易緯乾鑿度》，收入《景印摛藻堂四庫全書薈要・經部・第 14 冊・易類》（臺北：世界書局，1988 年），總第 15 冊，卷上，頁 504。

〔註44〕〔東漢〕鄭玄成注：《易緯乾鑿度》，收入《景印摛藻堂四庫全書薈要・經部・第 14 冊・易類》，總第 15 冊，卷下，頁 508。

〔註45〕按：為醒篇幅、清耳目，《周易義海撮要》於本章中，皆簡稱《撮要》或《義海撮要》。

〔註46〕〔南宋〕李衡刪增：《周易義海撮要》，收入《景印摛藻堂四庫全書薈要・經部第 3 冊・易類》（臺北：世界書局，1988 年），總第 4 冊，卷 1，頁 4。

另纂有一則佚文：

> 在下之人而君德已著，能無懼乎？三、四人位，俱明人道，故不稱
> 龍。陸德明〔註47〕

其標明作者為陸德明，且最後之語，亦與馮椅、《撮要》相類，僅多出「人位」二字。前句「在下之人而君德已著，能無懼乎」，則與《撮要》所錄不同，故不能以此而斷定《撮要》之文乃陸德明之語。惟此亦無法單憑「三、四俱明人道，故不稱龍」句，而論定《撮要》所輯之作者即劉牧。是以《撮要》此處無標記作者之注文，終將無法確定為何人之語。

然更不可因無傷整段語意之「人位」二字，即視劉牧求異先儒，抄襲陸德明之言而成穿鑿破碎之論。畢竟，馮椅所摘，僅祇一句，無法得窺全貌。是否恰為劉牧之援引，惟遭節刪，致生斷章之誤，則恐說未定。

再比較三國魏・王弼（226～249）之注說：

> 處下體之極，居上體之下，在不中之位，履重剛之險。上不在天，
> 未可以安其尊也。下不在田，未可以寧其居也。純脩下道，則居上
> 之德廢；純脩上道，則處下之礼曠。故「終日乾乾」，至于夕惕猶若
> 屬也。居上不驕，在下不憂，因時而惕，不失其幾，雖危而勞，可
> 以無咎。處下卦之極，愈於上九之亢，故竭知力而後免於咎也。〈乾〉
> 礼三以處下卦之上，故免亢龍之悔。〈坤〉䷁三以處下卦之上，故免
> 龍戰之災。〔註48〕

綜覽王弼之言，與上述《撮要》、《周易義叢》載錄之條文內容有異，且無馮椅所輯之關鍵語詞出現，若此，即不可稱劉牧有「盡刊王文，直用己意代之」或「援輔嗣之意而改其辭」之嫌。

審劉牧長民之訓，乃依〈繫辭傳〉及《易緯乾鑿度》所載孔子之論，以釋〈乾〉卦䷀九三、九四同處人道之位，故爻辭不稱「龍」字之理。是以推本劉牧此注之脈絡源由，當自〈繫辭〉而來，其理猶如清・沈起元（1685～1763）所謂：「遵孔之意」〔註49〕，確然符合孔〈傳〉之旨，並無相類鄭獬所稱沿蹈

〔註47〕〔明〕葉良佩輯：《周易義叢》，收入《續修四庫全書・經部・易類》（上海：上海古籍出版社，1995年），第7冊，卷之1，頁17。

〔註48〕〔三國・魏〕王弼注，〔唐〕陸德明音義，孔穎達正義：《周易經傳注疏》，收入《景印摛藻堂四庫全書薈要・經部第1冊・易類》（臺北：世界書局，1988年），總第2冊，卷1，頁28。

〔註49〕〔清〕沈起元撰：〈凡例〉，《周易孔義集說》，收入《景印文淵閣四庫全書・

陸希聲刪削文王、孔子〈繫〉、〈象〉而益以茫昧不可究之象數情事發生。

二、〈乾〉卦☰各爻及用九之〈小象〉

（〈小象〉曰：）潛龍勿用，陽在下也。見龍在田，德施普也。終日
乾乾，反復道也。或躍在淵，進无咎也。飛龍在天，大人造也。亢
龍有悔，盈不可久也。用九：天德不可為首也。〔註50〕

南宋・晁說之（1059～1129）探討古《周易》，稱〈卦〉、〈爻〉、〈彖〉、〈象〉
之編排，始變於西漢・費直（？）而卒大亂於王弼。其詆唐・李鼎祚（？）效
仿王弼之過，亦譏劉牧、石守道之言，且諷二者之寡聞，晁氏曰：

劉牧云：〈小象〉，獨〈乾〉☰不繫於爻辭，尊君也。石守道亦曰：
孔子作〈彖〉、〈象〉於六爻之前，〈小象〉繫逐爻之下，惟〈乾〉☰
悉屬之於後者，讓也。嗚呼！他人尚何責哉？〔註51〕

劉牧稱《周易》六十四卦，卦卦皆〈小象〉繫於各爻之後，惟獨〈乾〉卦☰各
爻及用九之〈小象〉，並不繫於各爻及用九之下，乃因「尊君」之故。而北宋・
石介（守道）（1005～1045）則認為，孔子皆將各卦〈彖〉、〈大象〉置於六爻
之前、且將〈小象〉逐爻繫於爻辭之下，僅祇〈乾〉卦☰之〈彖〉、〈大象〉、
〈小象〉盡皆編排於卦、爻辭之後，其道理則在於「謙讓」之由。

晁說之認為，劉牧、石介因未見聞古《周易》十二篇之編排，是以會作
如是之解，而稱他倆尚且如此，則又如何能對其他之人加以呵責？

劉牧或如晁氏所言，不知有古《周易》十二篇之委，惟其以「尊君」之識
詮釋，則可探究其脈絡根源。

〈說卦〉有云：「乾☰為天，為圜，為君，為父……。」〔註52〕〈乾〉卦
☰既為《周易》六十四卦之首，在上為天、在下為君、為父，為純陽之卦，故

經部 44・易類》（臺北：臺灣商務印書館，1983 年），第 50 冊，頁 8。

〔註50〕 〔三國・魏〕王弼注，〔唐〕陸德明音義，孔穎達正義：《周易經傳注疏》，收
入《景印摛藻堂四庫全書薈要・經部第 1 冊・易類》（臺北：世界書局，1988
年），總第 2 冊，卷 1，頁 33。

〔註51〕 〔南宋〕晁說之撰：〈後記・題古周易後〉，《景迂生集》，收入《景印摛藻堂
四庫全書薈要・集部第 40 冊・別集類》（臺北：世界書局，1988 年），總第
387 冊，卷 18，頁 348。

〔註52〕 〔三國・魏〕王弼注，〔唐〕陸德明音義，孔穎達正義：《周易經傳注疏》，收
入《景印摛藻堂四庫全書薈要・經部第 1 冊・易類》（臺北：世界書局，1988
年），總第 2 冊，卷 13，頁 302。

劉牧以為其〈彖〉、〈大象〉、〈小象〉之編排，則不同於其他六十三卦，皆須置於卦、爻辭之後，以示在上尊「天」，在下尊「君」之意。

劉牧之義尚有〈乾〉卦䷀上九：「亢龍有悔」〔註53〕、「用九」：「見群龍无首，吉。」〔註54〕之陽極陰生、物窮必反之理。〈乾〉卦䷀上九、用九，皆在告誡仁人君子，須懂虛心待人、謙恭處世之道。是以〈乾〉卦䷀之所以作如是之編次，劉牧認為於人事，則隱含有「尊君」之微言於其中。

劉牧依〈說卦〉傳配合〈乾〉卦䷀上九、用九之意蘊而論，或然未必符合〈乾〉卦䷀諸項排列之真象，惟道理確也無所矛盾，倘視其為「一家之言」，恐無太過。文獻未見陸希聲釋〈乾〉䷀編排之辭，是以不知鄭獬、晁說之所云：「陸希聲芟夷『十翼』著以己說」之真偽？果若如此，則劉牧采擷「十翼」〈說卦〉，非摻象數解《易》之法，已然抵忤鄭獬另言「牧之注，本沿蹈於希聲」之陳述，是以鄭氏之說，誠已不攻自破。

況晁氏有謂「希聲不出王輔嗣之藩籬」，然今亦無王弼〈乾〉卦䷀纂次之注，若然，晁氏之語，則無以考證。惟真如以道所稱，則劉牧之解，業已相悖於希聲刪削「十翼」之狀。故而依遞衍邏輯分析，李覯訾議劉牧「注《易》新意，牽合象數，其餘援輔嗣之意而改其辭」之斥，試問如何成立？而陳振孫詆誹劉牧「大抵求異先儒，穿鑿破碎」之語，又當從何說起？

三、〈乾卦䷀・文言・九二〉

> 九二曰：「見龍在田，利見大人，何謂也？子曰：龍德而正中者也，
> 庸言之信，庸行之謹，閑邪存其誠，善世而不伐，德博而化。《易》
> 曰見龍在田，利見大人，君德也。」〔註55〕

李衡於此節錄劉牧注文：「未得位而上同乎五，故曰君德。牧」〔註56〕分析劉牧訓義，乃指九二陽爻居於陰位，雖「未得位」，但同於在上之九五得中，依然具有君子應有之美德，故稱君德。

〔註53〕〔三國・魏〕王弼注，〔唐〕陸德明音義，孔穎達正義：《周易經傳注疏》，收入《景印摛藻堂四庫全書薈要・經部第1冊・易類》，總第2冊，卷1，頁30。
〔註54〕〔三國・魏〕王弼注，〔唐〕陸德明音義，孔穎達正義：《周易經傳注疏》，收入《景印摛藻堂四庫全書薈要・經部第1冊・易類》，總第2冊，卷1，頁30。
〔註55〕〔三國・魏〕王弼注，〔唐〕陸德明音義，孔穎達正義：《周易經傳注疏》，收入《景印摛藻堂四庫全書薈要・經部第1冊・易類》，總第2冊，卷1，頁35。
〔註56〕〔南宋〕李衡刪增：《周易義海撮要》，收入《景印摛藻堂四庫全書薈要・經部第3冊・易類》（臺北：世界書局，1988年），總第4冊，卷1，頁8。

劉牧之解即就「龍德而正中者也」而釋。葉良佩輯錄劉牧之注文則為：
「二得中位而上同乎五，故曰君德。劉牧」〔註57〕兩者差別，在於「未得位」、
「得中位」之句，未知孰是真正原文？惟彼此意旨全然一般。九二陽爻居陰
位，雖不得正，未得位，然與九五同為得中，倘將二者撰次注文合併以視，則
語義將更加明確。

劉牧以「未得位」或「得中位」訓釋九二，誠然亦遵十翼之〈彖〉、〈象〉
所言而為。如〈同人☲·彖傳〉：

> 同人，柔得位得中，而應乎乾，曰同人。同人曰。同人于野，亨，
> 利涉大川，乾行也。文明以健，中正而應，君子正也。唯君子為能
> 通天下之志。〔註58〕

「柔得位得中」，在〈同人〉卦☲中，即指六二爻，其為陰爻居陰位，故「得
位」，且處中而「得中」。又〈蠱☶·九二·小象〉：「幹母之蠱，得中道也。」
〔註59〕九二陽爻處陰爻之位，雖不得位，惟其得中，故稱「得中道」。又如〈噬
嗑☲·彖傳〉：

> 頤中有物，曰噬嗑，噬嗑而亨。剛柔分，動而明，雷電合而章。柔
> 得中而上行，雖不當位，利用獄也。〔註60〕

此〈彖〉所言「柔得中而上行，雖不當位」，即指六二、六五皆得中，然六五
上行尊居位，却是陰爻處於陽位，故稱「不當位」。其義同「未得位」，即「不
正」之意，惟其得居中位。此則猶如劉牧前所稱〈乾〉卦☰九二「未得位」、
「得中位」一般。再舉〈漸卦☴·彖傳〉之例：

> 漸之進也，女歸吉也。進得位，往有功也。進以正，可以正邦也。
> 其位，剛得中也。止而巽，動不窮也。〔註61〕

〔註57〕〔明〕葉良佩輯：《周易義叢》，收入《續修四庫全書·經部·易類》（上海：
上海古籍出版社，1995年），第7冊，卷之1，頁28。

〔註58〕〔三國·魏〕王弼注，〔唐〕陸德明音義，孔穎達正義：《周易經傳注疏》，收
入《景印摛藻堂四庫全書薈要·經部第1冊·易類》（臺北：世界書局，1988
年），總第2冊，卷3，頁83。

〔註59〕〔三國·魏〕王弼注，〔唐〕陸德明音義，孔穎達正義：《周易經傳注疏》，收入
《景印摛藻堂四庫全書薈要·經部第1冊·易類》，總第2冊，卷4，頁101。

〔註60〕〔三國·魏〕王弼注，〔唐〕陸德明音義，孔穎達正義：《周易經傳注疏》，收入
《景印摛藻堂四庫全書薈要·經部第1冊·易類》，總第2冊，卷4，頁106。

〔註61〕〔三國·魏〕王弼注，〔唐〕陸德明音義，孔穎達正義：《周易經傳注疏》，收
入《景印摛藻堂四庫全書薈要·經部第1冊·易類》，總第2冊，卷9，頁209
～210。

此「進『得位』」，蓋指由內而外、自下向上漸進之時，六二陰爻居陰位、九三陽爻居陽位、六四陰爻居陰位，皆得其正位。是以北宋・程頤（1033～1107）於此乃稱：「漸進之時，而陰陽各得正位，進而有功也。」〔註62〕

　　若此劉牧「得位」之說，即遵孔子所謂：「陽三陰四，位之正也」〔註63〕之述，猶如孔穎達所言：

> 二、四為陰位，陰居為得位，陽居為失位；三、五為陽位，陽居為
> 得位，陰居為失位。〔註64〕

奇數為陽，陽爻居於陽位，偶數為陰，陰爻居於陰位，此乃得正，亦即「得位」。由此可知劉牧之「得位」、「得中」思想脈絡，確然源自「十翼」，毫無沿蹈、抄襲、標新之處。且三國・王弼（226～249）於此無注，唐・陸希聲（？）之說亦缺，則宋咸所云：「盡刊王文，直用己意代之」及李覯所稱：「援輔嗣之意而改其辭」、鄭獬所謂：「牧之注，本沿蹈於希聲」、陳振孫所言：「劉牧之學，大抵求異先儒，穿鑿破碎」等諸說，於此全然不知所據為何？

四、〈坤〉卦䷁卦辭

> 〈坤〉䷁，元亨利牝馬之貞。君子有攸往，先迷後得主，利。西南
> 得朋，東北喪朋，安貞吉。〔註65〕

李衡輯錄劉牧之注：「陰離其類，乃能獲得其安也。居安而能守其正則吉矣。牧」〔註66〕葉良佩亦載有與李衡同然一般之注文。〔註67〕兩者皆僅記載劉牧於「西南得朋，東北喪朋，安貞吉」之訓釋。

〔註62〕〔北宋〕程頤撰：《易程傳》，收入王雲五主編：《叢書集成初編》（上海：商務印書館，1936年據古逸叢書本影印），第397冊，卷6，頁254。

〔註63〕〔西漢〕京房撰，〔東漢〕陸績注：《京氏易傳》，收入《景印摛藻堂四庫全書薈要・子部第19冊・數術類》（臺北：世界書局，1988年），總第264冊，卷下，頁27。

〔註64〕〔三國・魏〕王弼注，〔唐〕陸德明音義，孔穎達正義：《周易經傳注疏》，收入《景印摛藻堂四庫全書薈要・經部第1冊・易類》（臺北：世界書局，1988年），總第2冊，卷1，頁40。

〔註65〕〔三國・魏〕王弼注，〔唐〕陸德明音義，孔穎達正義：《周易經傳注疏》，收入《景印摛藻堂四庫全書薈要・經部第1冊・易類》，總第2冊，卷2，頁45。

〔註66〕〔南宋〕李衡刪增：《周易義海撮要》，收入《景印摛藻堂四庫全書薈要・經部第3冊・易類》（臺北：世界書局，1988年），總第4冊，卷1，頁13。

〔註67〕〔明〕葉良佩輯：《周易義叢》，收入《續修四庫全書・經部・易類》（上海：上海古籍出版社，1995年），第7冊，卷之1，頁38。

劉牧詮解之意為：「小人聚於西南，則與同類群聚，若往相對之東北艮方陽處而去，將離開陰邪群體，而能獲得其安；居處安定，即可守正而獲吉。」

劉牧稱「陰」離其類，此陰即指〈坤〉卦而言。〈說卦傳〉有謂：

> 萬物出乎〈震〉，〈震〉，東方也。齊乎〈巽〉，〈巽〉，東南也。齊也者，言萬物之絜齊也。〈離〉也者，明也，萬物皆相見，南方之卦也。聖人南面而聽天下，嚮明而治，蓋取諸此也。〈坤〉也者，地也，萬物皆致養焉，故曰致役乎〈坤〉。〈兌〉，正秋也，萬物之所說也，故曰說言乎〈兌〉。戰乎〈乾〉，〈乾〉，西北之卦也，言陰陽相薄也。〈坎〉者，水也，正北方之卦也，勞卦也，萬物之所歸也，故曰勞乎〈坎〉。〈艮〉，東北之卦也，萬物之所成終而所成始也，故曰成言乎〈艮〉。〔註68〕

〈震〉，東方之卦；〈巽〉，東南之卦；〈離〉，南方之卦；〈乾〉，西北之卦；〈坎〉，正北之卦；〈艮〉，東北之卦。八卦中除〈兌〉、〈坤〉二卦未明方位，餘皆清楚陳述。

北宋・胡瑗（993～1059）稱「〈兌〉，正秋也」之所以不言方位，乃因：「秋者，以〈兌〉說萬物，非止於一方，故言秋也。」〔註69〕其說，於方位仍不明確。《易緯乾鑿度》則清楚指出：「〈兌〉，西方之卦也。」〔註70〕若此八卦祇剩〈坤〉卦未定方位。然八卦方位亦僅餘西南之位无有配卦，西漢・京房（77～37B.C.）即稱：「〈坤〉，純陰用事，……西南方之卦。」〔註71〕《易緯乾鑿度》且云：「〈坤〉位在西南，陰之正也。」〔註72〕〈說卦傳〉載曰：「〈坤〉為眾」〔註73〕，故劉牧於〈解・象傳〉

〔註68〕〔三國・魏〕王弼注，〔唐〕陸德明音義，孔穎達正義：《周易經傳注疏》，卷13，頁301。

〔註69〕〔北宋〕胡瑗撰：〈說卦〉，《周易口義》，收入《景印摛藻堂四庫全書薈要・經部第1冊・易類》（臺北：世界書局，1988年），總第2冊，卷30，頁724。

〔註70〕〔東漢〕鄭康成注：《易緯乾鑿度》，收入《景印摛藻堂四庫全書薈要・經部第14冊・易類》（臺北：世界書局，1988年），總第15冊，卷上，頁501。

〔註71〕〔西漢〕京房撰，〔東漢〕陸績注：《京氏易傳》，收入《景印摛藻堂四庫全書薈要・子部第19冊・數術類》（臺北：世界書局，1988年），總第264冊，卷中，頁14。

〔註72〕〔東漢〕鄭康成注：《易緯乾鑿度》，卷上，頁501。

〔註73〕〔三國・魏〕王弼注，〔唐〕陸德明音義，孔穎達正義：《周易經傳注疏》，收入《景印摛藻堂四庫全書薈要・經部第1冊・易類》（臺北：世界書局，1988年），總第2冊，卷13，頁303。

注：「西南，寬平之所，則得眾也」〔註74〕之語，亦概指〈坤〉卦☷之義。

〈坤〉☷之所以為「純陰」、「陰之正」，乃因〈說卦傳〉有云：「〈坤〉☷，地也，故稱乎母。」〔註75〕又言：「〈坤〉☷為地，為母。」〔註76〕其卦象由六陰爻組成，故稱之「純陰」，代表純正「陰」類之象，是以謂之「陰之正」也。

〈說卦傳〉且述：「艮☶三索而得男，故謂之少男。」〔註77〕〈艮〉☶，東北，少男之卦，象徵陽方，相對於西南〈坤〉☷陰之卦。劉牧之說，即為唾陰向陽，棄暗投明而能得安，安則終吉之意。劉牧於此訓注，堪稱皆循〈說卦〉傳之旨趣而談。對比王弼之說：

> 西南致養之地，與〈坤〉☷同道者也，故曰「得朋」。東北反西南者也，故曰「喪朋」。陰之為物，必離其黨，之於反類，而後獲安貞吉。
> 〔註78〕

王輔嗣亦依〈說卦傳〉：「〈坤〉☷也者，地也，萬物皆致養焉」及〈坤〉☷西南陰卦與〈艮〉☶東北陽卦，相對而解「西南得朋，東北喪朋，安貞吉」之義。清・沈起元（1685～1763）即認為王弼此說，符合孔傳義旨，〔註79〕故將之收錄於《周易孔義集說》。〔註80〕

觀劉牧：「陰離其類，乃能獲得其安也。居安而能守其正則吉矣。」雖與

〔註74〕〔南宋〕李衡刪增：《周易義海撮要》，收入《景印摛藻堂四庫全書薈要・經部第 3 冊・易類》（臺北：世界書局，1988 年），總第 4 冊，卷 4，頁135。

〔註79〕〔三國・魏〕王弼注，〔唐〕陸德明音義，孔穎達正義：《周易經傳注疏》，卷13，頁 302。

〔註76〕〔三國・魏〕王弼注，〔唐〕陸德明音義，孔穎達正義：《周易經傳注疏》，卷13，頁 303。

〔註77〕〔三國・魏〕王弼注，〔唐〕陸德明音義，孔穎達正義：《周易經傳注疏》，卷13，頁 302。

〔註78〕〔三國・魏〕王弼注，〔唐〕陸德明音義，孔穎達正義：《周易經傳注疏》，卷2，頁 45。

〔註79〕按清・永瑢（1743～1790）等云：「……是書大旨，以『十翼』為夫子所手著，又未經秦火，其書獨完，故學《易》者，必當以孔傳為主，……，於古今說《易》諸書，無所偏主，惟合于孔傳者，即取之。」〔清〕永瑢等撰：〈經部六・易類六〉，《四庫全書總目提要》，收入王雲五主編：《萬有文庫第一集一千種》（上海：商務印書館，1931 年），第 2 冊，卷 6，頁 50。

〔註80〕〔清〕沈起元撰：《周易孔義集說》，收入《景印文淵閣四庫全書・經部 44・易類》（臺北：臺灣商務印書館，1983 年），第 50 冊，卷 1，頁 20。

王弼：「陰之為物，必離其黨，之於反類，而後獲安貞吉」神韻近似，然劉牧非如宋咸所稱「盡刊王文，直用己意代之」或同李覯所謂「援輔嗣之意而改其辭」，實乃融會孔傳自成己言。相較於北宋‧張載（1020～1077）所注：

> 西南致養之地，東北反西南者也。陰陽正合，則陰相對者，必陽也。
>
> 西南得朋，是始以類相從而來也；東北喪朋，「喪朋」，相忘之義。
>
> 聽其自治，不責人、不望人，是喪其朋也。喪朋則有慶矣。〔註81〕

其援王弼「西南致養之地，東北反西南者也」之語而申衍己論之狀，則與劉牧意境相比，豈可同日而語哉？

李衡於〈坤〉卦䷁卦辭處輯錄一則「陸氏」注文：

> 〈坤〉䷁，臣。陰以陽為主，當後而順之，則利，故曰：「後得主利」。
>
> 主利者，守也。當以「先迷後得」，為句。陸〔註82〕

清‧黃奭（1809～1853），將之視為陸希聲之說，而蒐入《陸希聲易傳》：

> 〈坤〉䷁，臣。陰以陽為主，當後而順之，則利，故曰：「後得主利」。
>
> 利者，守也。當以「先迷後得」，為句。同上〔註83〕

黃奭標註「同上」，乃指引自《義海撮要》之意。〔註84〕二者僅差「主利者，守也」句之「主」字。陸氏佚文前段：「〈坤〉䷁，臣。陰以陽為主，當後而順之，則利，故曰『後得主利』。」對照隋‧盧氏（？）《易》注之文：

> 〈坤〉䷁，臣道也、妻道也。後而不先，先則迷失道矣，故曰「先迷」。陰以陽為主，當後而順之，則利，故曰：「後得主利」。〔註85〕

彼此「陰以陽為主，當後而順之，則利，故曰：『後得主利』」句，全然相埒。清‧翟均廉（？）於此曾謂：

> 「先迷後得主」。李鼎祚引盧氏：「『先迷』句，『後得主利』句。」……
>
> 陸希聲、王安石、程子、朱子以「先迷後得」句，「主利」句。陸云：

〔註81〕〔北宋〕張載撰：《橫渠易說》，收入《景印摛藻堂四庫全書薈要‧經部第1冊‧易類》（臺北：世界書局，1988年），總第2冊，卷1，頁748。

〔註82〕〔南宋〕李衡刪增：《周易義海撮要》，收入《景印摛藻堂四庫全書薈要‧經部第3冊‧易類》（臺北：世界書局，1988年），總第4冊，卷1，頁13。

〔註83〕〔清〕黃奭輯：〈陸希聲易傳〉，《黃氏逸書考》，收入《續修四庫全書‧子部‧雜家類》（上海：上海古籍出版社，1995年），第1206冊，頁621～622。

〔註84〕〔清〕黃奭輯：〈陸希聲易傳〉，《黃氏逸書考》，收入《續修四庫全書‧子部‧雜家類》，第1206冊，頁621。

〔註85〕〔唐〕李鼎祚撰：《周易集解》，收入《景印文淵閣四庫全書‧經部1‧易類》（臺北：臺灣商務印書館，1983年），第7冊，卷2，頁623。

「主利」，主守也。〔註86〕

翟氏云唐・李鼎祚（？）引盧氏於〈坤〉卦䷁卦辭之斷句為：「先迷，後得主利。」而陸希聲等則為「先迷後得，主利。」且陸希聲釋「主利，主守也。」是以李衡載記之陸氏佚文後段：「『主利』者，守也。當以『先迷後得』，為句。」應歸陸希聲之言。而與盧氏雷同之前段，據「後得主利」句推斷，當屬盧氏之語，非陸希聲之見，二者產生之訛混淆亂，恐是李衡刪削房審權《義海》，釐定而成《撮要》時，誤將盧氏之文，併入陸氏之說所致。

顯然翟均廉，並不認同李衡輯錄之陸氏前段佚文，為陸希聲之敘，是以將其分別而論。然黃奭卻一併連同後段，全部纂入。若此，恐將衍生爾後學者，誤把馮京當馬涼之謬失，惟此乃李衡之病？抑或黃奭之過？

葉良佩於〈坤〉卦䷁卦辭，亦載有一則類似上述後段之條文：

> 「先迷後得主，利。」主者，守也。當以「先迷後得主」為句，「利」
>
> 為句。陸績〔註87〕

葉氏撰錄東漢・陸績（188～219）「先迷後得主利」之句讀，應以「先迷後得主」為句，「利」為句。與李衡錄記而翟均廉以為係屬陸希聲所述：「『主利』者，守也。當以『先迷後得』，為句」之斷句不同。故李衡揭示之「陸」氏，依翟均廉之陳，當指陸希聲之可能性，則大為提升。

設若果為陸希聲之言，將其與王弼之注比較，則王弼著重於「西南得朋，東北喪朋，安貞吉」之訓，於「先迷後得主利」並無詮註，是以二者無法看出，有何隸屬關係。

又將陸氏之文，對照劉牧之說，一為上句「先迷後得主利」之釋，一為下句「西南得朋，東北喪朋，安貞吉」之解，更是無法看出二者有何聯繫。

劉牧此注，采摘十翼〈說卦〉而作，本有其學理之必然根據，已然不類宋咸所訾「盡刊王文，直用己意」或李覯所議「援輔詞之意而改其辭」之狀。未見陸希聲與王弼之因果，則無從分辨晁說之所云「希聲不出王輔嗣藩籬」之是非。而鄭獬所稱「牧之注，本沿蹈於希聲」之語，亦無法成立。更且陳振孫詆斥「大抵求異先儒，穿鑿破碎」之論，則同然毋能獲得認定。

〔註86〕〔清〕翟均廉撰：《周易章句證異》，收入《景印文淵閣四庫全書・經部47・易類》（臺北：臺灣商務印書館，1983年），第53冊，卷1，頁675。

〔註87〕〔明〕葉良佩輯：《周易義叢》，收入《續修四庫全書・經部・易類》（上海：上海古籍出版社，1995年），第7冊，卷之1，頁38。

五、〈坤卦☷‧彖傳〉

　　〈彖〉曰：至哉〈坤〉☷元，萬物資生，乃順承天，〈坤〉☷厚載物，
德合无疆。含弘光大，品物咸亨，牝馬地類，行地无疆，柔順利貞。
君子攸行，先迷失道，後順得常，西南得朋，乃與類行，東北喪朋，
乃終有慶，安貞之吉，應地无疆。〔註88〕

李衡於此處輯錄劉牧注文：「龍則升騰，翔于天，馬則附著，行于地。牧」〔註
89〕葉良佩所記，同然一字不差。〔註90〕

　　劉牧以〈乾〉卦☰九五「飛龍在天」之「于天」，對比〈坤〉卦☷「牝馬
地類」之「在地」為喻，其道理可與推論。

　　〈乾☰‧文言〉第三次解釋「元、亨、利、貞」：

　　〈乾〉☰元者，始而亨者也。利貞者，性情也。〈乾〉☰始，能以美
利利天下，不言所利，大矣哉。大哉〈乾〉☰乎，剛健中正，純粹
精也。六爻發揮，旁通情也。時乘六龍以御天也。雲行雨施，天下
平也。〔註91〕

〈文言〉所稱：「時乘六龍以御天」之意，乃指〈乾〉卦☰六爻，能順應時勢
處世，猶如乘駕變化之龍物，遨翔於天際，隨時掌握自然之變化，做出適宜
之決定。且〈文言〉第一次詮解〈乾☰‧初九〉即謂：「子曰：龍德而隱者也。」
〔註92〕說明〈乾☰‧九二〉則述：「子曰：龍德而正中者也。」〔註93〕可知〈乾〉
卦☰具有龍德之性，故〈乾〉卦☰可以「龍」者象徵。是以劉牧依據十翼之〈文
言〉，而云：「龍則升騰，翔于天」。

　　〈坤卦☷‧彖傳〉有言：「至哉坤元，萬物資生，乃順承天，……牝馬地

〔註88〕〔三國‧魏〕王弼注，〔唐〕陸德明音義，孔穎達正義：《周易經傳注疏》，收
入《景印摛藻堂四庫全書薈要‧經部第1冊‧易類》（臺北：世界書局，1988
年），總第2冊，卷2，頁46。

〔註89〕〔南宋〕李衡刪增：《周易義海撮要》，收入《景印摛藻堂四庫全書薈要‧經
部第3冊‧易類》（臺北：世界書局，1988年），總第4冊，卷1，頁14。

〔註90〕〔明〕葉良佩輯：《周易義叢》，收入《續修四庫全書‧經部‧易類》（上海：
上海古籍出版社，1995年），第7冊，卷之1，頁40。

〔註91〕〔三國‧魏〕王弼注，〔唐〕陸德明音義，孔穎達正義：《周易經傳注疏》，卷
1，頁39。

〔註92〕〔三國‧魏〕王弼注，〔唐〕陸德明音義，孔穎達正義：《周易經傳注疏》，卷
1，頁35。

〔註93〕〔三國‧魏〕王弼注，〔唐〕陸德明音義，孔穎達正義：《周易經傳注疏》，卷
1，頁35。

類，行地无疆。」〔註94〕〈坤☷·文言〉且敘：「坤道其順乎！承天而時行。」
〔註95〕〈坤〉☷道承順依附天道而運行，如同牝馬和協依賴於大地，不受限
制，盡情奔馳。故劉牧假十翼之〈象〉傳及〈文言〉而衍伸釋之：「馬則附著，
行於地。」

對應王弼之注：「〈乾〉☰以龍御天，〈坤〉☷以馬行地。」〔註96〕王弼藉
龍象徵〈乾〉卦☰，駕御天體，進行自然運轉、變化之道；〈坤〉卦☷，以馬
柔順為喻，運行生養、化育萬物之地道精神。劉牧之陳與王弼之論，旨要一
般，皆采龍、馬以訓天地無私、陰陽和合之義。但與唐·呂嵒（？）、北宋·
陸佃（1042～1102）二者之說比較，則更顯劉牧其識之不同。

唐·呂嵒（？）有謂：「〈乾〉☰以龍御天，〈坤〉☷以馬行地。別其限，以
明陰陽、飛伏之分也。」〔註97〕呂氏引王弼之文，結合西漢·京房（77～37B.C.）
「飛伏」〔註98〕之要而成己意，惟呂述或為明清時期之人偽作。〔註99〕然陸佃
談龍所稱：「……故《易》：〈乾〉☰以龍御天；〈坤〉☷以馬行地。龍，天類也；
馬，地類也。……」〔註100〕則更襲王弼之言以為己見。

反觀劉牧之釋，實源於「十翼」之〈象傳〉、〈文言〉，與王輔嗣注解相異，
並無「盡刊王文，直用己意代之」之狀，亦無「援引王弼而改其詞」之徵。況
劉牧詮《易》，不同於陸希聲刪削文王、孔子〈繫〉、〈彖〉、〈象〉而著以己說

〔註94〕〔三國·魏〕王弼注，〔唐〕陸德明音義，孔穎達正義：《周易經傳注疏》，卷
第2，頁46。
〔註95〕〔三國·魏〕王弼注，〔唐〕陸德明音義，孔穎達正義：《周易經傳注疏》，卷
第2，頁49。
〔註96〕〔三國·魏〕王弼注，〔唐〕陸德明音義，孔穎達正義：《周易經傳注疏》，卷
第2，頁46。
〔註97〕〔唐〕呂嵒撰：〈上經〉，《易說》，收入〔清〕閻永和、彭翰然重刻，賀龍驤
校訂：《壁集》，《重刊道藏輯要》（成都：二仙庵版刻，光緒32年【1906年】），
第14冊，葉13。
〔註98〕按京房云：「〈乾〉☰純陽用事，象配天，屬金。與〈坤〉☷為飛伏居世。」〔西
漢〕京房撰，〔東漢〕陸績注：《京氏易傳》，收入《景印摛藻堂四庫全書薈要·
子部第19冊·數術類》（臺北：世界書局，1988年），總第264冊，卷上，
頁2。
〔註99〕按鄭吉雄云：「《心傳述證錄》抄了《易說》，《易說》的著者題為呂嵒，即世
俗所謂『八仙』中的呂祖——呂洞賓。但世傳的作者題為呂嵒的道書，多為
明清時期人偽作。」鄭吉雄著：〈論儒道《易》圖的類型與變異〉，《易圖象與
易詮釋》（臺北：國立臺灣大學出版中心，2004年），頁157。
〔註100〕〔北宋〕陸佃撰：〈龍〉，《埤雅》，收入《景印文淵閣四庫全書·經部216·
小學類》（臺北：臺灣商務印書館，1983年），第222冊，卷1，頁60。

之法，若此「沿蹈希聲」之語，則不知所據為何？而「大抵求異先儒，穿鑿破碎」之貶，更令人疑惑其根源所在？

六、〈坤卦☷·六四〉爻辭、〈小象〉

六四：括囊，无咎，无譽。〈象〉曰：括囊无咎，慎不害也。〔註101〕

〈坤〉卦☷六四〈爻〉、〈小象〉之處，李衡載有一則劉牧訓註：

四以陰處陰，是有其位而不當用者。復過〈坤〉☷之體，是失臣下之節，又不居陽，故无含章之美。夫〈坤〉☷，其動也闢，應二之德；其靜也翕，應四之位，翕，閉也。是天地否閉之時，賢人乃隱，不可衒其才知也。牧〔註102〕

葉良佩輯錄劉牧注文僅最末一句：「不衒其才智可也」〔註103〕，與李衡所記稍有差異，餘則全然相埒，整段語義並無衝突。馮椅刪節前後，僅錄一句：「劉長民曰：夫〈坤〉☷，其靜也翕，應四之位，其動也闢，應二之德。」〔註104〕文中談論「靜翕」、「動闢」，則與李、葉二氏所登順序顛倒。

劉牧釋〈坤卦☷·六四〉以陰爻處陰位，雖得正，然卻柔弱太過，無法有所擔當，失人臣應有之節操。六四不居陽剛之位，故不具〈坤卦☷·六三〉之含章美質。臨〈坤〉☷之時，若有行動作為，則展現之德性，即如六二之正直得中，符合規範。倘天下時運於否塞不利，無法展現而停滯之際，賢人君子能知隱阨蟄伏，緘口默語。其情猶如身處六四，能知收斂閉心，不炫耀智慧、才能，因而終可避災免咎。

劉牧援引〈繫辭〉所列：「夫坤，其靜也翕，其動也闢」〔註105〕以對應〈坤〉卦☷六二、六四爻旨。文章申辯，義理嚴謹，條述分明，並無「牽合

〔註101〕〔三國·魏〕王弼注，〔唐〕陸德明音義，孔穎達正義：《周易經傳注疏》，收入《景印摛藻堂四庫全書薈要·經部第1冊·易類》（臺北：世界書局，1988年），總第2冊，卷2，頁48。

〔註102〕〔南宋〕李衡刪增：《周易義海撮要》，收入《景印摛藻堂四庫全書薈要·經部第3冊·易類》（臺北：世界書局，1988年），總第4冊，卷1，頁15。

〔註103〕〔明〕葉良佩輯：《周易義叢》，收入《續修四庫全書·經部·易類》（上海：上海古籍出版社，1995年），第7冊，卷之1，頁44。

〔註104〕〔南宋〕馮椅撰：〈易輯傳第一〉，《厚齋易學》，收入《景印文淵閣四庫全書·經部10·易類》（臺北：臺灣商務印書館，1983年），第16冊，卷5，頁98。

〔註105〕〔三國·魏〕王弼注，〔唐〕陸德明音義，孔穎達正義：《周易經傳注疏》，收入《景印摛藻堂四庫全書薈要·經部第1冊·易類》（臺北：世界書局，1988年），總第2冊，卷11，頁257。

象數」，亦無「求異先儒，穿鑿破碎」之狀。清・強汝諤（？）即抄襲：「夫〈坤〉䷁，其動也闢，應二之德；其靜也翕，應四之位，翕，閉也」之辭，而成其釋解〈坤卦䷁・文言・六四〉之己論。〔註106〕參較王弼於〈坤䷁・六四〉之注：

> 處陰之卦，以陰居陰，履非中位，无直方之質，不造陽事，无含章
> 之美，括結否閉，賢人乃隱。施慎則可，非泰之道。〔註107〕

王、劉彼此語意雖近，惟說法各異，明顯不類。未有劉牧「盡刊王文，直用己意代之」、「援輔嗣之意而改其辭」之情事呈現。王弼注說不見采摘〈繫傳〉之言，且文獻查無陸希聲之敘，惟晁說之嘗云「希聲不出王輔嗣之藩籬」。是以倘真如此，則王、陸二者，於〈坤卦䷁・六四〉之詮，則當盡如鄭獬、晁說之所云「去文王、孔子〈繫〉、〈彖〉、〈象〉等『十翼』之用」。若然，鄭獬誹「牧之注，本沿蹈於希聲」之議，於此，則已無法成立，猶如無端憑空臆造之般。

　　沈起元即認為劉牧此例之識，符合孔子十翼之蘊，故輯入其《周易孔義集說》之〈坤卦䷁・文言・六四〉條中。〔註108〕惟若劉牧之疏相類於王弼之見，則沈起元亦當將王弼之文一併納入，惟僅掇拾劉牧之語，顯然二者內容確有出入。

　　民國・張其淦（1859～1946）亦認同劉牧之說，故將「夫〈坤〉䷁……不可徇其才知也」整段摘入，以佐其〈坤卦䷁・六四〉之闡發。〔註109〕

七、〈坤卦䷁・文言・六四〉

　　（〈文言〉曰：）天地變化，草木蕃，天地閉，賢人隱，《易》曰：

〔註106〕按強汝諤曰：「四以重陰居上卦之下，與他卦近君之位不同。夫〈坤〉䷁，其動也闢，應二之德；其靜也翕，應四之位，翕，閉也。天閉而不施，地閉而不納，於時為堅冰，於世為无道，能隱者斯賢也。」〔清〕強汝諤撰：《周易集義》，收入《續修四庫全書・經部・易類》（上海：上海古籍出版社，1995年），第39冊，卷1，頁194。

〔註107〕〔三國・魏〕王弼注，〔唐〕陸德明音義，孔穎達正義：《周易經傳注疏》，卷2，頁48。

〔註108〕〔清〕沈起元撰：《周易孔義集說》，收入《景印文淵閣四庫全書・經部44・易類》（臺北：臺灣商務印書館，1983年），第50冊，卷20，頁500。

〔註109〕〔民國〕張其淦撰：《邵村學易》，收入嚴靈峯編輯：《無求備齋易經集成》（臺北：成文出版社有限公司，1976年據民國十五年排印本影印），第100冊，卷1，頁41。

　　括囊无咎无譽，蓋言謹也。〔註110〕

李衡於此輯錄劉牧之疏解如下：

　　四亦坤☷位，六位皆屬坤☷。而云「天地變化」者，蓋聖人欲明〈否〉

　　☶、〈泰〉☲之義，故兼天地而言之也。牧〔註111〕

葉良佩亦撰有此則內容全然不差之注文。〔註112〕劉牧本條箋注，恐遭李衡部分芟除，故而僅餘「天地變化」之詮釋。〈坤〉☷為純陰之卦，〈繫辭〉有言：

　　夫〈坤〉☷，隤然示人簡矣。爻也者，效此者也；象也者，像此者

　　也。〔註113〕

〈坤〉卦☷以淺顯簡易方式，展現整體柔順隨和之要。其六爻皆陰，均效仿〈坤〉卦☷溫良謙恭之理；象徵陰柔服從之義。故劉牧謂之「四亦坤☷位，六位皆屬坤☷」，蓋指〈坤〉卦☷不祇六四爻，其初至上爻六位，同然皆有〈坤〉卦☷謙虛溫柔之本質。

　　劉牧更依〈說卦傳〉：「〈乾〉☰為天……。〈坤〉☷為地」〔註114〕之敘，且循〈否卦☶・彖傳〉：「則是天地不交，而萬物不通也」〔註115〕及〈泰卦☲・彖傳〉：「則是天地交而萬物通也」〔註116〕之文，陳具孔夫子欲藉〈否〉☶、〈泰〉☲之卦義，相互融通，以訓解「天、地，陰、陽交會，干係萬物和暢化育」之理。劉牧亦沿此而申明，〈坤卦☷・文言・六四〉之所以提及「天地變化」之緣由。

　　劉牧采用「十翼」之〈繫辭〉、〈說卦〉及〈彖傳〉，詮註孔聖於〈坤卦☷・文言・六四〉，取「天地變化」之詞，譬喻〈坤卦☷・六四〉：「括囊」之意趣。

〔註110〕〔三國・魏〕王弼注，〔唐〕陸德明音義，孔穎達正義：《周易經傳注疏》，卷2，頁50。

〔註111〕〔南宋〕李衡刪增：《周易義海撮要》，收入《景印摛藻堂四庫全書薈要・經部第3冊・易類》（臺北：世界書局，1988年），總第4冊，卷1，頁17。

〔註112〕〔明〕葉良佩輯：《周易義叢》，收入《續修四庫全書・經部・易類》（上海：上海古籍出版社，1995年），第7冊，卷之1，頁50。

〔註113〕〔三國・魏〕王弼注，〔唐〕陸德明音義，孔穎達正義：《周易經傳注疏》，卷12，頁277。

〔註114〕〔三國・魏〕王弼注，〔唐〕陸德明音義，孔穎達正義：《周易經傳注疏》，卷13，頁302～303。

〔註115〕〔三國・魏〕王弼注，〔唐〕陸德明音義，孔穎達正義：《周易經傳注疏》，卷3，頁81。

〔註116〕〔三國・魏〕王弼注，〔唐〕陸德明音義，孔穎達正義：《周易經傳注疏》，卷3，頁78。

其談理有次，引論有據，歷代皆無如是之述者，是以視其已創一家之見，誠不為過。若然，指其「大抵求異先儒，穿鑿破碎」之蔑侮，殊不知，所憑為何？

　　且劉牧箋疏之式，與陸希聲刪削〈繫〉、〈彖〉、〈象〉，而著以己說解《易》之法，全然相左。若此，所謂：「牧之注，本沿蹈於希聲」之陳，則豈非信口雌黃？

　　況王弼於此無注，陸希聲之言無存，則「希聲不出王輔嗣藩籬」之稱，洵不可考。然攻訐劉牧「盡刊王文，直用己意代之」及「援輔嗣之意而改其辭」之訾，更是閉門造車，毫無證明。

第三節　攄「十翼」為宗，符契人事義理注《易》之研辯

　　衺掇釐比劉牧訓釋〈乾〉䷀、〈坤〉䷁諸例，全然綜采「十翼」之〈繫辭〉、〈說卦〉、〈彖傳〉、〈象傳〉、〈文言〉義趣，絲毫未見勦剟語錄，亦非枵腹談經。陳述引證，盡遵夫子「十翼」之敘，未有攙和象數，彙瓦結繩，竄句棰辭之事，純然義理解《易》之範。是以本節依續省審研校各〈卦〉、〈爻〉相關注文，多方探索劉牧詮《易》之式樣，希冀獲得更加客觀之判斷。

一、〈屯〉卦䷂卦辭

　　〈屯〉䷂，元亨，利貞，勿用有攸往，利建侯。〔註117〕
李衡於此載錄劉牧之注：「坎䷜險，震䷲動，動而之險，故謂之〈屯〉䷂。牧」〔註118〕葉良佩輯佚之文亦相埒一般。〔註119〕

　　劉牧以〈屯〉卦䷂上、下卦體之性，釋解〈屯〉卦䷂卦象。惟就卦辭文義判斷，劉牧注文，當不只此，或已遭李衡節刪，故僅剩該句。

〔註117〕〔三國‧魏〕王弼注，〔唐〕陸德明音義，孔穎達正義：《周易經傳注疏》，收入《景印摛藻堂四庫全書薈要‧經部第 1 冊‧易類》（臺北：世界書局，1988 年），總第 2 冊，卷 2，頁 51。

〔註118〕〔南宋〕李衡刪增：《周易義海撮要》，收入《景印摛藻堂四庫全書薈要‧經部第 3 冊‧易類》（臺北：世界書局，1988 年），總第 4 冊，卷 1，頁 18。

〔註119〕〔明〕葉良佩輯：《周易義叢》，收入《續修四庫全書‧經部‧易類》（上海：上海古籍出版社，1995 年），第 7 冊，卷之 2，頁 53。

依〈坎☵‧彖傳〉所云：「習坎☵，重險也。」〔註120〕〈說卦傳〉又稱：「震☳，動也。」〔註121〕〈屯䷂‧彖傳〉亦言：「動乎險中。」〔註122〕是以劉牧，即以上卦為坎☵、為險；下卦為震☳、為動，由內而外謂之「動而之險」。誠然以十翼之〈彖傳〉、〈說卦〉，疏註〈屯〉卦䷂卦義，毫無「牽合象數」之徵。且王弼注曰：

> 剛柔始交，是以屯也。不交則否，故〈屯〉䷂乃大亨也。大亨則無險，故利貞。〔註123〕

內容與劉牧之說，未見相似。文獻不獲陸希聲之言，若然，「希聲不出王輔嗣藩籬」之述，則無可考定。惟此劉牧解《易》之規，已然抵牾「希聲刪削孔子〈繫〉、〈彖〉、〈象〉而著以己說」之法，是以諸儒嘗云：「牧之注，本沿蹈於希聲」及「盡刊王文，直用己意代之」、「援輔嗣之意而改其辭」等諸訾議，則盡皆令人難以信服。當今典籍可見早於王弼之詮解，僅得虞翻之言：

> 〈坎〉☵二之初，剛柔交震☳，故元亨。之初得正，故利貞矣。之外稱往，初震☳得正，起之欲應，動而失位，故勿用有攸往。震☳為侯，初剛難拔，故利以建侯。《老子》曰：「善建者，不拔也。」〔註124〕

然將劉牧注文，再與虞氏之遣詞用字及語義相較，彼此毫無任何相近之處。是以貶損劉牧之學，「大抵求異先儒，穿鑿破碎」之詆斥，則未知所憑為何？沈起元撰著《周易孔義集說》嘗序：

> 說《易》諸書，概無偏主，惟以合于孔傳，足以旁通曲暢者，即為採入，名曰：《孔義集說》，以明遵孔之意。〔註125〕

審劉牧此箋，全然採摭孔子「十翼」之述，確然「合于孔傳」，語義更契「旁

〔註120〕〔三國‧魏〕王弼注，〔唐〕陸德明音義，孔穎達正義：《周易經傳注疏》，卷5，頁131。

〔註121〕〔三國‧魏〕王弼注，〔唐〕陸德明音義，孔穎達正義：《周易經傳注疏》，卷13，頁302。

〔註122〕〔三國‧魏〕王弼注，〔唐〕陸德明音義，孔穎達正義：《周易經傳注疏》，卷2，頁51。

〔註123〕〔三國‧魏〕王弼注，〔唐〕陸德明音義，孔穎達正義：《周易經傳注疏》，卷2，頁51。

〔註124〕〔唐〕李鼎祚撰：《周易集解》，收入《景印文淵閣四庫全書‧經部1‧易類》（臺北：臺灣商務印書館，1983年），第7冊，卷2，頁631。

〔註125〕〔清〕沈起元撰：〈凡例〉，《周易孔義集說》，收入《景印文淵閣四庫全書‧經部44‧易類》（臺北：臺灣商務印書館，1983年），第50冊，頁8。

通曲暢」，且符「遵孔之意」。惟沈氏未將該文摘入，筆者以為，頗有遺珠之
憾。

二、〈屯卦䷂・彖傳〉

〈彖〉曰：〈屯〉䷂，剛柔始交而難生，動乎險中。大亨貞，雷雨之
動滿盈。天造草昧，宜建侯而不寧。〔註126〕

李衡載記劉牧注文：

險難在前，不往，何由以濟？而能動乎險中，故得大亨也。既亨而
不可復動，故曰：「勿用有攸往也。」草在土上，芽藏未萌，則未能
別其類。牧〔註127〕

馮椅於此僅裒錄：「劉長民曰：『險難在前，不動，何由可濟？』」〔註128〕考
〈說卦傳〉云：「坎☵為水。」〔註129〕水山〈蹇〉卦䷦之〈彖傳〉言：「〈蹇〉
䷦，難也，險在前也。」〔註130〕虞翻稱：「〈蹇〉䷦，險在前，故難。」〔註131〕
〈蹇〉卦䷦，外卦為坎☵，為水、為險，險在前，則已清楚指出，外卦亦象徵
在前之意。

故隋・何妥（？）釋水天〈需〉卦䷄即謂：「坎☵為險也。有險在前，不
可妄涉，故須待時然後動也。」〔註132〕南宋・朱震（1072～1138）則更明示：
「內卦為後，外卦為前。」〔註133〕

〔註126〕〔三國・魏〕王弼注，〔唐〕陸德明音義，孔穎達正義：《周易經傳注疏》，
收入《景印摛藻堂四庫全書薈要・經部第 1 冊・易類》（臺北：世界書局，
1988 年），總第 2 冊，卷 2，頁 51。

〔註127〕〔南宋〕李衡刪增：《周易義海撮要》，收入《景印摛藻堂四庫全書薈要・經
部第 3 冊・易類》（臺北：世界書局，1988 年），總第 4 冊，卷 1，頁 19。

〔註128〕〔南宋〕馮椅撰：〈易外傳第一〉，《厚齋易學》，收入《景印文淵閣四庫全書・
經部 10・易類》（臺北：臺灣商務印書館，1983 年），第 16 冊，卷 33，頁
597。

〔註129〕〔三國・魏〕王弼注，〔唐〕陸德明音義，孔穎達正義：《周易經傳注疏》，
卷 13，頁 303。

〔註130〕〔三國・魏〕王弼注，〔唐〕陸德明音義，孔穎達正義：《周易經傳注疏》，
卷 7，頁 164。

〔註131〕〔唐〕李鼎祚撰：《周易集解》，卷 17，頁 890。

〔註132〕〔唐〕李鼎祚撰：《周易集解》，收入《景印文淵閣四庫全書・經部 1・易類》
（臺北：臺灣商務印書館，1983 年），第 7 冊，卷 2，頁 638。

〔註133〕〔南宋〕朱震撰：《漢上易傳》，收入《景印摛藻堂四庫全書薈要・經部第 2
冊・易類》（臺北：世界書局，1988 年），總第 3 冊，卷 1，頁 496。

　　若然，劉牧以〈說卦傳〉、〈彖傳〉所陳之義理，詮解「險難在前」，整段語意，概略為：「當事情遭遇險難無法推展之時，須有解決之道。倘能在險難之中有所作為，則象徵已獲通暢無阻之辦法。如此，即須各司其職，善盡本分，不可再有任何躁動之舉。此情猶如草本植物，當其幼芽萌藏土中，則未能辨別種類，而至其茁壯出土，即代表季候節令已然亨通，故可各依其類，成長大地之上，不再遷移變更所在，卦辭『勿用有攸往也』之道理即在於此。」

　　王弼於此無注，惟東漢・荀爽（128～190）曾云：「物難在始生，此本〈坎〉卦☵也。」〔註134〕唐・李鼎祚（？）釋曰：

　　案（〈坎〉☵）初六升二，九二降初，是剛柔始交也。交則成震☳，震☳為動也。上有坎☵，是動乎險中也。動則物通而得正，故曰「動乎險中，大亨貞」也。〔註135〕

觀劉牧之文與荀、李之言，洞然存有差異，毫無相近之處。再比較孔穎達之疏：

　　「動乎險中，大亨貞」者，此釋四德也。坎☵為險，震☳為動，震☳在坎☵下，是動於險中。初動險中，故屯難動而不已；將出於險，故得「大亨貞」也。大亨即元亨也，不言「利」者，利屬於貞，故直言「大亨貞」。〔註136〕

劉牧所敘與孔氏之述，彼此更是大相逕庭。其以「十翼」之〈說卦〉、〈彖傳〉融合己見以訓《易》，誠與陸希聲刪捨〈繫〉、〈彖〉、〈象〉而著以己說之法相悖。況當今文獻，不存希聲此則之論，王弼尚且無注，若然，「希聲不出輔嗣藩籬」之語，則不知從何說起？

　　更且誹議劉牧「盡刊王文，直用己意代之」及「牽合象數，餘援輔嗣之意而改其辭」、「大抵求異先儒，穿鑿破碎」之誚斥，實可謂空穴來風，毫無所憑，令人無法折服。

〔註134〕〔唐〕李鼎祚撰：《周易集解》，卷2，頁632。
〔註135〕〔唐〕李鼎祚撰：《周易集解》，卷2，頁632。
〔註136〕〔三國・魏〕王弼注，〔唐〕陸德明音義，孔穎達正義：《周易經傳注疏》，收入《景印摛藻堂四庫全書薈要・經部第1冊・易類》（臺北：世界書局，1988年），總第2冊，卷2，頁51。

三、〈屯卦☳·六二〉爻辭、〈小象〉

六二：屯如邅如，乘馬班如，匪寇婚媾，女子貞不字，十年乃字。

〈象〉曰：六二之難，乘剛也。十年乃字，反常也。〔註137〕

李衡或已刪節劉牧注文，故僅裒輯：「二以險在前，故謂之寇，非初為二之寇也。牧」〔註138〕其內容為劉牧解釋「匪寇」二字之義。

〈泰卦☷·彖傳〉有言：「〈泰〉☷，小往大來，吉亨。……內君子而外小人，君子道長，小人道消也。」〔註139〕〈否卦☶·彖傳〉則云：「內陰而外陽，內柔而外剛，內小人而外君子，小人道長，君子道消也。」〔註140〕〈泰〉☷、〈否〉☶兩卦〈彖〉辭，均清楚說明，外、內小成坤卦☷之三陰爻皆象徵小人。是以虞翻注〈解卦☵·六五〉即有：「小人謂五，陰為小人」〔註141〕之說。

劉牧沿「十翼」稱「陰爻為小人」之解《易》凡例，而述〈屯〉卦☳六二之前，有象徵險難之六三、六四陰爻，且六四相比上承於九五，更是妨礙六二與九五陰陽相應之原凶，故劉牧稱此「寇」字，乃指六二前方之險阻、危難，而非初九。

王弼此注：「寇謂初也。无『初』之難，則與『五』婚矣。」〔註142〕指六二之寇讎為初九。與劉牧條暢簡潔，義理清晰之「六三」、「六四」撰次，明顯舛午。若此，「盡刊王文，直用己意代之」、「牽合象數，其餘援輔嗣之意而改其辭」之駁斥，於此已然无法成立？

李衡載錄劉牧語句之前，尚綴有一則「陸」氏文章：

初雖難二，非欲為寇，以二近己，欲為婚媾，康屯之情可以見矣。

女子者，明未有所從；「字」，孕育也。此未可以適變，猶亂世之正

〔註137〕〔三國‧魏〕王弼注，〔唐〕陸德明音義，孔穎達正義：《周易經傳注疏》，收入《景印摛藻堂四庫全書薈要‧經部第1冊‧易類》（臺北：世界書局，1988年），總第2冊，卷2，頁52。

〔註138〕〔南宋〕李衡刪增：《周易義海撮要》，收入《景印摛藻堂四庫全書薈要‧經部第3冊‧易類》（臺北：世界書局，1988年），總第4冊，卷1，頁20。

〔註139〕〔三國‧魏〕王弼注，〔唐〕陸德明音義，孔穎達正義：《周易經傳注疏》，卷3，頁78。

〔註140〕〔三國‧魏〕王弼注，〔唐〕陸德明音義，孔穎達正義：《周易經傳注疏》，卷3，頁81。

〔註141〕〔唐〕李鼎祚撰：《周易集解》，收入《景印文淵閣四庫全書‧經部1‧易類》（臺北：臺灣商務印書館，1983年），第7冊，卷8，頁736。

〔註142〕〔三國‧魏〕王弼注，〔唐〕陸德明音義，孔穎達正義：《周易經傳注疏》，卷2，頁52。

臣，不從撥亂之君也。陸〔註143〕

葉良佩亦記有陳敘較為詳細，惟與李衡所列，稍有出入之內容，且標該文之作者為「陸震」：

> 初雖難二，非欲為寇，以二近己，欲與為婚媾耳；而亨屯之情可以
> 見矣。女子者，明有所從也；「字」謂孕育，此言未可以適變，猶亂
> 世之正臣，不從撥亂之君，猶欲守正，以待時也。陸震〔註144〕

「女子貞不字」，指女子守正不嫁，六二上應九五，六二為陰、為女子，意指本相從於九五夫君。是以葉良佩所輯「女子者，明有所從」，比之李衡裒次「女子者，明『未』有所從」，其語義較為契合爻旨。故不知此「未」字之衍，是否李衡刪削抑或輾轉傳抄所致，誠然已無從查考。

惟二者所註「初雖難二，非欲為寇」，乃言初九非六二之寇，僅因六二近己，陰陽相比，遂欲與之婚媾，反却形成六二相應順從九五之為難爾。其說與王弼之論，顯然相違不類。雖近似劉牧之趣，然不若劉牧明指寇難所在之詳實。

葉良佩記錄其著作掇引之歷代諸家姓名：

> 魏氏徵、李氏鼎祚、成氏玄英、翟氏子元、陸氏希聲、房氏喬、郭
> 氏京、陸氏震、薛氏仁貴、孔氏穎達。〔註145〕

將陸震書寫於唐代《易》家之中，若此陸震，當為唐代之人。北宋‧王溥（922～982）嘗言：

> （貞元）四年四月，「賢良方正，能直言極諫科」：崔元翰、裴次元、
> 李彝、崔豐、史牟、「陸震」、柳公綽、趙參……及第。〔註146〕

「貞元」，為唐德宗年號；貞元四年即為西元788年。〔註147〕此年陸震（？）於「賢良方正，能直言極諫科」及第。又據北宋‧歐陽修（1007～1072）所記：

〔註143〕〔南宋〕李衡刪增：《周易義海撮要》，卷1，頁20。

〔註144〕〔明〕葉良佩輯：《周易義叢》，收入《續修四庫全書‧經部‧易類》（上海：上海古籍出版社，1995年），第7冊，卷之2，頁56。

〔註145〕〔明〕葉良佩輯：〈先賢先儒姓氏三〉，《周易義叢》，收入《續修四庫全書‧經部‧易類》（上海：上海古籍出版社，1995年），第7冊，卷之首，頁4。

〔註146〕〔北宋〕王溥撰：〈貢舉中‧制舉科〉，《唐會要》，收入《景印文淵閣四庫全書‧史部365‧政書類》（臺北：臺灣商務印書館，1984年），第607冊，卷76，頁161。

〔註147〕方詩銘編：《中國歷史紀年表》（上海：上海辭書出版社，1980年），頁90。

（唐昭宗）（乾寧）二年，正月，己巳：給事中陸希聲，為戶部侍郎

同中書門下平章事。〔註148〕

唐昭宗，乾寧二年，為西元895年，〔註149〕與貞元四年，相距已有107年。陸震雖與陸希聲同為唐代之人，惟其時甚早於後者。

《撮要》中標註之「陸」字，並非條條皆是「陸希聲」之語，元初俞琰（？）於考證李衡裒輯之作者，即謂：

今觀李衡所錄者：王弼、孔穎達、韓康伯、荀爽、九家、馬融、鄭

玄、王肅、翟元、何晏、何維翰、干寶、虞翻、子夏、蜀才、范氏、

徐氏、「陸氏」、莊氏、「陸希聲」、魏徵、薛溫其。〔註150〕

將陸氏與陸希聲截然分開，不等同而論。顯然俞琰已知《撮要》標註之「陸」字，非僅指「陸希聲」一人，尚有其他陸氏之辭。惟俞琰並無說明，該「陸氏」究指一位或數位。

是以〈屯卦☳・六二〉處，李衡標記作者為「陸」氏，葉良佩卻纂錄為「陸震」之注文，業已形成訛亂錯雜之情況。明・潘士藻（？）即依李衡所載而稱：

陸希聲曰：初雖難二，非欲為寇，以二近己，欲為婚媾，康屯之情

可以見矣。女子者，明未有所從也。此未可以適變，猶亂世之正臣，

不從撥亂之君也。〔註151〕

潘氏未輯入「字，孕育也」之「字，孕育」三字，且將「也」接於「明未有所從」之末，而成「明未有所從『也』」，餘則皆與李衡所登一般。其視李衡所記之「陸」字，即代表作者為「陸希聲」。翟均廉亦同潘士藻之見，猶認此「陸」氏為陸希聲，故訓「字」即稱：

「字」，虞翻、荀九家、徐邈、李鼎祚、陸希聲、程子作「孕」字之

〔註148〕〔北宋〕歐陽修、宋祁等撰，董衡釋音：〈本紀第十〉，《唐書》，收入《景印摛藻堂四庫全書薈要・史部第35冊・正史類》（臺北：世界書局，1988年），總第121冊，卷10，頁187。

〔註149〕方詩銘編：《中國歷史紀年表》，頁96。

〔註150〕〔元〕俞琰撰：〈魏晉以後唐宋以來諸家著述〉，《讀易舉要》，收入《景印文淵閣四庫全書・經部15・易類》（臺北：臺灣商務印書館，1983年），第21冊，卷4，頁462。

〔註151〕〔明〕潘士藻撰：《讀易述》，收入《景印文淵閣四庫全書・經部27・易類》（臺北：臺灣商務印書館，1983年），第33冊，卷2，頁46。

字。〔註152〕

同然於潘氏、翟氏，黃奭亦循李衡《義海撮要》標註之「陸」字，將之當成陸希聲之言而一字不漏，將其輯入《陸希聲易傳》。〔註153〕

　　葉良佩裒錄陸震之內容，比之李衡纂次之「陸」氏條文，陳述較為明確。且陸震年代早於陸希聲，設若該「陸」氏果為希聲之語，莫非陸希聲抄襲沿蹈於陸震之見？倘若不是，又豈非葉良佩玄空之錯植？如此令人不知所以，張冠李戴之困惑，實拜李衡刪夷《義海》，僅置一「陸」字所賜。然《義海撮要》形成之淆混錯亂，四庫館臣未有查覺，尚且贊之：「今《義海》全書久佚，惟幸是編之僅存，則衡之功，亦不可沒矣。」〔註154〕李衡於《義海撮要》之成書確有其功，惟其舛謬之過，却也不容小覷。

　　承上分析，劉牧此條之注解，既不同於王弼，亦不類於陸震或陸氏（希聲），且純以義理訓說，毫無象數運用，是以所謂「盡刊王文，直用己意代之」、「牽合象數，餘援輔嗣之意而改其辭」、「大抵求異先儒，穿鑿破碎」之誹議，則盡皆攻破，毫無存在。

四、〈屯卦☷☳・六三〉爻辭、〈小象〉

　　六三：即鹿无虞，惟入于林中，君子幾，不如舍，往吝。〈象〉曰：即鹿无虞，以從禽也，君子舍之，往吝窮也。〔註155〕

李衡於此〈爻〉、〈小象〉輯錄劉牧之釋解如下：

　　屯難之世，二以有應而往，猶不得字，況其无應乎？三當茲而有求焉，「何異於无虞以從禽也？」當舍正從權之際，惟君子能行之。牧〔註156〕

〔註152〕　〔清〕翟均廉撰：《周易章句證異》，收入《景印文淵閣四庫全書・經部47・易類》（臺北：臺灣商務印書館，1983年），第53冊，卷1，頁676。

〔註153〕　〔清〕黃奭輯：〈陸希聲易傳〉，《黃氏逸書考》，收入《續修四庫全書・子部・雜家類》（上海：上海古籍出版社，1995年），第1206冊，頁622。按原書記為「六三」，實為「六二」，藉此更正。

〔註154〕　〔清〕紀昀等撰：〈提要〉，《周易義海撮要》，收入《景印摛藻堂四庫全書薈要・經部第3冊・易類》（臺北：世界書局，1988年），總第4冊，頁1～2。

〔註155〕　〔三國・魏〕王弼注，〔唐〕陸德明音義，孔穎達正義：《周易經傳注疏》，收入《景印摛藻堂四庫全書薈要・經部第1冊・易類》（臺北：世界書局，1988年），總第2冊，卷2，頁53。

〔註156〕　〔南宋〕李衡刪增：《周易義海撮要》，收入《景印摛藻堂四庫全書薈要・經部第3冊・易類》（臺北：世界書局，1988年），總第4冊，卷1，頁20。

葉良佩亦袞掇同然一般之內容。〔註157〕

　　閱〈小畜☲☰・彖傳〉有言：「〈小畜〉☲☰，柔得位而上、下應之，曰小畜。」〔註158〕〈同人☰☲・彖傳〉亦云：「〈同人〉☰☲，柔得位、得中而應乎乾☰，曰同人。……文明以健，中正而應，君子正也。」〔註159〕《易緯乾鑿度》嘗釋《易經》相應之爻位為：「初以四、二以五、三以上，此之謂『應』。」〔註160〕若然，〈小畜〉☲☰，六四陰爻居陰為得位，而與初九陽爻，上、下相應。〈同人〉☰☲六二陰爻居陰位，處下卦離☲中，而相應於上卦乾☰中之九五陽爻，二爻皆得位、得中且相應。惟得位亦即得正，〔註161〕是以謂之「中正而應」。

　　鄭玄注〈遯〉卦☰☶曰：「二、五得位而有應」〔註162〕，乃指〈遯〉卦☰☶六二、九五爻，各自陰爻居陰位，陽爻處陽位，故彼此陰陽得位而相應。九家《易》訓〈謙卦☷☶・上六・小象〉：

> 陰陽相應，故鳴善也。雖應不承，故志未得。謂下九三可行師來上，
> 坤☷為邑國也。三應上，上呼三，征來居五位，故曰「利用行師，
> 征邑國」也。〔註163〕

九家《易》即依「十翼」〈象傳〉相應爻位之述，藉〈謙〉卦☷☶上六與九三，陰陽相應之道，以詮〈謙卦☷☶・上六・小象〉之說。

　　虞翻則以上互坎卦☵，及六三、上九陰陽相應之理，以注〈睽卦☲☱・上

〔註157〕〔明〕葉良佩輯：《周易義叢》，收入《續修四庫全書・經部・易類》（上海：上海古籍出版社，1995年），第7冊，卷之2，頁57。

〔註158〕〔三國・魏〕王弼注，〔唐〕陸德明音義，孔穎達正義：《周易經傳注疏》，卷3，頁73。

〔註159〕〔三國・魏〕王弼注，〔唐〕陸德明音義，孔穎達正義：《周易經傳注疏》，卷3，頁83。

〔註160〕〔東漢〕鄭康成注：《易緯乾鑿度》，收入《景印摛藻堂四庫全書薈要・經部第14冊・易類》（臺北：世界書局，1988年），總第15冊，卷上，頁502。

〔註161〕〈既濟☵☲・象傳〉曰：「〈既濟〉☵☲，亨，小者亨也。利貞，剛柔正而位當也。」乃言九五、六二，陽居陽位，陰處陰位，為剛、柔得正、位當，是以得位同然得正之意。〔三國・魏〕王弼注，〔唐〕陸德明音義，孔穎達正義：《周易經傳注疏》，卷10，頁238。

〔註162〕〔東漢〕鄭玄撰，〔南宋〕王應麟編：《周易鄭康成注》，收入《景印文淵閣四庫全書・經部1・易類》（臺北：臺灣商務印書館，1983年），第7冊，頁137。

〔註163〕〔唐〕李鼎祚撰：《周易集解》，收入《景印文淵閣四庫全書・經部1・易類》（臺北：臺灣商務印書館，1983年），第7冊，卷4，670。

九〉：「匪寇婚媾，往遇雨則吉」：

> 匪非坎☵為寇之三，歷坎☵，故匪寇陰陽相應，故婚媾。三在坎☵
> 下，故遇雨，與上易位，坎☵象不見，各得其正，則吉也。〔註164〕

火澤〈睽〉卦☲，六三爻，居上互坎卦☵之下，與上九陰陽相應，虞翻於此同然以陰陽論相應之道。

東漢・陸績（188～219）亦稱：

> 〈困〉卦☱上、下不應，陰、陽不交。六三陰，上六亦陰，无配，
> 入九五求陽，陽亦无納也。〔註165〕

陸績注〈困〉卦☱六三、上六，雖位於相應之位，惟因兩爻同性皆陰，故上、下不應。若此漢代易學家，談《易經》各卦爻位之相應與否，蓋依〈象傳〉所敘之陰陽相對爻位而論同性不應，陰陽則應。是以劉牧即沿此模式，以〈屯〉卦☲六二相應於九五之情，而解〈屯卦☲・六三・小象〉之辭。

劉牧言在屯難之世，六二雖有九五之相應而向前邁進，尚不得「字」（猶如結婚生育般之合和順利）。況在六三有所需求輔助之際，卻與上六彼此毫無相應之情狀。其景即如田獵之時，无掌管山林川澤之官吏帶領，而獨自埋首，盲目追逐野獸一般。所以六三應當學習君子，適時採取權宜變通之法，而能知所進退，捨棄欲望，停止爭競。

劉牧文句，未見釋「字」之義，或由於李衡刪削原注之故，以致無法判別。惟比較王弼注〈屯卦☲・六三〉：

> 三既近五而無寇難，四雖比五，其志在初，不妨己路，可以進而无
> 屯邅也。見路之易，不揆其志，五應在二，往必不納，「何異無虞以
> 從禽乎？」雖見其禽而無其虞，徒入于林中，其可獲乎？幾，辭也。
> 夫君子之動，豈取恨辱哉！故不如舍，往吝，窮也。〔註166〕

王弼采六三與九五無應之互動關係，比譬猶如「無虞以從禽」之意蘊。然劉牧則取六三與上六之不應以喻。兩者詮解方式全然不類。且劉牧訓注未見絲

〔註164〕〔唐〕李鼎祚撰：《周易集解》，收入《景印文淵閣四庫全書・經部1・易類》，第7冊，卷8，頁731。

〔註165〕〔東漢〕陸績撰，〔明〕姚士粦輯：《陸氏易解》，收入《景印文淵閣四庫全書・經部1・易類》（臺北：臺灣商務印書館，1983年），第7冊，頁193。

〔註166〕〔三國・魏〕王弼注，〔唐〕陸德明音義，孔穎達正義：《周易經傳注疏》，收入《景印摛藻堂四庫全書薈要・經部第1冊・易類》（臺北：世界書局，1988年），總第2冊，卷2，頁53。

毫象數之說，若此「盡刊王文，直用己意代之」及「牽合象數，餘援輔嗣之意而改其辭」之語，蓋與實際皆有不符。

　　況文獻未見陸希聲之文，倘「希聲不出輔嗣之藩籬」為真，則今已證劉牧不同於王弼之敘，更以〈彖傳〉為基，已然抵觸「希聲刪削〈繫〉、〈彖〉、〈象〉而著以己說」之法，若此「牧之注，本沿蹈於希聲」、「劉牧之學，大抵求異先儒，穿鑿破碎」之言辭，即如妄語，未知何據？

　　清·黃以周（1828～1899）誤將劉牧先之視為劉牧長民，而將其注，以劉先之之名，綴入其著：

> 劉先之曰：屯難之世，二以有應而往，猶不得字，況其无應乎？三當茲有求焉，何異于无虞從禽也。〔註167〕

北宋兩劉牧，前為彭城劉牧長民，後為三衢劉牧先之，惟黃以周堪稱博物洽聞，卻也於此有誤。其曾自序：

> 乃承家君命，廣搜「十翼」之注，不拘時代，擇其醇者而錄之，名之曰《十翼後錄》。其有先儒〈象〉、〈爻〉之注，未悖於聖傳，可以兼錄之而明其義者，亦必移置於聖傳之下，宗聖也。〔註168〕

從黃以周之述，可知其所以搜羅劉牧〈屯卦䷂·六三〉之陳，乃因訓釋醇正，未悖孔聖「十翼」諸傳之理。若然，由此可證，劉牧此注，確然無關象數，純然義理論《易》之解耳。

五、〈屯卦䷂·六四〉爻辭、〈小象〉

> 六四：乘馬班如，求婚媾，往吉，无不利。〈象〉曰：求而往，明也。〔註169〕

李衡摘錄劉牧此〈爻〉及〈小象〉之注解全文為：

> 四應於初，故道迂遠。為其在難，故難進也。初為康屯之主，四得正而應之，故「往吉，无不利。」言得所往之道也。見求而往，所以為明。六四以陰得陰位，險難在上，正應在下，背險而往，途无

〔註167〕〔清〕黃以周撰：《十翼後錄》，收入《續修四庫全書·經部·易類》（上海：上海古籍出版社，1995年），第36冊，卷2，頁101～102。

〔註168〕〔清〕黃以周撰：〈自序〉，《十翼後錄》，收入《續修四庫全書·經部·易類》（上海：上海古籍出版社，1995年），第36冊，頁7。

〔註169〕〔三國·魏〕王弼注，〔唐〕陸德明音義，孔穎達正義：《周易經傳注疏》，卷2，頁53。

　　寇難也。初志存謙，下往必見納，故吉无不利。牧〔註170〕
惟葉良佩將李衡裒輯之內容，一分為二。自「所以為明」以上，標記為「干
寶」之述；從「六四以陰得陰位」以下，標記為「劉牧」之言：

　　四應於初，而道迂遠。為其在難，故難進也。初為康屯之主，四得
　　正而應之，故「往〔註171〕吉，无不利。」言得所往之道也。見求而
　　往，所以為明。干寶〇六四以陰德居陰位，險難在上，正應在下，
　　背險而往，途无寇難也。初志存謙，下往必見納，故吉无不利。劉
　　牧〔註172〕

李、葉二氏所載，僅後半部「六四以陰『得』陰位」之「得」與「六四以陰『德
居』陰位」之「德居」有所差別，惟不影響整段語辭意義。

　　分析葉良佩標錄作者為東晉・干寶（286～336）之注文，其內容乃訓解
爻辭「往吉，无不利」及〈小象〉「求而往，明也」之說；載記劉牧之注解，
則僅針對「往吉，无不利」而作陳敘，惟二者於此之文辭語義，明顯可看出
差異，恐當出自不同《易》家之手。

　　然觀葉氏所註干寶之語，泂然未見於今本《周易集解》，〔註173〕及黃慶
萱《魏晉南北朝易學書考佚》之中，〔註174〕且近人馬其昶（1855～1930）仍
循李衡之輯，猶視其文為劉牧之言，而節刪著稱：「劉牧曰：『初為康屯之主，
四得正而應之，見求而往，所以為明。』」〔註175〕若然，良佩如何取得，誠然
不知所由之原？

　　惟居現有文獻，不足以評斷李、葉所登，孰是孰非之際，迨衹能慎思擇
取覈究之法，而采比較二者「往吉，无不利」之釋解內容，加以區判。

　　首先，翻閱文獻，未有同一作者，對於同一爻辭之同一語句，陳以不同

〔註170〕〔南宋〕李衡刪增：《周易義海撮要》，收入《景印摛藻堂四庫全書薈要・經
　　　　部第3冊・易類》（臺北：世界書局，1988年），總第4冊，卷1，頁21。
〔註171〕按原文標寫「往」，為「往」之異體字。
〔註172〕〔明〕葉良佩輯：《周易義叢》，收入《續修四庫全書・經部・易類》（上海：
　　　　上海古籍出版社，1995年），第7冊，卷之2，頁57～58。
〔註173〕〔唐〕李鼎祚撰：《周易集解》，收入《景印文淵閣四庫全書・經部1・易類》
　　　　（臺北：臺灣商務印書館，1983年），第7冊，卷2，頁634。
〔註174〕按黃氏僅衹輯錄一則，引自李鼎祚《周易集解》所載，干寶於〈屯䷂・象〉
　　　　「宜建侯而不寧」之述，其餘〈屯〉卦䷂諸注，全然未有。黃慶萱撰：《魏晉
　　　　南北朝易學書考佚》（臺北：幼獅文化事業公司，1975年），頁416～418。
〔註175〕〔民國〕馬其昶撰：〈上經一〉，《重訂周易費氏學》，收入《續修四庫全書・
　　　　經部・易類》（上海：上海古籍出版社，1995年），第40冊，卷1，頁376。

之說法，而重覆詮釋。再者，《義海撮要》之編排，確然存在甚多淆雜舛訛之情事，諸如：

> 「反」，謂進反在上，處下卦之上，能不驕逸，是反能合道也。「覆」，
> 謂從上倒覆而下，居上卦之下，能不憂懼，是覆能合道也。雖有
> 聖人之德，而无聖人之位，不能營造事業，故云「德施普也。」
> 朱〔註176〕

末以「朱」字，標示整段文句之作者為朱震。然考《漢上易傳》、《卦圖》、《叢說》三書，分毫未有片言隻字。〔註177〕另查《周易正義》，赫然發現「『反』，謂進反在上，處下卦之上，能不驕逸，是反能合道也。『覆』，謂從上倒覆而下，居上卦之下，能不憂懼，是覆能合道也」之文，實為孔穎達之疏解；〔註178〕且「雖有聖人之德，而无聖人之位，不能營造事業，故云『德施普也』」之句，卻是胡瑗之釋詞。〔註179〕

　　然李衡竟將一為唐朝，一為北宋，生處不同年代之二人訓注，全然歸并成毫無相關之南宋朱震註語，如此牛頭不對馬嘴，錯失雜亂之案例，誠於《撮要》之內，所在多有，不勝枚舉。〔註180〕

　　舉一隅須知三隅之反，同然相類之事，當有相埒之情。故而合理忖度，李衡或於刪削《義海》之際，猶如上述孔、胡、朱氏之訛，已然錯將干寶、劉

〔註176〕〔南宋〕李衡刪增：《周易義海撮要》，收入《景印摛藻堂四庫全書薈要·經部第3冊·易類》（臺北：世界書局，1988年），總第4冊，卷1，頁8。

〔註177〕〔南宋〕朱震撰：《漢上易傳》，收入《景印摛藻堂四庫全書薈要·經部第2冊·易類》（臺北：世界書局，1988年），總第3冊，頁459～772。朱震撰：《卦圖》，收入《景印摛藻堂四庫全書薈要·經部第2冊·易類》（臺北：世界書局，1988年），總第3冊，頁772～831。朱震撰：《叢說》，收入《景印摛藻堂四庫全書薈要·經部第2冊·易類》（臺北：世界書局，1988年），總第3冊，頁833～866。

〔註178〕按孔穎達疏解原文：「反謂進反在上也，處下卦之上，能不驕逸，是反能合道也。覆謂從上倒覆而下，居上卦之下，能不憂懼，是覆能合道也。」〔三國·魏〕王弼注，〔唐〕陸德明音義，孔穎達正義：《周易經傳注疏》，收入《景印摛藻堂四庫全書薈要·經部第1冊·易類》（臺北：世界書局，1988年），總第2冊，卷1，頁33。

〔註179〕按胡瑗闡釋原文：「雖有聖人之德，而无聖人之位，不能大營造天下之事業，故曰『德施普也。』」〔北宋〕胡瑗撰：《周易口義》，收入《景印摛藻堂四庫全書薈要·經部第1冊·易類》（臺北：世界書局，1988年），總第2冊，卷1，頁345。

〔註180〕按衡量篇幅，無法逐條陳列，僅能舉一以概其餘，惟《周易義海撮要》張冠李戴，訛雜淆亂諸例，筆者將另撰專文陳論，於此不贅。

牧二說舛雜為一；抑或歷代傳鈔鋟版之時，即犯誤植攙合之過而未察，若此諸般，概皆有未定。是以本例，筆者則逕取葉良佩所錄之劉牧注文進行討論。

　　劉牧注解〈屯䷂‧六四〉爻辭，亦承〈象傳〉得位之說以釋：「坎☵險之難在上，六四以陰爻得陰位，而初九正應在下。初九雖為陽爻，惟位於〈屯〉卦䷂之初，雖為震主，惟尚存謙讓之志，是以六四降尊背險而往，必得見納，故爻辭稱之『吉，无不利』。」而王弼箋疏〈屯卦䷂‧六四〉則稱：

> 二雖比初，執貞不從，不害己志者也。求與合好，往必見納矣。故曰「往吉，无不利。」〔註181〕

王弼以六二陰陽相比於初九，惟初九堅守其正不與相從，六四情志不受六二妨害，是以往求初九合和，必得見納，故曰「往吉，无不利。」

　　劉牧與王弼之詮，相類於「往必見納」，然訓注文句，却各異其趣。前者凸顯六四得位之正及初九存謙之志，循〈象傳〉所言之「陰陽相應」為釋《易》圭臬。而後者強調六四往求之志，無受六二相比初九之影響，舉「陰陽相比」〔註182〕為論疏準則。彼此詮解，在於「己志」之不類；牧指初九持正之志，弼指六四求合之情，二者旨趣全然相違，惟各有所長。

　　設若劉牧果真引用「往必見納」一詞，然其非但依據十翼「得位」之要，尚且發揮舉一隅能知三隅反之道，另提出異於王弼注說，而且合符義理之識見。洵不可據此即詆劉牧「盡刊王文，直用己意代之」或「援輔嗣之意而改其辭」。

　　後世學者，聞先儒之言，倘為成理，本常疊矩重規，加以發揮。稍次者，則或照本宣科，引以為用，猶若李覯援王弼爻注以釋同爻〈小象〉之辭般，其云：

〔註181〕〔三國‧魏〕王弼注，〔唐〕陸德明音義，孔穎達正義：《周易經傳注疏》，卷2，頁53。

〔註182〕按「陰陽相比」一詞，首見於鄭玄注《易緯乾鑿度》云：「……北辰共者，〈否〉䷋貞申，右行，則三陰在西，三陽在北；〈泰〉䷊貞寅，左行，則三陽在東，三陰在南，是則『陰陽相比』，共復〈乾〉䷀、〈坤〉䷁之體也。」〔東漢〕鄭康成注：《易緯乾鑿度》，收入《景印摛藻堂四庫全書薈要‧經部第14冊‧易類》（臺北：世界書局，1988年），總第15冊，卷下，頁516。又按「相比」一詞，則常見於王弼《易》注之中，堪為解《易》之凡例，蓋以陰陽論相比，其謂：「凡陰陽者，相求之物也。近而不相得者，志各有所存也。故凡陰陽二爻，率相比而无應，則近而不相得。」〔三國‧魏〕王弼注，〔唐〕邢璹注，陸德明音義：〈略例下〉，《周易略例》，收入《景印摛藻堂四庫全書薈要‧經部第1冊‧易類》（臺北：世界書局，1988年），總第2冊，頁324。

〈屯䷂・六四〉曰：「乘馬班如，求婚媾，往吉無不利。」謂二雖比初，執正不從，不害己志者也。求與合好，往必見納矣，故象曰：「求而往，明也。」〔註183〕

「貞」者，「正」也。「執貞不從」即「執正不從」。王弼注〈屯卦䷂・六四・小象〉謂之：「見彼之情狀也。」〔註184〕而孔穎達疏稱：「言求初而往婚媾，明識初與二之情狀，知初納己，知二不害己志，是其明矣。」〔註185〕若此李覯即依孔疏、王注之知，而藉王弼〈屯卦䷂・六四〉整段爻注：「二雖比初，執正不從，不害己志者也。求與合好，往必見納矣」之文，轉以闡釋〈小象〉：「求而往，明也」之意。李覯或因心服首肯王弼之述，是以申以為敘。相類於此，劉牧亦有同然之例。李衡於〈大過䷛・九二〉輯錄劉牧釋文如下：

> 大過之時，以陽居陰，拯弱之謂，故陽爻皆以居陰為美。九四有應，則有它吝。九二无應，則无不利。濟衰救厄，惟在同好，則所瞻者褊矣。牧〔註186〕

葉良佩亦載有此則之注，惟內容稍有差異：

> 大過之時，以陽居陰，拯弱之謂，故陽爻皆以居陰為美。九四有應，則有厄吝。九二无應，則无不利。濟衰救危，惟在同好，則所瞻者褊矣。劉牧〔註187〕

二者僅「它」、「厄」；「厄」、「危」；「褊」、「偏」，三字之別，恐皆傳抄之誤。對照王弼之陳：

> ䷛大過者，棟橈之世也，本末皆弱，棟已橈矣。而守其常，則是危而弗扶，凶之道也。以陽居陰，拯弱之義也。故陽爻皆以居陰位為美，濟衰救危，唯在同好，則所瞻褊矣。九四有應，則有它吝，九

〔註183〕〔北宋〕李覯撰：〈易論十三篇・易論第七〉，《旴江集》，收入《景印文淵閣四庫全書・集部34・別集類》，第1095冊，卷3，頁44。

〔註184〕〔三國・魏〕王弼注，〔唐〕陸德明音義，孔穎達正義：《周易經傳注疏》，收入《景印摛藻堂四庫全書薈要・經部第1冊・易類》（臺北：世界書局，1988年），總第2冊，卷2，頁53。

〔註185〕〔三國・魏〕王弼注，〔唐〕陸德明音義，孔穎達正義：《周易經傳注疏》，收入《景印摛藻堂四庫全書薈要・經部第1冊・易類》，總第2冊，卷2，頁53。

〔註186〕〔南宋〕李衡刪增：《周易義海撮要》，收入《景印摛藻堂四庫全書薈要・經部第3冊・易類》（臺北：世界書局，1988年），總第4冊，卷3，頁100。

〔註187〕〔明〕葉良佩輯：《周易義叢》，收入《續修四庫全書・經部・易類》（上海：上海古籍出版社，1995年），第7冊，卷之6，頁224。

二无應則无不利也。〔註188〕

文中整段「以陽居陰，拯弱之『義』也。故陽爻皆以居陰『位』為美，濟衰救
『危』，唯在同好，則所贍褊矣。九四有應，則有它吝，九二无應則无不利也。」
與李、葉二者輯文比較，雖有「義」、「謂」二字之異，李、葉之文少一「位」
字，且末兩段次序前後對調，惟依然清楚可見劉牧，實則采摭王弼之句，以
為九二之注。

　　劉牧此則雖同於上述李覯引用之狀，惟四庫館臣有云：「衡因其義意重
複，文詞冗瑣，刪削而為此書，故名《撮要》。」〔註189〕若此李衡是否可能，
為避作者疊見，而於〈大過☲☴・九二〉，將列於王弼注後之劉牧釋文〔註190〕
前之「王輔嗣云」諸字芟夷，而斷章成為劉牧之言？此合理推測，概由李衡
與葉良佩二者，於〈升卦☷☴・卦辭〉：「升，元亨，用見大人，勿恤，南征吉」
〔註191〕之輯錄注文比較，而看出端倪。

　　李衡衷次王弼注〈升〉卦☷☴卦辭：「巽☴順可以升，陽爻不當尊位，无嚴剛
之正，則未免於憂。『以柔之南，則麗乎大明』也。注」〔註192〕然於王注之後，
未綴劉牧之說；惟葉良佩則有載記：「王輔嗣云：『以柔之南，則麗乎大明』，即
齊乎巽☴，相見乎離☲之義也。劉牧」〔註193〕劉牧以〈說卦傳〉：「齊乎巽☴，
相見乎離☲」〔註194〕，對應王弼注解「南征吉」所釋「以柔之南，則麗乎大明
也」〔註195〕之義，故訓文之前，附有「王輔嗣云」之詞，而李衡於此或為免複
詞出現，惟又不易節刪，故將劉牧之述，全文刈除不錄，抑恐說未定。

〔註188〕〔三國・魏〕王弼著，〔唐〕邢璹注，陸德明音義：〈卦略〉，《周易略例》，
　　　　收入《景印摛藻堂四庫全書薈要・經部第1冊・易類》（臺北：世界書局，
　　　　1988年），總第2冊，頁326。

〔註189〕〔清〕紀昀等著：〈提要〉，《周易義海撮要》，收入《景印摛藻堂四庫全書薈
　　　　要・經部第3冊・易類》（臺北：世界書局，1988年），總第4冊，頁1。

〔註190〕〔南宋〕李衡刪增：《周易義海撮要》，收入《景印摛藻堂四庫全書薈要・經
　　　　部第3冊・易類》，總第4冊，卷3，頁100。

〔註191〕〔三國・魏〕王弼注，〔唐〕陸德明音義，孔穎達正義：《周易經傳注疏》，
　　　　收入《景印摛藻堂四庫全書薈要・經部第1冊・易類》（臺北：世界書局，
　　　　1988年），總第2冊，卷8，頁186。

〔註192〕〔南宋〕李衡刪增：《周易義海撮要》，卷5，頁160。

〔註193〕〔明〕葉良佩輯：《周易義叢》，卷之9，頁349。

〔註194〕〔三國・魏〕王弼注，〔唐〕陸德明音義，孔穎達正義：《周易經傳注疏》，
　　　　卷13，頁300。

〔註195〕〔三國・魏〕王弼注，〔唐〕陸德明音義，孔穎達正義：《周易經傳注疏》，
　　　　卷8，頁186。

縱然〈大過䷛・九二〉之刪削疑慮蓋屬多餘。惟相較劉牧如此同然於李覯〈屯卦䷂・六四〉援引之狀，則「盡刊王文，直用己意代之」，如何確切定義？且又憑甚訾抑「劉牧援引而竄改其辭」？

當今文獻不見陸希聲〈屯卦䷂・六四〉之言，所謂「希聲不出輔嗣藩籬」之說，已不可考。惟劉牧持〈彖〉「相應」以注〈屯卦䷂・六四〉，則與「希聲刪削〈繫〉、〈彖〉、〈象〉」之法舛午，況亦不類王弼循「相比」以詮之見。若此，「牧之注，本沿蹈於希聲」、「盡刊王文，直用己意代之」、「牽合象數，餘援輔嗣之意而改其辭」、「大抵求異先儒，穿鑿破碎」等諸語，於此盡皆曲說太過，猶如胡謅亂道。

第四節　采掇「十翼」，揉和〈卦〉、〈爻〉之義理釋《易》辨證

研審辯析劉牧訓解〈屯〉卦䷂相關注文，猶然掇擷「十翼」〈象傳〉、〈說卦〉之意趣而融合己知以釋；偶有兼采王弼旨要，以協佐己論或另啟創見者，惟皆援引的當，陳敘有次，條暢理順。未有剽綴附會、絲毫象數之攙雜，全然符契人事解《易》之規矩。若此，本節持續就劉牧訓《易》之法，進行探究，期能藉由多項例證之考索，獲致更加嚴明、肯定之評議。

一、〈蒙卦䷃・初六〉爻辭、〈小象〉

> 初六：發蒙，利用刑人，用說桎梏，以往吝。〈象〉曰：利用刑人，
> 以正法也。〔註196〕

李衡於此裒綴劉牧之注文：「〈蒙〉䷃之象，止險。猶人之拘於桎梏也。牧」〔註197〕葉良佩撰次之內容亦全然相垺。〔註198〕

〈蒙卦䷃・象傳〉有言：「〈蒙〉䷃，山下有險，險而止，蒙。」〔註199〕

〔註196〕〔三國・魏〕王弼注，〔唐〕陸德明音義，孔穎達正義：《周易經傳注疏》，收入《景印摛藻堂四庫全書薈要・經部第1冊・易類》（臺北：世界書局，1988年），總第2冊，卷2，頁55。

〔註197〕〔南宋〕李衡刪增：《周易義海撮要》，收入《景印摛藻堂四庫全書薈要・經部第3冊・易類》（臺北：世界書局，1988年），總第4冊，卷1，頁23。

〔註198〕〔明〕葉良佩輯：《周易義叢》，收入《續修四庫全書・經部・易類》（上海：上海古籍出版社，1995年），第7冊，卷之2，頁64。

〔註199〕〔三國・魏〕王弼注，〔唐〕陸德明音義，孔穎達正義：《周易經傳注疏》，

〈蒙〉卦䷃之上卦艮☶，下卦坎☵，〈說卦傳〉云：「艮☶，止也。」〔註200〕「艮☶為山」〔註201〕；「坎☵為水」〔註202〕，〈坎卦☵・彖傳〉謂：「習坎☵，重險也。」〔註203〕是以劉牧即據前述「十翼」諸說，以上卦艮☶，為山、為止；下卦坎☵，為水、為險，而釋山水〈蒙〉卦䷃，為「止險」之象，更稱此卦象，猶如為防止邪惡危險之情事發生，而將惡人以桎梏拘繫之情狀一般。

後於劉牧，且被四庫館臣奉為「儒理易」代表之北宋・程頤（1033～1107），〔註204〕其於〈蒙〉卦䷃卦象，亦有相類「止險」之陳述：

> 為卦艮☶上、坎☵下，艮☶為山、為止，坎☵為水、為險，山下有險，遇險而止，莫知所之，〈蒙〉䷃之象也。〔註205〕

程頤傳注之意，可謂劉牧「〈蒙〉䷃之象，止險」之翻版。而由前列李衡刪節擷采之劉牧〈蒙卦䷃・初六〉說辭研判，可謂全然摘取十翼之趣，以訓解初六之義，即如儒理家之詮《易》，並無象數之摻和。再者，比較王弼箋注之內容：

> 處〈蒙〉䷃之初，二照其上，故蒙發也。蒙發疑明，刑說當也。以往吝，刑不可長。刑人之道，道所惡也。以正法制，故利刑人也。〔註206〕

劉牧詮釋之文字語義，未有相類於王弼之章句片語，故「盡刊王文，直用己意代之」、「牽合象數，餘援輔嗣之意而改其辭」之批評，於此，猶如捕風捉影，毫無根據。

卷2，頁54。

〔註200〕〔三國・魏〕王弼注，〔唐〕陸德明音義，孔穎達正義：《周易經傳注疏》，卷13，頁302。

〔註201〕〔三國・魏〕王弼注，〔唐〕陸德明音義，孔穎達正義：《周易經傳注疏》，卷13，頁304。

〔註202〕〔三國・魏〕王弼注，〔唐〕陸德明音義，孔穎達正義：《周易經傳注疏》，卷13，頁303。

〔註203〕〔三國・魏〕王弼注，〔唐〕陸德明音義，孔穎達正義：《周易經傳注疏》，卷5，頁131。

〔註204〕〔清〕永瑢等撰：〈經部1・易類1〉，《四庫全書總目提要》，收入王雲五主編：《萬有文庫第一集一千種》（上海：商務印書館，1931年），第1冊，卷1，頁2。

〔註205〕〔北宋〕程頤撰：《易程傳》，收入王雲五主編：《叢書集成初編》（上海：商務印書館，1936年據古逸叢書本影印），第394冊，卷1，頁36。

〔註206〕〔三國・魏〕王弼注，〔唐〕陸德明音義，孔穎達正義：《周易經傳注疏》，收入《景印摛藻堂四庫全書薈要・經部第1冊・易類》（臺北：世界書局，1988年），總第2冊，卷2，頁55。

　　且現存文獻不見陸希聲之敘，若然「希聲不出王輔嗣之藩籬」，已無從查考。況劉牧摭「十翼」注《易》之法，本即抵牾「希聲捨〈繫〉、〈彖〉、〈象〉而著以己說」之式，是以「牧之注，本沿蹈於希聲」之貶斥，亦令人不敢恭維與信服。

　　尚且劉牧於〈蒙卦☷☵‧初六〉，堪稱前未見古人，惟或後有來者（如程頤）之訓釋辭章，更已直接否定「劉牧之學，大抵求異先儒，穿鑿破碎」之訾訾。

　　是以就現存注文分析，誠可肯定劉牧純然以〈彖〉、〈象〉、〈說卦〉之旨，釋解〈蒙☷☵‧初六〉之爻辭，可謂精覈明確，議論有理，概成一家之言。

二、〈恒卦☳☴‧大象〉之辭

　　〈象〉曰：雷風，〈恒〉☳☴；君子以立不易方。〔註207〕
李衡裒錄劉牧注文：「立人之道曰仁與義，不改仁義之道。牧」〔註208〕葉良佩亦纂次與李衡同然一番之內容。〔註209〕劉牧此述，則援引《說卦傳》：

　　昔者聖人之作《易》也，將以順性命之理，是以立天之道，曰陰
　　與陽，立地之道，曰柔與剛，立人之道，曰仁與義。兼三才而兩
　　之，故《易》六畫而成卦；分陰分陽，迭用柔剛，故《易》六位而
　　成章。〔註210〕

藉其中所云「立人之道，曰仁與義」之句，以詮解〈恒卦☳☴‧大象〉之蘊。劉牧稱君子所立處事為人之道，即「仁與義」，且「仁與義」之理，亦為君子尊奉不易之立身修養準繩。

　　對照王弼之注：「長陽長陰，合而相與，可久之道也。得其所久，故不易也。」〔註211〕其以〈恒〉卦☳☴之上卦震☳，為長陽，即〈說卦傳〉所載「為

〔註207〕〔三國‧魏〕王弼注，〔唐〕陸德明音義，孔穎達正義：《周易經傳注疏》，收入《景印摛藻堂四庫全書薈要‧經部第1冊‧易類》，總第2冊，卷6，頁146。

〔註208〕〔南宋〕李衡刪增：《周易義海撮要》，收入《景印摛藻堂四庫全書薈要‧經部第3冊‧易類》（臺北：世界書局，1988年），總第4冊，卷4，頁113。

〔註209〕〔明〕葉良佩輯：《周易義叢》，收入《續修四庫全書‧經部‧易類》（上海：上海古籍出版社，1995年），第7冊，卷之7，頁251。

〔註210〕〔三國‧魏〕王弼注，〔唐〕陸德明音義，孔穎達正義：《周易經傳注疏》，卷13，頁299。

〔註211〕〔三國‧魏〕王弼注，〔唐〕陸德明音義，孔穎達正義：《周易經傳注疏》，收入《景印摛藻堂四庫全書薈要‧經部第1冊‧易類》（臺北：世界書局，1988年），總第2冊，卷6，頁146。

長子」〔註212〕；下卦巽☴，為長陰、即〈說卦傳〉所記「為長女」〔註213〕，並依〈繫傳〉所言：「一陰一陽之謂道」，〔註214〕而喻以男、女之結合，可成為歷久不易之道。

王弼雖亦以〈說卦傳〉、〈繫辭傳〉作為〈恒卦☶・大象〉釋解之根基，惟以震☳、巽☴小成之卦象，配合〈繫辭〉之旨趣，以成注《易》之要，則與劉牧循〈說卦〉「三才人道」所作之詮釋，二者文句、方法可謂南轅北轍，全然不同。

惟陸希聲之說，文獻未存，故而「希聲不出輔嗣藩籬」之敘，則不可考。然「希聲刪捨『十翼』，作傳著以己說」之論，倘若為真，則與王弼此注之式範不類，亦與劉牧之類相悖。若然，「牧之注，本沿蹈於希聲」、「（劉牧）盡刊王文，直用己意代之」、「牧又注《易》新意，牽合象數，其餘援輔嗣之意而改其辭」云云，於此，盡皆抵忤，咸屬無中生有，憑空捏造。

況劉牧此則注解，未見前有和其同識者，是以「劉牧之學，大抵求異先儒，穿鑿破碎」之誹語，更如天馬行空，猶如一派輕言，不足採信。

三、〈兌卦☱・彖傳〉

〈彖〉曰：〈兌〉☱，說也。剛中而柔外，說以利貞，是以順乎天而應乎人，說以先民，民忘其勞，說以犯難，民忘其死，說之大，民勸矣哉。〔註215〕

李衡纂錄劉牧之注文如下：

天之所助者，順也；人之所助者，信也。柔外為順，剛中為信，故得順乎天而應乎人。牧〔註216〕

〔註212〕〔三國・魏〕王弼注，〔唐〕陸德明音義，孔穎達正義：《周易經傳注疏》，收入《景印摛藻堂四庫全書薈要・經部第1冊・易類》，總第2冊，卷13，頁303。

〔註213〕〔三國・魏〕王弼注，〔唐〕陸德明音義，孔穎達正義：《周易經傳注疏》，收入《景印摛藻堂四庫全書薈要・經部第1冊・易類》，總第2冊，卷13，頁303。

〔註214〕〔三國・魏〕王弼注，〔唐〕陸德明音義，孔穎達正義：《周易經傳注疏》，收入《景印摛藻堂四庫全書薈要・經部第1冊・易類》，總第2冊，卷11，頁254。

〔註215〕〔三國・魏〕王弼注，〔唐〕陸德明音義，孔穎達正義：《周易經傳注疏》，收入《景印摛藻堂四庫全書薈要・經部第1冊・易類》，總第2冊，卷10，頁227。

〔註216〕〔南宋〕李衡刪增：《周易義海撮要》，收入《景印摛藻堂四庫全書薈要・經部第3冊・易類》（臺北：世界書局，1988年），總第4冊，卷6，頁213。

葉良佩裒輯之內容，則與李衡所載一模一樣，一字不差。〔註217〕蓋由劉牧之述可知，其乃擷取〈繫辭〉所記，孔子闡述〈大有☲☰·上九〉之釋文：「天之所助者，順也；人之所助者，信也」〔註218〕之詞句，以訓解〈兌卦☱☱·彖傳〉「剛中而柔外」、「順乎天而應乎人」之意趣。

王弼於〈兌卦☱☱·彖傳〉之闡述，則為：

> 說而違剛則諂，剛而違說則暴。剛中而柔外，所以說以利貞也。剛
> 中，故利貞，柔外，故說亨。〔註219〕

比較王弼與劉牧二者之陳，彼此字裡行間，毫無近似或雷同之處。且劉牧以孔子之言為其詮註之依據，是以沈起元即認為劉牧此注，契合孔夫子「十翼」義旨，而將之輯入其著：

> 劉長民曰：天之所助者，順；人之所助者，信。柔外為順，剛中為
> 信，故得順乎天而應乎人。〔註220〕

清·程廷祚（1691～1767）則視劉牧此敘，契合：「一言之有當，而可資以發明，亦所錄也」〔註221〕之範，故而納入「餘論」科目：

> 餘論　劉氏長民曰：天之所助者，順也；人之所助者，信也。柔外
> 為順，剛中為信，故得順乎天而應乎人。〔註222〕

程廷祚評判劉牧此則訓釋，乃屬創見允當，未超乎經義之旨。若此，「盡刊王文、直用己意代之」、「牧又注《易》新意，牽合象數，其餘援輔嗣之意而改其辭」之指稱，於此是否尤須重新釐比審考？

且文獻雖未見陸希聲之語，惟「希聲刪削〈繫〉、〈彖〉、〈象〉而作傳著說」之法，業與劉牧采摘〈繫辭〉所錄夫子之言解《易》之式，全然相違。故

〔註217〕〔明〕葉良佩輯：《周易義叢》，收入《續修四庫全書·經部·易類》（上海：上海古籍出版社，1995 年），第 7 冊，卷之 11，頁 441。

〔註218〕〔三國·魏〕王弼注，〔唐〕陸德明音義，孔穎達正義：《周易經傳注疏》，卷 11，頁 269。

〔註219〕〔三國·魏〕王弼注，〔唐〕陸德明音義，孔穎達正義：《周易經傳注疏》，卷 10，頁 227。

〔註220〕〔清〕沈起元撰：〈下經〉，《周易孔義集說》，收入《景印文淵閣四庫全書·經部 44·易類》（臺北：臺灣商務印書館，1983 年），第 50 冊，卷 15，頁 345。

〔註221〕〔清〕程廷祚撰：〈論以六條編書·四曰餘論〉，《大易擇言》，收入《景印文淵閣四庫全書·經部 47·易類》（臺北：臺灣商務印書館，1983 年），第 52 冊，頁 456。

〔註222〕〔清〕程廷祚撰：《大易擇言》，卷 30，頁 898。

「牧之注，本沿蹈於希聲」之語，洵然已無可成立。

　　況歷代先儒於此之注，未有與劉牧釋文近似或同然者。若此「劉牧之學，大抵求異先儒，穿鑿破碎」之詆斥，或然已犯枳句來巢，道聽塗說之病矣。

　　劉牧此注，純以孔子義理演繹，與諸家詮解不類，堪為自成一家之聞。然因條理精絜，議論清晰，清‧強汝諤（？），即將之剽綴而成己說，致使不明者，誤以為乃強氏自創之識；其全文云：

> 剛中柔外，內誠實而外和順，說道之貞也。天之所助者，順也；
> 人之所助者，信也。柔外為順，剛中為信，故得順乎天而應乎人
> 也。〔註223〕

倘以旁見側出之思維，評究強氏之行為，則劉牧《新注周易》之學，誠然或已悄悄對後代義理《易》學，形成某些程度之影響，故有學者不忌抄襲之嫌而擷摘援用。

四、〈豐卦䷶‧上六〉爻辭、〈小象〉

> 上六：豐其屋，蔀其家，闚其戶，闃其无人，三歲不覿，凶。〈象〉
> 曰：豐其屋，天際翔也。闚其戶，闃其无人，自藏也。〔註224〕

李衡於此輯錄劉牧之注文：

> 「飛鳥遺之音」，謂宜下而反上。〈豐〉䷶之志，皆欲顯其居。今空
> 其內而无所託，故愧于時而反自藏也。牧〔註225〕

葉良佩撰次內容，僅於「无所『託』」句之「託」字，以「托」表示，〔註226〕惟二者字義相同，若此，則全然無異。

　　劉牧藉〈小過䷽‧卦辭〉：「飛鳥遺之音，不宜上，宜下，大吉」〔註227〕之旨，以釋〈豐卦䷶‧上六‧小象〉而云：「心志不知守謙而反上欲顯，然今

〔註223〕〔清〕強汝諤撰：《周易集義》，收入《續修四庫全書‧經部‧易類》（上海：
　　　　上海古籍出版社，1995年），第39冊，卷6，頁342。
〔註224〕〔三國‧魏〕王弼注，〔唐〕陸德明音義，孔穎達正義：《周易經傳注疏》，
　　　　收入《景印摛藻堂四庫全書薈要‧經部第1冊‧易類》（臺北：世界書局，
　　　　1988年），總第2冊，卷9，頁217。
〔註225〕〔南宋〕李衡刪增：《周易義海撮要》，收入《景印摛藻堂四庫全書薈要‧經
　　　　部第3冊‧易類》（臺北：世界書局，1988年），總第4冊，卷6，頁205。
〔註226〕〔明〕葉良佩輯：《周易義叢》，收入《續修四庫全書‧經部‧易類》（上海：
　　　　上海古籍出版社，1995年），第7冊，卷之11，頁425。
〔註227〕〔三國‧魏〕王弼注，〔唐〕陸德明音義，孔穎達正義：《周易經傳注疏》，
　　　　卷10，頁235。

虛有其表，內無所憑，以致羞慚於時，反自隱藏之義。」對照王弼〈豐卦☷·上六·小象〉之注：

> 翳光最甚者也。可以出而不出，自藏之謂也，非有為而藏。不出戶庭，失時致凶，況自藏乎？凶其宜也。〔註228〕

劉牧以不知「謙受益，滿招損」之理而終致羞愧自隱之譬，與王弼所言「可以出而不出，非有為而自藏致凶」之喻，可謂旨趣全然相悖。彼此字裡行間，未見文詞語句相類之處，且劉牧釋文亦毫無象數之跡。若然，指斥劉牧「盡刊王文，直用己意代之」、「注《易》新意，牽合象數，其餘援輔嗣之意而改其辭」、「益以茫昧荒虛，不可究之象數」等諸誹，於此蓋皆無法獲得印證。

李衡於劉牧注文之前，已連結裒錄一則標註作者為「陸」氏之詮註：

> 屋於室為外，家於國為私。上六窮於極大，行失其中，但豐於其外，蔀「其」所私。窮大者，必失其居，削國以益家，天人所不祐。本欲豐屋蔀家，反窺戶无人，天人之際，詳矣。陸〔註229〕

葉良佩亦編輯收錄該文：

> 屋於室為外，家於國為私。上六窮於極大，行失其中，但豐於其外，蔀「於」所私。窮大者，必失其居，削國以益家，天人所不祐。本欲豐屋蔀家，反窺戶「而」无人，天人之際，「嚴且」詳矣。陸希聲〔註230〕

與李衡所記，雖有標註「」字詞之差異，惟整段語義不受影響，彼此同然一般並無差別；且葉良佩於文末，明示作者為「陸希聲」。然馮椅引錄此則，卻無書繕作者之名，遂以「陸氏」稱之，且於同條之末加註案語，亦以「陸氏」稱之，其云：

> 「陸氏曰」：屋於室為外，家於國為私。此爻窮於極大，行失其中，但豐於其外，蔀其所私，削國以益家，反闔戶无人。……案此大臣之營私自殖者。闔其无人，「陸氏」以為家空人亡也。〔註231〕

〔註228〕〔三國·魏〕王弼注，〔唐〕陸德明音義，孔穎達正義：《周易經傳注疏》，卷9，頁217。

〔註229〕〔南宋〕李衡刪增：《周易義海撮要》，收入《景印摛藻堂四庫全書薈要·經部第3冊·易類》（臺北：世界書局，1988年），總第4冊，卷6，頁205。

〔註230〕〔明〕葉良佩輯：《周易義叢》，收入《續修四庫全書·經部·易類》（上海：上海古籍出版社，1995年），第7冊，卷之11，頁425。

〔註231〕〔南宋〕馮椅撰：〈易輯傳第二十四〉，《厚齋易學》，收入《景印文淵閣四庫全書·經部10·易類》（臺北：臺灣商務印書館，1983年），第16冊，卷28，

起首「陸氏曰」，與馮椅凡是引用「陸希聲」之說者，皆以「陸希聲曰」〔註232〕載記之章法有別。考諸《厚齋易學》，計有四則以「陸氏曰」揭示，此為其一；更且僅祇一處，單以「陸氏」二字表示者，同在此例。另三則及唯一以「陸氏『云』」顯示之引文如下：

（一）〈小畜〉☲☰：「九三：車說輹，夫妻反目。贊曰：夫妻反目不能正室也。『陸氏曰』：三成車，二為輹居中，三往趣上，二下牽初，說輹之象。」〔註233〕

（二）〈臨〉☷☱：「六四：至臨，无咎。贊曰：位當也。『陸氏曰』：待賢不忌，體柔居正，德之至也。」〔註234〕

（三）〈豐〉☳☲：「豐其沛，不可大事也，折其右肱，終不可用也。豐其沛，九三象。……『陸氏曰』：使不得，終竟用事，則固无咎矣。『用』字，韻未詳。」〔註235〕

（四）「以言者尚其辭，以動者尚其變，以制器者尚其象，以卜筮者尚其占。『以』，用也，猶〈大象〉『君子以』之『以』。『陸氏云』：下三句无『以』字，一本皆有。」〔註236〕

若此，馮椅以「陸氏」一詞，標示為注文之作者，總計有六處。其中馮椅於第（二）例〈臨卦☷☱・六四〉前之〈臨卦☷☱・象傳〉：「至于八月有凶，贊曰：消不久也」〔註237〕條，尚援有：

「陸希聲曰」：陽息於子為〈復〉☷☳、為〈臨〉☷☱，消於〈姤〉☰☴，至〈遯〉☰☶，凡歷〔註238〕八月有凶，言有而未至也。又曰：〈臨〉卦☷☱下兌☱，故曰八月；〈復〉卦☷☳下震☳，故曰七日，自然之數也。〔註239〕

頁531。

〔註232〕按《厚齋易學》標注「陸希聲曰」之引文，概計有三十五條。

〔註233〕〔南宋〕馮椅撰：〈易輯傳第五〉，《厚齋易學》，卷9，頁170〜171。

〔註234〕〔南宋〕馮椅撰：〈易輯傳第九〉，《厚齋易學》，卷13，頁246。

〔註235〕〔南宋〕馮椅撰：〈易外傳第十・象下贊〉，《厚齋易學》，卷42，頁676〜677。

〔註236〕〔南宋〕馮椅撰：〈易外傳第十二・說卦上二・第八章〉，《厚齋易學》，收入《景印文淵閣四庫全書・經部10・易類》（臺北：臺灣商務印書館，1983年），第16冊，卷44，頁714。

〔註237〕〔南宋〕馮椅撰：〈易輯傳第九〉，《厚齋易學》，卷13，頁242。

〔註238〕按原文書寫「歴」字，為「歷」之異體字。

〔註239〕〔南宋〕馮椅撰：〈易輯傳第九〉，《厚齋易學》，卷13，頁242。

同於一卦之中，分別前以「陸希聲」，後以「陸氏」纂次不同之釋文。而〈豐〉䷶「九三：豐其沛，日中見沫，折其右肱，无咎。贊曰：豐其沛，不可大事也，折其右肱，終不可用也」〔註240〕條，馮椅尚輯有一則：「『陸希聲曰』：斗，象大臣；沫，以象家臣。」〔註241〕雖與上述第A（三）A例，載錄所在之卷數不同，惟皆俱為〈豐卦䷶·九三〉之引用。〈小象〉以「陸氏」標記，爻辭則以「陸希聲」註名。

再考上述第（一）例〈小畜䷈·九三〉，於同卦〔註242〕乃至同卷〔註243〕之間，審覽其前、後，咸無「陸希聲曰」之輯文出現，僅此標註「陸氏曰」之注文。且第（四）例之「陸氏云」，亦猶然如是。〔註244〕若然，綜上研判，可看出馮椅裒掇之「陸氏」，顯非「陸希聲」之省文，是以馮椅所稱引之「陸氏」恐非即指「陸希聲」而言。惟朱震有云：

輔嗣曰：「菩」，覆曖，鄣光明之物。又《略例》曰：大闇之謂「菩」。

鄭康成作「苦」，云「小席也」。陸希聲曰：「茂盛周匝之義也。」

〔註245〕

依朱震所述陸希聲訓「菩」為「茂盛周匝」，則與馮椅於〈豐卦䷶·上六·小象〉摘引「陸氏曰：……豐於其外，『菩』其所私，削國以益家」之「菩」義相近。若此該「陸氏」，或又疑似有「陸希聲」之可能。然朱震載錄，欠缺全文比對，誠然無法單憑一句語詞，而認定「陸氏」即為「陸希聲」。

馮椅於〈豐卦䷶·上六·小象〉擷采之「陸氏」注文，是否為「陸希聲」之釋，洵然具有爭議。惟黃奭卻視《撮要》標記「陸」字之輯文作者為陸希聲，逐而芟夷「上六窮於極大，行失其中，但豐於其外，菩其所私」句，餘則蒐入〈陸希聲易傳〉。〔註246〕黃以周亦如黃奭，而以「陸邆叟」之名，登入其

〔註240〕〔南宋〕馮椅撰：〈易輯傳第二十四〉，《厚齋易學》，卷28，頁528。

〔註241〕〔南宋〕馮椅撰：〈易輯傳第二十四〉，《厚齋易學》，卷28，頁528。

〔註242〕〔南宋〕馮椅撰：〈易輯傳第五·〈小畜〉䷈〉，《厚齋易學》，卷9，頁166～175。

〔註243〕〔南宋〕馮椅撰：〈易輯傳第五〉，《厚齋易學》，卷9，頁166～183。

〔註244〕〔南宋〕馮椅撰：〈易外傳第十二·說卦上二〉，《厚齋易學》，卷44，頁705～729。

〔註245〕〔南宋〕朱震撰：〈叢說〉，《漢上易傳》，收入《景印摛藻堂四庫全書薈要·經部第2冊·易類》（臺北：世界書局，1988年），總第3冊，頁857。

〔註246〕〔清〕黃奭輯：〈陸希聲易傳〉，《黃氏逸書考》，收入《續修四庫全書·子部·雜家類》（上海：上海古籍出版社，1995年），第1206冊，頁645。

文，內容幾同於《撮要》。〔註247〕惟馮椅於此則案語所稱：「陸氏以為『家空人亡』也」一詞，則未被雙黃收錄，亦不見於他處文獻。僅南宋‧李光（1078～1159）於其《讀易詳說》援引對比史事嘗曰：「陸氏以為家空人亡，如漢‧梁冀之徒是也已。」〔註248〕然黃忠天以為：

> 考諸明‧姚士粦所輯吳‧陸績《陸氏易解》之殘卷，亦未載有上述之文。其二：《宋史‧藝文志》著錄有陸希聲之《易傳》，而無陸績之《易注》，足見陸績《易注》至宋應已亡佚，李光恐無緣以見其《易注》也。其三：今所見之陸績《陸氏易解》殘本，未見引史證《易》之例……因此《詳說》所謂陸氏者，應即指陸希聲無疑。〔註249〕

黃氏學識淵博，貫古通今，素為學界所敬仰，亦為筆者所尊崇且誠然無意犯諱者。惟此處之言，恐有商榷之處。今審李衡於〈師〉卦䷆卦辭「師貞，丈人吉，无咎。」〔註250〕即載有一例陸績史事注《易》之文：「漢高、光武應此義。陸績」〔註251〕葉良佩同然剽摘此注，雖少一「武」字，然全文則略為詳盡：「師道之正，唯屬任丈人則吉且无咎。漢高、光應此義。陸績」〔註252〕

李衡另於〈既濟䷾〉「九五：東鄰殺牛，不如西鄰之禴祭，實受其福。〈象〉曰：東鄰殺牛，不如西鄰之時也，實受其福，吉大來也」〔註253〕處，載錄一則「陸氏」注文：

> 祭得時為敬，失時為怠。東者，陽位，君道也。「西」，陰位，臣道也。君失時而用豐，不如臣得時而用薄，其德可見也。其文王與紂

〔註247〕按與李衡所輯僅「詳」、「祥」二字之差，餘皆一般。〔清〕黃以周撰：《十翼後錄》，收入《續修四庫全書‧經部‧易類》（上海：上海古籍出版社，1995年），第37冊，卷14，頁265。

〔註248〕〔南宋〕李光撰：《讀易詳說》，收入《景印文淵閣四庫全書‧經部4‧易類》（臺北：臺灣商務印書館，1983年），第10冊，卷9，頁432。

〔註249〕黃忠天撰：《宋代史事易學研究》（高雄：高雄師範大學國文研究所博士論文，1995年），頁75。

〔註250〕〔三國‧魏〕王弼注，〔唐〕陸德明音義，孔穎達正義：《周易經傳注疏》，收入《景印摛藻堂四庫全書薈要‧經部第1冊‧易類》（臺北：世界書局，1988年），總第2冊，卷3，頁67。

〔註251〕〔南宋〕李衡刪增：《周易義海撮要》，收入《景印摛藻堂四庫全書薈要‧經部第3冊‧易類》（臺北：世界書局，1988年），總第4冊，卷1，頁29。

〔註252〕〔明〕葉良佩輯：《周易義叢》，收入《續修四庫全書‧經部‧易類》（上海：上海古籍出版社，1995年），第7冊，卷之3，頁83。

〔註253〕〔三國‧魏〕王弼注，〔唐〕陸德明音義，孔穎達正義：《周易經傳注疏》，卷10，頁240。

之事乎？君臣不可相擬議，故以鄰國而言之，所謂曲而中，肆而隱
也。祭而得時，「明神」所饗，吉大來也。陸〔註254〕

葉良佩刊載此文，僅有「西」字，書「西者」；「明神」記「神明」之差異，惟
整段語義毫無區別，且葉良佩標註作者為「陸績」。〔註255〕然黃奭又據《撮
要》所記之「陸」字，而一字不誤，全然輯入《陸希聲易傳》，〔註256〕若此情
狀，儼然已造成訛混錯植之誤，惟此淆亂，實拜李衡刪增《義海》，僅以「陸」
字標示所賜。

　　綜合省校，誠然可證陸績，尚有以史解《易》之注文存世，而《撮要》所
稱「陸氏」，亦非專指陸希聲而言。且對比前述馮椅「陸氏」之核驗，黃忠天
所云：「《詳說》所謂陸氏者，應即指陸希聲無疑」之語，或當重新思考。

　　設若〈豐卦䷶・上六〉，李衡、馮椅，標註「陸氏」之輯文作者，果為「陸
希聲」，若然，依而觀其陳敘語義，非但不與王弼之注相類，更甭論與劉牧援
引〈小過〉䷽卦辭詮釋之法相比，是以「希聲不出輔嗣之藩籬」、「牧之注，本
沿蹈於希聲」之訾議，已然不攻自破。

　　且文獻未見前人雷同之說，可謂劉牧自成一家之識，若此詆訐「劉牧之
學，大抵求異先儒，穿鑿破碎」之誹言，亦不能尋繹合理之解答，反落於空話
無憑之誣妄。

五、〈巽卦䷸・彖傳〉

　　〈彖〉曰：重巽☴以申命。剛巽乎中正而志行，柔皆順乎剛，是以
小亨。利有攸往，利見大人。〔註257〕

李衡於此撰輯劉牧之注文：

　　〈蠱〉䷑所以得元亨者，以其巽而能止也。〈巽〉䷸所以惟小亨者，
以其巽而无所止也。且夫巽過而欲齊之，必至于用刑。故〈蠱〉䷑

〔註254〕〔南宋〕李衡刪增：《周易義海撮要》，收入《景印摛藻堂四庫全書薈要・經
　　　　部第3冊・易類》，總第4冊，卷6，頁235。

〔註255〕〔明〕葉良佩輯：《周易義叢》，收入《續修四庫全書・經部・易類》（上海：
　　　　上海古籍出版社，1995年），第7冊，卷之12，頁481。

〔註256〕〔清〕黃奭輯：〈陸希聲易傳〉，《黃氏逸書考》，收入《續修四庫全書・子部・
　　　　雜家類》（上海：上海古籍出版社，1995年），第1206冊，頁650。

〔註257〕〔三國・魏〕王弼注，〔唐〕陸德明音義，孔穎達正義：《周易經傳注疏》，
　　　　收入《景印摛藻堂四庫全書薈要・經部第1冊・易類》（臺北：世界書局，
　　　　1988年），總第2冊，卷9，頁220。

言:「先甲三日」,〈巽〉☴言:「先庚三日」。甲,主仁;庚,主刑也。

夫齊之以刑,不若導之以德,故〈蠱〉☶為元亨,〈巽〉☴為小亨。

牧〔註258〕

葉良佩裒錄之內容,除「『不若』導之以德」,記為「『必首』導之以德」之差異,餘皆相同,整段文義大致一般,無有區別。〔註259〕

〈蠱〉卦☶卦辭:「〈蠱〉☶,元亨,利涉大川。先甲三日,後甲三日。」〔註260〕其〈彖〉則曰:「巽而止。」〔註261〕〈蠱〉卦☶上卦卦體為艮☶,〈說卦傳〉有云:「艮☶以止之」〔註262〕、「艮☶,止也」〔註263〕,下卦卦體為巽☴,若此劉牧即稱「〈蠱〉卦☶之所以能得『元亨』,乃因巽☴而能得艮☶止之故。惟〈巽〉卦☴何以僅為『小亨』,則因上、下卦體皆巽☴,無艮☶能使巽☴止所致。」

劉牧藉〈蠱〉卦☶、〈巽〉卦☴彼此上、下卦體,有無艮卦☶之別,以詮二者卦辭「元亨」、「小亨」之異。劉牧再以〈蠱〉卦☶卦辭「先甲三日」和〈巽☴·九五〉爻辭「先庚三日」〔註264〕,二者「甲」、「庚」之義,進一步解釋,何以一為「元亨」、一為「小亨」之分。

《淮南鴻烈解》有載:「東方,木也。……其日,甲、乙。……西方,金也。……其日,庚、辛。」〔註265〕《易緯乾鑿度》則錄:「〈震〉☳東方之卦也。……故東方為仁,……,〈兌〉☱,西方之卦也。……故西方為義。」〔註266〕東漢·張

〔註258〕〔南宋〕李衡刪增:《周易義海撮要》,卷6,頁209。

〔註259〕〔明〕葉良佩輯:《周易義叢》,收入《續修四庫全書·經部·易類》(上海:上海古籍出版社,1995年),第7冊,卷之11,頁434。

〔註260〕〔三國·魏〕王弼注,〔唐〕陸德明音義,孔穎達正義:《周易經傳注疏》,卷4,頁100。

〔註261〕〔三國·魏〕王弼注,〔唐〕陸德明音義,孔穎達正義:《周易經傳注疏》,卷4,頁100。

〔註262〕〔三國·魏〕王弼注,〔唐〕陸德明音義,孔穎達正義:《周易經傳注疏》,卷13,頁300。

〔註263〕〔三國·魏〕王弼注,〔唐〕陸德明音義,孔穎達正義:《周易經傳注疏》,卷13,頁302。

〔註264〕〔三國·魏〕王弼注,〔唐〕陸德明音義,孔穎達正義:《周易經傳注疏》,卷9,頁221。

〔註265〕〔西漢〕劉安撰,〔東漢〕高誘注:〈天文訓〉,《淮南鴻烈解》,收入《景印摛藻堂四庫全書薈要·子部第32冊·雜家類》(臺北:世界書局,1988年),總第277冊,卷3,頁29~30。

〔註266〕〔東漢〕鄭康成注:《易緯乾鑿度》,收入《景印摛藻堂四庫全書薈要·經

晏（？）即謂：「木為仁，仁者生……。金為義，義者成。」〔註267〕是以劉牧訓〈蠱〉卦☶卦辭：「先甲三日」之「甲」，主仁。

　　然虞翻於〈蒙卦☶・初六〉注曰：「發蒙之正以成兌☱，兌☱為刑人。」〔註268〕〈蒙〉卦☶下卦為坎☵，初六爻變陽為正、得位而成兌☱，虞翻指「兌☱為刑人」。又注〈豫卦☳・象傳〉：「動初至四，兌☱為刑，至坎☵為罰。」〔註269〕初爻動至四爻，〈豫〉卦☳變成〈泰〉卦☷，〈泰〉卦☷下互即兌☱，虞翻云「兌☱為刑」。兌☱者，方位西方，五行屬金，對應天干為庚、辛，若此劉牧即採虞翻之敘，而釋〈巽卦☴・九五〉爻辭「先庚三日」之「庚」主刑。

　　劉牧以〈巽〉卦☴無止，故謂「巽過而欲齊之，必至于用刑」。然若沿孔子所陳：「道之以政，齊之以刑，民免而無恥；道之以德，齊之以禮，有恥且格」〔註270〕之旨，劉牧則以為「齊之以刑」，終究「不若導之以德」。惟春秋・有若（？）曾述：「孝弟也者，其為仁之本與！」〔註271〕孔子且言：「夫孝，德之本也」〔註272〕，北宋・邢昺（932～1010）疏曰：「舉其大者而言，故但云孝；德則行之總名，故變『仁』言『德』也。」〔註273〕其諦猶如清・李光

　　　　　部第 14 冊・易類》（臺北：世界書局，1988 年），總第 15 冊，卷上，頁 501。

〔註267〕〔東漢〕班固撰，〔唐〕顏師古注：〈魏相丙吉傳第四十四〉，《前漢書》，收入《景印摛藻堂四庫全書薈要・史部第 6 冊・正史類》（臺北：世界書局，1988 年），總第 92 冊，卷 74，頁 117。

〔註268〕〔唐〕李鼎祚撰：《周易集解》，收入《景印文淵閣四庫全書・經部 1・易類》（臺北：臺灣商務印書館，1983 年），第 7 冊，卷 2，頁 636。

〔註269〕〔唐〕李鼎祚撰：《周易集解》，收入《景印文淵閣四庫全書・經部 1・易類》第 7 冊，卷 4，頁 671。

〔註270〕〔三國・魏〕何晏注，〔唐〕陸德明音義，〔北宋〕邢昺正義：〈為政第二〉，《論語注疏》，收入《景印摛藻堂四庫全書薈要・經部第 69 冊・論語類》（臺北：世界書局，1988 年），總第 70 冊，卷 2，頁 17。

〔註271〕〔三國・魏〕何晏注，〔唐〕陸德明音義，〔北宋〕邢昺正義：〈學而第一〉，《論語注疏》，收入《景印摛藻堂四庫全書薈要・經部第 69 冊・論語類》（臺北：世界書局，1988 年），總第 70 冊，卷 1，頁 10。

〔註272〕〔唐〕明皇御注，陸德明音義，〔北宋〕邢昺正義：〈開宗明義章第一〉，《孝經注疏》，收入《景印摛藻堂四庫全書薈要・經部第 67 冊・孝經類》（臺北：世界書局，1988 年），總第 68 冊，卷 1，頁 46。

〔註273〕〔唐〕明皇御注，陸德明音義，〔北宋〕邢昺正義：〈開宗明義章第一〉，《孝經注疏》，收入《景印摛藻堂四庫全書薈要・經部第 67 冊・孝經類》，總第 68 冊，卷 1，頁 40。

地（1642～1718）所語：「仁即德也」〔註274〕之義。

如此，「導之以德」，即為「導之以仁」。劉牧方語〈蠱〉卦卦辭「先甲三日」，因甲主仁而成「元亨」，〈巽卦・九五〉爻辭「先庚三日」，因庚主刑，卦辭則為「小亨」之別。

劉牧采〈蠱〉卦卦辭之「元亨」、〈彖傳〉「巽而止」之述，結合五行、五常〔註275〕之學及漢儒詮釋之論，依循孔子儒學之要，而解〈巽〉卦卦辭「小亨」之由，堪稱言簡意賅，深入淺出，一目了然，全然合契人事義理之宗。惟比較王弼〈巽〉卦卦辭「小亨」之注：

> 全以巽為德，是以小亨也。上下皆巽，不違其令，命乃行也。
> 故申命行事之時，上下不可以不巽也。〔註276〕

則劉、王二者之文詞，語意，未見絲毫相類之處。再觀王弼於〈巽卦・九五〉訓「先庚三日、後庚三日」之言：

> 申命令謂之庚。夫以正齊物，不可卒也；民迷固久，直不可肆也，
> 故先申三日，令著之後，復申三日，然後誅而无咎怨矣。甲、庚，
> 皆申命之謂也。〔註277〕

省文中所述可知，王弼釋〈蠱〉卦「先甲三日，後甲三日」之「甲」，同〈巽卦・九五〉之「庚」，皆作「申命」之註。若然，由此斷然可判，劉牧「盡刊王文，直用己意代之」、「注《易》新意，牽合象數，其餘援輔嗣之意而改其辭」之說，已然無法令人服信。又對比李衡輯錄陸氏〈巽卦・九五〉之傳：

> 甲、庚者，皆申命令之謂。甲者，德政也。〈蠱〉以四德創制，〈彖〉

〔註274〕〔清〕李光地撰：〈初夏錄一・仁智篇〉，《榕村集》，收入《景印文淵閣四庫全書・集部263・別集類》（臺北：臺灣商務印書館，1985年），第1324冊，卷6，頁610。

〔註275〕按唐・李鼎祚（？）云：「夫在天成象者，〈乾〉，元、亨、利、貞也，言天運四時，以生成萬物。在地成形者，仁、義、禮、智、信也，言君法五常，以教化於人。……仁，主春，生東方木也。……義主秋，成西方金也。」〔唐〕李鼎祚撰：《周易集解》，收入《景印文淵閣四庫全書・經部1・易類》（臺北：臺灣商務印書館，1983年），第7冊，卷1，頁613。

〔註276〕〔三國・魏〕王弼注，〔唐〕陸德明音義，孔穎達正義：《周易經傳注疏》，收入《景印摛藻堂四庫全書薈要・經部第1冊・易類》（臺北：世界書局，1988年），總第2冊，卷9，頁220。

〔註277〕〔三國・魏〕王弼注，〔唐〕陸德明音義，孔穎達正義：《周易經傳注疏》，收入《景印摛藻堂四庫全書薈要・經部第1冊・易類》，總第2冊，卷9，頁222。

言其正。曰：「先甲、後甲」，以原始要終也。庚者，刑政也。〈巽〉

☴，以小亨，申命，故爻言其變，曰：「先庚、後庚」，所以信而審

之也。甲、出也，庚、更也。以庚變甲，天之道也。先、後三日，

使知其意，審其令也。陸〔註278〕

葉良佩亦撰輯此則釋文，標記作者為「陸希聲」。內容僅在「〈象〉言其正」
句末，多一「者」字；「曰：先甲、後甲」句，少「曰」字，整段詞義可謂一
般。〔註279〕

　　陸希聲訓「甲」、「庚」，同然於王弼，皆解為「申命令」之義。然二者之
釋，或皆沿自東漢・鄭眾（？）之述而來。北宋・吳祕（？）於注《法言》，
嘗引鄭眾之言：

祕曰：《周禮》縣治象之法于象魏，使萬民觀治象挾日而斂之。鄭司

農云：從甲至癸，謂之挾日，凡十日，是以《易》稱先甲三日，先

庚三日，皆為申命令之義。夫干有十日，自甲至癸，皆挾日之義，

而《易》獨取甲、庚者，以甲木主仁，而示其寬令也；庚金主義，

而示其嚴令也。〔註280〕

文中自「鄭司農云」以降，迄「而示其嚴令也」句，南宋・王應麟（1223～
1296）〔註281〕、明・焦竑（1540～1620）〔註282〕均視為鄭司農之語。鄭司農
即鄭眾，其言「《易》稱先甲三日，先庚三日，皆為申命令之義。」是以王弼、
陸希聲之釋，當源於此。而陸希聲之「甲者，德政」、「庚者，刑政」，則與鄭
眾之「甲木主仁，而示其寬令」、「庚金主義，而示其嚴令」，亦彷彿有其異曲
同工之趣。而劉牧「木主仁」及「庚主刑」，則似有鄭、陸二者融合之韻。

　　陸希聲以「甲」為出，代表創制，「庚」為更，象徵變更。若此，〈巽〉卦

〔註278〕〔南宋〕李衡刪增：《周易義海撮要》，收入《景印摛藻堂四庫全書薈要・經
　　　　　部第3冊・易類》（臺北：世界書局，1988年），總第4冊，卷6，頁212。

〔註279〕〔明〕葉良佩輯：《周易義叢》，收入《續修四庫全書・經部・易類》（上海：
　　　　　上海古籍出版社，1995年），第7冊，卷之11，頁438。

〔註280〕〔西漢〕揚雄撰，〔東晉〕李軌、〔唐〕柳宗元、〔北宋〕宋咸、吳祕、司馬
　　　　　光注：〈五百篇〉，《揚子法言》，收入《景印摛藻堂四庫全書薈要・子部第2
　　　　　冊・儒家類》（臺北：世界書局，1988年），總第247冊，卷6，頁343。

〔註281〕〔南宋〕王應麟撰：〈易〉，《困學紀聞》，收入《景印摛藻堂四庫全書薈要・
　　　　　子部第34冊・考證類》（臺北：世界書局，1988年），總第279冊，卷1，
　　　　　頁178。

〔註282〕〔明〕焦竑撰：《易筌》，收入《續修四庫全書・經部・易類》（上海：上海
　　　　　古籍出版社，1995年），第11冊，卷2，頁44。

☶「以小亨，申命」，則由「先庚、後庚」之「先、後三日，使知其意，審其令」之「信而審之」。然後順應天道自然之勢，致〈巽〉卦☴九五爻變，即「以庚變甲」，而成〈蠱〉卦☶卦辭之「先甲、後甲」。其論述之旨要，在於詮釋「法令反復戁辯修正，方始創建而出」之意蘊。陸氏所陳，已將孔穎達箋疏「甲者創制之令」〔註283〕及王弼「先申三日，令著之後，復申三日」，相為調和於整段釋義之中。

平心而論，晁說之嘗稱「陸希聲不出王輔嗣之藩籬」，惟從此爻注以視，二者僅祗相埒於「申命令」之見，然皆同摭鄭眾之識，餘則陸氏於其已論之間，摻合穎達釋「甲」及王弼部分注義，加以融會引申，鋪陳而成自家之聞，若然，於此，則晁氏之評，未免太過而有欠公允。

惟希聲采「〈巽〉卦☴九五『先庚、後庚』爻變，而成〈蠱〉卦☶『先甲、後甲』之象數解《易》，已然與劉牧摭拾漢儒之趣，融合因襲夫子之理以註《易》之式不類。若此「劉牧之注，本沿蹈於希聲」、「劉牧之學，大抵求異先儒，穿鑿破碎」之訕斥，概皆同屬蠡測短見，無稽之談。

第五節　旁徵博引之義理解《易》與歷史定位之戁辯

綜覽研審劉牧於〈蒙卦☶・初六〉、〈恆卦☳・大象〉、〈兌卦☱・象傳〉、〈豐卦☲・上六〉、〈巽卦☴・象傳〉之詮註，其論疏脈絡，猶然恪遵「十翼」之本，尚且融合他卦〈卦〉、〈爻〉之旨，相輔以釋而自成一家之聞。未有剽掇竄改，牽強穿鑿之情，更無象數錯雜之狀，依然符契人事義理訓《易》之式而無違。若此，本節持續探究辯析劉牧訓《易》之手段與訣竅，藉由各類不同卦例之省校，期能廓通釐正其義理《易》學之風貌及應有之歷史地位。

一、〈歸妹☳・初九〉爻辭、〈小象〉

初九：歸妹以娣，跛能履，征吉。〈象〉曰：歸妹以娣，以恆也；跛能履吉，相承也。〔註284〕

〔註283〕〔三國・魏〕王弼注，〔唐〕陸德明音義，孔穎達正義：《周易經傳注疏》，收入《景印摛藻堂四庫全書薈要・經部第1冊・易類》（臺北：世界書局，1988年），總第2冊，卷4，頁100。

〔註284〕〔三國・魏〕王弼注，〔唐〕陸德明音義，孔穎達正義：《周易經傳注疏》，收入《景印摛藻堂四庫全書薈要・經部第1冊・易類》（臺北：世界書局，1988年），總第2冊，卷9，頁213。

李衡袞綴劉牧注文如下：

> 〈履〉☲之六三：「跛能履，不足以與行」，何也？履，禮也。禮以
> 中正為得，六三以位不當，故凶。歸妹則以不居其正為得宜，故行
> 之以不正為吉。何則？尊正室也。若行之以正，則是專正室矣，所
> 以能守其娣之禮，為常也。不取居正而又處下，以尊正室，行之奉
> 上，故得上、下順而吉相承。牧〔註285〕

葉良佩所輯內容則為：

> 〈履〉☲之六三：「跛能履，不足以與行者」，蓋履，禮也。禮以中
> 正為得，而六三以位不當，故凶。歸妹則以不居其正為得宜，故行
> 之以不正為吉。何則？尊正室也。若行之以正，則是專正室矣，故
> 以能守其娣之禮，為恒也。不取居正而又處下，以尊正室，側行奉
> 上，故得上、下順而言相承。劉牧〔註286〕

與李衡臚列相較，葉氏多一「者」字，另有「故」、「所」；「恒」、「常」；「側
行」、「行之」；「言」、「吉」之別，惟整體文義全然一樣，無有差異。

劉牧以〈履卦☲・六三・小象〉：「跛能履，不足以與行也」〔註287〕，
反詰設問，且自我解答。〈序卦傳〉有云：「物畜然後有禮，故受之以履。」
〔註288〕《爾雅》釋：「履，禮也。」〔註289〕西漢・毛亨（？）傳《詩》亦
謂：「履，禮也。」〔註290〕若此，劉牧即據以訓〈履〉☲之卦義為禮，惟須
符契中正之理，方為合禮。而〈履卦☲・六三〉，陰爻居處陽位，乃屬不正

〔註285〕〔南宋〕李衡刪增：《周易義海撮要》，收入《景印摛藻堂四庫全書薈要・經
部第3冊・易類》（臺北：世界書局，1988年），總第4冊，卷5，頁195。

〔註286〕〔明〕葉良佩輯：《周易義叢》，收入《續修四庫全書・經部・易類》（上海：
上海古籍出版社，1995年），第7冊，卷之10，頁414。

〔註287〕〔三國・魏〕王弼注，〔唐〕陸德明音義，孔穎達正義：《周易經傳注疏》，
收入《景印摛藻堂四庫全書薈要・經部第1冊・易類》（臺北：世界書局，
1988年），總第2冊，卷3，頁77。

〔註288〕〔三國・魏〕王弼注，〔唐〕陸德明音義，孔穎達正義：《周易經傳注疏》，
收入《景印摛藻堂四庫全書薈要・經部第1冊・易類》，總第2冊，卷13，
頁305。

〔註289〕〔東晉〕郭璞注，〔唐〕陸德明音義，〔北宋〕邢昺正義：〈釋言第二〉，《爾
雅注疏》，收入《景印摛藻堂四庫全書薈要・經部第78冊・小學類》（臺北：
世界書局，1988年），總第79冊，卷2，頁47。

〔註290〕〔東漢〕鄭康成箋，〔唐〕陸德明音義，孔穎達正義：〈國風・齊〉，《毛詩注
疏》，收入《景印摛藻堂四庫全書薈要・經部第22冊・詩類》（臺北：世界
書局，1988年），總第23冊，卷8，頁288。

而致凶，故〈小象〉即稱：「咥人之凶，位不當也」〔註291〕。劉牧對比〈歸妹☳·初九〉亦言「跛能履」，卻得「征吉」之緣，係因〈歸妹〉☳之意趣，本即不居其正而為得適，若然，倘采不正而行，則反能得吉。

劉牧進一步解釋〈歸妹〉☳行之以正者，在於正嫡、媵妾之分。初九能謹守娣姪之儀，且恆常處下不居正位，恭敬奉行尊仰正室之禮，終能獲致上、下和洽之誼而相互依托，是以得吉。

劉牧藉〈履卦☰·六三〉與〈歸妹☳·初九〉，同述「跛能履」〔註292〕之比較，而取〈序卦〉、《爾雅》及〈履卦☰·六三·小象〉之說，予以詮註〈歸妹☳·初九〉、〈小象〉之辭，誠為摭「爻」釋「爻」，兼摘「十翼」合并掇《經》解《經》之法，全無象數穿雜、亦無附會造偽。對照王弼爻、象注文：

> 少女而與長男為耦，非敵之謂，是娣從之義也。妹，少女之稱也。少女之行，善莫若娣。夫承嗣以君之子，雖幼而不妄行，少女以娣，雖「跛能履」，斯乃恒久之義，吉而相承之道也。以斯而進，吉其宜也。〔註293〕

就其條述、語義分析，可明顯看出，劉、王釋解方式全然不類，毫無相似之處。若此「盡刊王文，直用己意代之」、「牧又注《易》新意，牽合象數，其餘援輔嗣之意而改其辭」之語，於此未得任何之印證。

李衡於連結「牧」條敘文之前，尚綴有一則「陸氏」釋文：

> 妹從姊歸，而復以娣從，即又季也，明矣。當歸妹而用其娣，明有讓也。初以陽德而處卦下，惟保其所恒，故可以久也。跛者，行之不安者也；妹者，孅之不正者也。歸妹而以娣，猶不正而能行也，位雖不當，行未失道，上、下相承，故得征吉。妹從姊，娣從嫡，相承之謂也。陸〔註294〕

葉良佩所載，僅「姊」書以「姊」字表示，餘則分毫不差，且標註作者為「陸

〔註291〕〔三國·魏〕王弼注，〔唐〕陸德明音義，孔穎達正義：《周易經傳注疏》，卷3，頁77。

〔註292〕〔三國·魏〕王弼注，〔唐〕陸德明音義，孔穎達正義：《周易經傳注疏》，卷9，頁213。

〔註293〕〔三國·魏〕王弼注，〔唐〕陸德明音義，孔穎達正義：《周易經傳注疏》，卷9，頁213。

〔註294〕〔南宋〕李衡刪增：《周易義海撮要》，收入《景印摛藻堂四庫全書薈要·經部第3冊·易類》（臺北：世界書局，1988年），總第4冊，卷5，頁195。

德明」。〔註295〕明·姜寶（？）亦蒐羅此文，遂以「陸德明云」記列於文首。〔註296〕惟黃奭則依《撮要》所記，將之輯入《陸希聲易傳》。〔註297〕是以此條釋文，真正作者是誰？確實存有爭議，或恐將已成懸案。

　　設若李衡此處之「陸氏」，果真為陸希聲者；若然，與之王弼注文，乃至劉牧訓說相比，則彼此未見蛛絲沿習之跡。陸氏詮解，直由爻、象析義，跟王弼敘述、劉牧注訓之式完全不同。是以「牧之注，本沿蹈於希聲而又益以茫昧荒虛，不可究之象數」及「陸希聲不出王輔嗣之藩籬」等譏誚，於此亦未獲相契。而訾抑「劉牧之學，大抵求異先儒，穿鑿破碎」之詆斥，猶然更加不知其所據為何！

二、〈歸妹☷☱·九二〉爻辭、〈小象〉

　　九二：眇能視，利幽人之貞。〈象〉曰：利幽人之貞，未變常也。〔註298〕

李衡於此輯有一則劉牧之注文：

　　〈履〉☱☰之六三，以其位不當，故凶。〈歸妹〉☷☱九二，雖居中，而云「眇能視」者，以陽居陰，為不正也。〈履〉☱☰之九二：「幽人貞吉」，同此爻辭者。以其履道尚謙，不貴處盈，務致至誠，惡夫外飾者也。二以陽居陰，履于謙也，況乎幽人之志？專靜而卑退，无所侵越，猶娣之禮，務卑退也，但專一奉正室，而不敢越。且婦人以陰處陰，又居內為得位，故〈家人〉☴☲六二：「在中饋，貞吉。」今九二雖以剛處柔，然位不當，正合娣之義，「利幽人之貞」，不亦宜乎！牧〔註299〕

惟葉良佩之載錄，雖與李衡稍有幾字差異，然文辭語義，則毫無區別：

〔註295〕〔明〕葉良佩輯：《周易義叢》，收入《續修四庫全書·經部·易類》（上海：上海古籍出版社，1995 年），第 7 冊，卷之 10，頁 414。

〔註296〕〔明〕姜寶撰：《周易傳義補疑》，收入《續修四庫全書·經部·易類》（上海：上海古籍出版社，1995 年），第 8 冊，卷之 7，頁 583。

〔註297〕〔清〕黃奭輯：〈陸希聲易傳〉，《黃氏逸書考》，收入《續修四庫全書·子部·雜家類》（上海：上海古籍出版社，1995 年），第 1206 冊，頁 644～645。

〔註298〕〔三國·魏〕王弼注，〔唐〕陸德明音義，孔穎達正義：《周易經傳注疏》，收入《景印摛藻堂四庫全書薈要·經部第 1 冊·易類》（臺北：世界書局，1988 年），總第 2 冊，卷 9，頁 213。

〔註299〕〔南宋〕李衡刪增：《周易義海撮要》，收入《景印摛藻堂四庫全書薈要·經部第 3 冊·易類》（臺北：世界書局，1988 年），總第 4 冊，卷 5，頁 196。

　　　　〈履〉▤▥六三：「眇能視，不足以有明」，以位不當，故凶。〈歸妹〉
　　　　▤▥九二，雖居中，而云「眇能視」者，以陽居陰，為不正也；〈履〉
　　　　▤▥九二：「幽人貞吉」，同此爻辭者。以其履道尚謙，不貴處盈，務
　　　　在至誠，惡夫外飾者也。〈歸妹〉▤▥二，以陽居陰，亦履于謙也，況
　　　　乎幽人之志？專靜而卑退，无所侵越，猶娣之禮，務卑退也，但專
　　　　一奉正室，而不敢越。且婦人以陰處陰，又居內為得位，故〈家人〉
　　　　▤▥六二：「在中饋，貞吉。」今九二雖以剛處柔，然位不當，正合娣
　　　　之義，「利幽人之貞」，不亦宜乎！劉牧〔註300〕

劉牧稱〈履〉卦▤▥六三，因陰爻處於陽位，陰居乘陽，失位不正，位不當也。
是以〈小象〉云：「「眇能視，不足以有明也」〔註301〕，而爻辭則曰「凶」。劉
牧又謂：〈歸妹〉▤▥九二，雖居中，惟以陽居陰同屬失位不正，故爻辭亦言「眇
能視」。

　　劉牧再引王弼注〈履卦▤▥・九二〉：「履道尚謙，不貴處盈，務致至誠，惡
夫外飾者也。二以陽居陰，履于謙也」〔註302〕之述，以解〈履〉▤▥卦九二爻辭，
所以言：「幽人貞吉」之原，即在於「履謙」之故。惟〈歸妹〉▤▥九二，同然於
〈履〉卦▤▥九二，皆為陽居陰位，雖中不正之爻。然則猶須如同〈履〉卦▤▥九
二之般，亦得具有幽人「履于謙」之「專靜卑退，無所侵越」之志。其狀即如
〈歸妹▤▥・初九〉專奉正室，務卑謙退，不敢逾越為人娣者，所應保有之禮。

　　劉牧另指婦人須知以陰處陰，居內得位之道。有如〈家人〉▤▥之六二，陰
爻處於陰位，符契既中且正之蘊，是以爻辭即敘：「在中饋，貞吉。」劉牧依
此而對比〈歸妹〉▤▥九二，稱九二爻雖以剛居柔，位屬不當，然其情正合娣妾
之旨，尚如〈家人〉▤▥六二婦人之要，因而〈歸妹▤▥・九二〉爻辭誠曰：「利
幽人之貞」，其義不亦恰到好處，適得其所！

　　劉牧采〈履〉卦▤▥九二爻辭，配合王弼該爻注說，相較〈履卦▤▥・六三・

〔註300〕〔明〕葉良佩輯：《周易義叢》，收入《續修四庫全書・經部・易類》（上海：
　　　　上海古籍出版社，1995年），第7冊，卷之10，頁414。

〔註301〕〔三國・魏〕王弼注，〔唐〕陸德明音義，孔穎達正義：《周易經傳注疏》，
　　　　收入《景印摛藻堂四庫全書薈要・經部第1冊・易類》（臺北：世界書局，
　　　　1988年），總第2冊，卷3，頁77。

〔註302〕按王弼注原文：「履道尚謙，不惡處盈，務在致誠，惡夫外飾者也。而二以
　　　　陽居陰，履於謙也。」與李衡輯錄劉牧援引之文，有「惡」、「貴」；「在致」、
　　　　「致至」、「而」字等差異。其中「在致」，葉良佩載記「在至」。〔三國・魏〕
　　　　王弼注，〔唐〕陸德明音義，孔穎達正義：《周易經傳注疏》，卷3，頁77。

小象〉之差異、〈歸妹䷵·初九〉個人之啟悟及〈家人䷤·六二〉爻辭之意趣，
綜合申論，以闡述〈歸妹䷵·九二〉之爻諦。本爻詮註方式，相類於第二節，
張載援王弼「西南致養之地，東北反西南者也」之語而抒發己論；〔註303〕陸
佃論龍摭王弼之說以為己見；〔註304〕第三節，李覯引王弼〈屯卦䷂·六四〉
全段注文以解〈小象〉〔註305〕及劉牧摘掇王弼《周易略例》之說以訓〈大過
䷛·九二〉之例。〔註306〕惟較諸四者，劉牧於此釋解之展示，則更顯其義理
所見之通達、詳實與完備。歷來即有潘士藻將之刪節采集，以輔所識，〔註307〕
黃以周則誤以劉先之之名，芟夷簡述，輯入己著。〔註308〕對照於王弼〈歸妹
䷵·九二〉之注：

> 雖失其位，而居內處中，眇猶能視，足以保常也。在內履中，而能
> 守其常，故「利幽人之貞」也。〔註309〕

劉牧詮解此爻，擇取擷萃他卦相關之〈爻〉、〈象〉辭義，融合前人訓釋之敘，
交相參證，以佐己論，堪稱舉一隅能知三隅之反。比之王弼之法，恐已過之，
絕無不及，且盡符義理之趣，毫無象數混雜。若此，所謂「盡刊王文，直用己
意代之」、「牧又注《易》新意，牽合象數，其餘援輔嗣之意而改其辭」之語，
即如無的放矢，令人迷惑。

　　況文獻不見陸希聲此爻之疏，惟希聲訓《易》皆采刪捨〈繫〉、〈彖〉、〈象〉
作傳而著以己說，果若如此，則其箋釋之規，業與劉牧之式抵忤。若然，「牧
之注，本沿蹈於希聲」之說，則亦同然無法獲得證實。且「劉牧之學，大抵求
異先儒，穿鑿破碎」之辭，更是令人難以折服。

三、北宋義理《易》學之肇端定位考辨

　　劉牧《新注周易》、《卦德通論》，雖已不見其全，惟支離殘缺之佚文，尤

〔註303〕按詳參本章，註81之陳。
〔註304〕按詳參本章，註100之敘。
〔註305〕按詳參本章，註183、184、185之述。
〔註306〕按詳見本章，註186、187、188之釋。
〔註307〕〔明〕潘士藻撰：《讀易述》，收入《景印文淵閣四庫全書·經部27·易類》
　　　　（臺北：臺灣商務印書館，1983年），第33冊，卷9，頁364。
〔註308〕按黃以周載錄原文：「劉先之曰：幽人之志，專靜而卑退，无所侵越，犹娣
　　　　之禮，礼務卑退也。」〔清〕黃以周撰：《十翼後錄》，收入《續修四庫全書·
　　　　經部·易類》（上海：上海古籍出版社，1995年），第37冊，卷14，頁239。
〔註309〕〔三國·魏〕王弼注，〔唐〕陸德明音義，孔穎達正義：《周易經傳注疏》，
　　　　卷9，頁213。

其前著，於今文獻可見者，絕大部分尚存於《周易義海撮要》之中，而《撮要》之〈提要〉有云：

> 先是熙寧閒蜀人房審權，病談《易》諸家，或泥陰陽、或拘象數、或推之互體、或失之虛无，乃斥去雜學異說，摘取專明人事者，編為一集，名曰《周易義海》，共一百卷。衡因其義意重複，文詞冗瑣，刪削而為此書，故名《撮要》。〔註310〕

文中指出，源由房審權批評歷來《易》學諸家，概皆拘泥於互體、象數，陰陽、虛无解《易》之弊，故將其刪汰剔除，而專摭闡發中明人事之撰述，彙集百卷成冊，定名稱之《周易義海》。其後李衡剪夷文詞瑣碎、意義重疊之處，而成《周易義海撮要》一書。

抑或如此，房、李二者蒐編、裁製之劉牧注《易》釋文，亦僅保留義理解《易》之部可見。〔註311〕然且由此，恰又足以反駁「牧又注《易》新意，牽合象數」之說矣。設若劉牧訓《易》皆以象數牽強湊合，則又如何能有完整明確、精簡流暢之人事片段，遺於《撮要》之中？

持平而論，劉牧采摭王弼《略例》之文，以釋〈大過☲・九二〉之例，所為或如歷來各家重規襲矩之癖。然與劉牧擷摘輔嗣〈履卦☲・九二〉之言，對照〈履卦☲・六三・小象〉之辭、摻合〈家人☲・六二〉爻義及〈歸妹☲・初九〉之創見，而予綜會申衍〈歸妹☲・九二〉所陳義理博達、詳備之釋句比較，則劉牧訓解〈大過☲・九二〉之原文，恐有已遭刪裁、簡化之嫌，亦且說未定。北宋・宋祁（998～1061）嘗曰：

> 夫文章必自名一家，然後可以傳不朽。若體規畫圓，準方作矩，終為人之臣僕。古人譏『屋下作屋』，信然！〔註312〕

據此校核本章所列劉牧詮註釋例，可謂經義醇厚，潔然精粹，條理有據，未悖夫子「十翼」之旨，且以諸傳義理融通己論，自成一家之識，咸無理重事複，遞相模斆之患。箋疏之法，猶如林益勝所稱：「純粹發揮儒家思想的宋義

〔註310〕〔清〕紀昀等撰：〈提要〉，《周易義海撮要》，收入《景印摛藻堂四庫全書薈要・經部第3冊・易類》（臺北：世界書局，1988年），總第4冊，頁1。

〔註311〕林益勝云：「所謂義理《易》，簡單地說，便是著重闡述人事義理的《易》學，是自『十翼』以來一脈相承的《易》學。」林益勝撰：〈易學的正統——宋義理易〉，《胡瑗的義理易學》（臺北：臺灣商務印書館，1974年），頁1。

〔註312〕〔北宋〕宋祁撰：〈釋俗〉，《宋景文筆記》，收入《景印文淵閣四庫全書・子部168・雜家類》（臺北：臺灣商務印書館，1985年），第862冊，卷上，頁538。

理《易》，既淵源於「十翼」，重視人事義理，又取用「十翼」的平實釋《易》的方式。」〔註313〕是以潘士藻、沈起元、程廷祚、黃以周、張其淦諸家皆裒掇申用，乃至強汝諤更且剽綴而成己論。

　　程頤有謂：「若欲治《易》，先尋繹令熟，只看王弼、胡先生、王介甫三家。」〔註314〕此胡先生即南宋‧朱熹（1130～1200）所云：「胡安定《易》，分曉正當，伊川亦多取之」〔註315〕之胡瑗安定先生。四庫館臣據而贊其《易》著：「則是書，在宋時固以義理說《易》之宗也。」〔註316〕惟晁公武曾稱：「此解甚詳，或云門人倪天隱所纂，非其自著也。」〔註317〕朱彝尊亦援明‧李振裕（1641～1707）之說：「蓋安定講授之餘，欲著述而未逮，倪天隱述之：『以非師之親筆，故不敢稱傳，而名曰《口義》。』」〔註318〕若此，書冊定名《周易口義》，乃因胡瑗未及著作，身後方由弟子倪天隱，依其生前口述編次而成。雖非安定親撰，然或因程、朱之推崇，而被奉為宋代義理之宗，林益勝即譽之為宋代義理學派之「創始者」。〔註319〕

　　今考北宋仁宗景祐元年（1034年），胡瑗時年四十二歲，在吳教授生徒。〔註320〕仁宗慶曆二年（1042），胡瑗年歲五十，以保寧節度推官兼教授湖州州學。〔註321〕惟吳祕已於慶曆之初（1041年）獻呈劉牧《新注周易》、《卦德

〔註313〕林益勝撰：〈宋義理派易學的產生〉，《胡瑗的義理易學》（臺北：臺灣商務印書館，1974年），頁27。
〔註314〕〔北宋〕程顥、程頤撰：〈伊川文集‧與金堂謝君書〉，《二程文集》，收入《景印文淵閣四庫全書‧集部284‧總集類》（臺北：臺灣商務印書館，1985年），第1345冊，卷10，頁706。
〔註315〕〔南宋〕朱鑑撰：〈古易啟蒙、濂洛諸說〉，《朱文公易說》，收入《景印摛藻堂四庫全書薈要‧經部第5冊‧易類》（臺北：世界書局，1988年），總第6冊，卷19，頁410。
〔註316〕〔清〕永瑢等撰：〈經部二‧易類二‧周易口義〉，《四庫全書總目》（乾隆六十年【1795年】武英殿本），卷2，葉3。
〔註317〕〔南宋〕晁公武撰：〈易類‧胡先生易傳一十卷〉，《郡齋讀書志》，收入《景印文淵閣四庫全書‧史部432‧目錄類》（臺北：臺灣商務印書館，1984年），第674冊，卷1上，頁161。
〔註318〕〔清〕朱彝尊撰：《經義考》，收入《景印摛藻堂四庫全書薈要‧史部第151冊‧目錄類》（臺北：世界書局，1988年），總第237冊，卷17，頁597。
〔註319〕林益勝撰：〈易學的正統──宋義理易〉，《胡瑗的義理易學》（臺北：臺灣商務印書館，1974年），頁5。
〔註320〕〔民國〕胡鳴盛編：〈安定先生年譜〉，收入吳洪澤、尹波主編：《宋人年譜叢刊》（成都：四川大學出版社，2002年），第2冊，頁675。
〔註321〕〔民國〕胡鳴盛編：〈安定先生年譜〉，收入吳洪澤、尹波主編：《宋人年譜

通論》等義理著作於朝，而胡瑗至終卒於仁宗嘉祐四年（1059），〔註322〕是以，循上分判，《周易口義》之纂集成書，必然晚於胡卒之後。

林益勝曾述：「宋義理派《易》學者的釋《易》，俱以『十翼』為本。……凡此，在宋義理派《易》學者的著作裡，皆可發現到，取義於『十翼』，為其充要條件。」〔註323〕若然，比對本章所審劉牧諸例，非但咸符林氏所語，更契界別義理《易》學須備之要件：

> 所謂義理《易》必具有四個條件：一、具有悠長的歷史淵源。二、著重實際的人事需要。三、充滿儒家的哲理。四、平實的釋易方式。〔註324〕

由此研辯，北宋之初，劉牧良然早於胡瑗之時，按律當應擁有一席「義理說《易》」之地；惟因今存劉牧《新注周易》已非完整，甚且《卦德通論》，幾乎已然全佚，誠然無法斷定各卦、爻注，是否純然吻合林氏贊瑗釋易之法：

> 以「十翼」之〈序卦〉釋六十四卦的卦名，以〈文言〉釋〈乾〉▇、〈坤〉▇兩卦，以上、下〈象〉及〈大象〉釋六十四卦的卦辭，以〈小象〉辭分釋三百八十四爻爻辭，此外，並以〈繫辭〉、〈說卦〉、〈雜卦〉分置於六十四卦、三百八十四爻的解釋裡。〔註325〕

若此，縱使劉牧無可居於宗主之位，惟依本章探討之劉牧解《易》諸文以觀，其內容洵然盡皆符契，南宋・張九成（1092～1159）所云：「何謂理？何謂義？理即義之本體，義即理之見於用者」〔註326〕之意蘊，是以尊仰其列序宋代義理《易》學濫觴之位，則恐不為過，亦且條件完備，於情的當。

第六節　小結

本章解析二十一則劉牧訓《易》釋例，初步發現，劉牧全然以「十翼」諸

叢刊》，第 2 冊，頁 680。

〔註322〕〔民國〕胡鳴盛編：〈安定先生年譜〉，收入吳洪澤、尹波主編：《宋人年譜叢刊》，第 2 冊，頁 689。

〔註323〕林益勝撰：〈易學的正統——宋義理易〉，《胡瑗的義理易學》，頁 5。

〔註324〕林益勝撰：〈易學的正統——宋義理易〉，《胡瑗的義理易學》，頁 1。

〔註325〕林益勝撰：〈易學的正統——宋義理易〉，《胡瑗的義理易學》，頁 5。

〔註326〕〔南宋〕張九成撰：〈告子章句上〉，《孟子傳》，收入《景印文淵閣四庫全書・經部190・四書類》（臺北：臺灣商務印書館，1983 年），第 196 冊，卷 26，頁 486。

〈傳〉詮註〈卦〉、〈爻〉，其間或有藉〈經〉解〈經〉、采〈卦〉說〈卦〉、掇〈爻〉論〈爻〉之式，然用字遣詞毫無象數摻和，亦未訛會依附，偶有兼采融合漢、唐各家之《易》學思想，惟皆盡遵孔聖旨趣，未違〈易傳〉典要。

　　與之對照王弼各注，彼此確然無涉，是以宋咸攻詰劉牧「盡刊王文，直用己意代之」及李覯詆斥「其餘援輔嗣之意而改其辭」之狀，誠然未有分毫發見。雖无以得窺《新注周易》、《卦德通論》之全貌，惟若循此擷賴一言以蔽之「盡刊」、「其餘」措辭而作評議，縱或果然有之，則以一概全之邏輯思維，豈非未免偏頗太過？

　　同然之理，綜覽所陳各則劉牧注《易》辭句，既以〈繫辭〉、〈彖傳〉、〈象傳〉、〈文言〉、〈說卦〉釋解，則已抵忤鄭獬、晁說之所謂：「希聲削、捨文王、孔子〈繫〉、〈彖〉、〈象〉而作傳，著以己說」之法。惟因受制文獻留傳之不足及哀錄材料之訛舛，以致未能逐條確切覈實比對陸氏之傳注。然僅如此，亦足以喝破鄭獬訾訐：「牧之注，本沿蹈於陸希聲，而又益以茫昧荒虛，不可究之象數」誹語。

　　彙整、歸納劉牧《新注周易》、《卦德通論》之佚文，發現其擷摘各類典籍且兼通博采，堪稱學貫古今。不獨具有本章所述之人事詮《易》特性，尚且擁有以史證《易》、天文、地理注《易》、經典解《易》之諸般特質。若此，筆者將另撰篇章，持續研審，期能還原其義理解《易》之完整全貌。

第三章　劉牧「史事、科學、經典、文獻」注《易》之研辯

　　北宋・胡瑗（993～1059）、石介（1005～1045）與孫復（992～1057）三者，或於天禧四年庚申（1020）～天聖七年己巳（1029），抑或天禧元年丁巳（1017）～天聖五年丁卯（1027），曾勤苦共讀於泰山十年。惟其間劉牧《新注周易》、《卦德通論》，至晚已成書於天聖三年（1025 年）冬十一月庚子日之前，〔註1〕相差仁宗景祐元年甲戌（1034），胡瑗於吳，方始教授生徒，已有 9 年之距，〔註2〕且與前章所述，《周易口義》成書於仁宗嘉祐四年（1059）後之間隔下限，亦有 34 年之遙。若然，劉牧學風早於胡瑗，《新注周易》、《卦德通論》亦與王弼《易》學，同歸義理之流。前章已證其人事解《易》之內容，大抵獨樹一格，雖有漢、晉《易》家思想之采摘，惟未見漢、晉《易》家論述之剽綴。是以本章即持續解析，其據儒家人事義理之基，采諸「以史訓《易》」、「天文、地理釋《易》」及「經傳、典籍、文獻詮《易》」之注例，並深入探究其援引之源流，期以還歸劉牧於宋初《易》學，所應具有之歷史定位。

〔註1〕參閱本研究第一章，第二節，頁 31。
〔註2〕參閱本研究第一章，第二節，頁 32。

第一節　史事證《易》及其宋代史事《易》學定位之省究

一、史事證《易》及其思想脈絡

（一）〈乾卦☰‧文言‧九三〉

> 九三曰：「君子終日乾乾，夕惕若，厲，无咎，何謂也？子曰：君子
> 進德脩業，忠信所以進德也，脩辭立其誠，所以居業也。知至至之，
> 可與幾也，知終終之，可與存義也。是故居上位而不驕，在下位而
> 不憂，故乾乾因其時而惕，雖危无咎矣。〔註3〕

李衡衰輯以「牧」表劉牧之注解：

> 立德而智能及之，知至而能至之者也。立功而仁能守之，知終而能
> 終之者也。「惟幾」成務，義存守成，太公、周公之術之道盡矣。
> 牧〔註4〕

葉良佩亦有載錄，且標明作者為「劉牧」：

> 立德而智能及之，知至而能至之者也。立功而仁能守之，知終而能
> 終之者也。「幾可」成務，義存守成，太公、周公之道之術盡矣。劉
> 牧〔註5〕

二者僅「惟幾」與「幾可」言詞略異，惟語義全然相同，无有差別。清‧馬國
翰（1794～1857）則蒐羅節刪記曰：

> 劉牧《周易新注》：立德而智能及之，知至而能至之者也。立功而仁
> 能守之，知終而能終之者也。〔註6〕

馬國翰之輯佚，較之李衡、葉良佩所列，短少「惟幾（幾可）成務，義存守
成，太公、周公之術之道盡矣」句，其內容或自二者之一，截取而來。

　　劉牧注解大義，係指君子在樹立德業之際，必須與智謀相互配合，若將

〔註3〕〔三國‧魏〕王弼注，〔唐〕陸德明音義，孔穎達正義：《周易經傳注疏》，收
　　　入《景印摛藻堂四庫全書薈要‧經部第 1 冊‧易類》（臺北：世界書局，1988
　　　年），總第 2 冊，卷 1，頁 35～36。
〔註4〕〔南宋〕李衡刪增：《周易義海撮要》，收入《景印摛藻堂四庫全書薈要‧經
　　　部第 3 冊‧易類》（臺北：世界書局，1988 年），總第 4 冊，卷 1，頁 9。
〔註5〕〔明〕葉良佩輯：《周易義叢》，收入《續修四庫全書‧經部‧易類》（上海：
　　　上海古籍出版社，1995 年），第 7 冊，卷之 1，頁 29。
〔註6〕〔清〕馬國翰輯：〈目耕帖〉，《玉函山房輯書》，收入《續修四庫全書‧子部‧
　　　雜家類》（上海：上海古籍出版社，1995 年），第 1204 冊，卷 1，頁 644。

智謀融入德行修為之中，則才能方始得以發揮。而在功績開創建立之際，倘通曉為達立德、立功之目的，自始至終均須不失仁道之施行，若此則能得遂事業之成就及保存前人之傳承，然此作為，即已遵循太公〔註7〕、周公〔註8〕流衍之治世道術，且發揮其真諦至淋漓盡致矣。

　　劉牧就〈乾卦䷀・文言・九三〉之文，蓋舉太公、周公為喻，逕以義理對比史事之法解《易》，未有絲毫象數文義攙混，且其之前，未見先儒於此，有相類之訓註者。觀三國魏・王弼（226～249）之注：

　　　　處一體之極，是「至」也。居一卦之盡，是「終」也。處事之至而不犯咎，「知至」者也，故可與成務矣。處終而能全其終，「知終」者也。
　　　　夫進物之速者，義不若利；存物之終者，利不及義。故「靡不有初，鮮克有終」。夫「可與存義」者，其唯「知終」者乎？〔註9〕

與劉牧釋文對比分析，全然未見劉牧有如北宋・宋咸（？）所稱「盡刊王文〔註10〕，直用己意代之」〔註11〕之情，亦無李覯（1009～1059）詆云「牧又注《易》新意，牽合象數，其餘援輔嗣之意而改其辭」〔註12〕之狀，彼此僅「成務」二字相同。然〈繫辭傳〉有載：

〔註7〕按太公治世道術，請參閱〔西漢〕司馬遷撰，〔南朝・宋〕裴駰集解、〔唐〕司馬貞索隱、張守節正義：〈齊太公世家第二〉，《史記》，收入《景印摛藻堂四庫全書薈要・史部第2冊・正史類》（臺北：世界書局，1988年），總第88冊，卷32，頁164～179。
〔註8〕按周公治世道術，請參閱〈魯周公世家第三〉，《史記》。〔西漢〕司馬遷撰，〔南朝・宋〕裴駰集解、〔唐〕司馬貞索隱、張守節正義：〈齊太公世家第二〉，《史記》，收入《景印摛藻堂四庫全書薈要・史部第2冊・正史類》，總第88冊，卷33，頁184～197。
〔註9〕〔三國・魏〕王弼注，〔唐〕陸德明音義，孔穎達正義：《周易經傳注疏》，收入《景印摛藻堂四庫全書薈要・經部第1冊・易類》（臺北：世界書局，1988年），總第2冊，卷1，頁35～36。
〔註10〕按原文載為「盡刊『文王』」。惟依清・朱彝尊（1629～1709）於《經義考》「《王劉易辨》」條著：「咸自序《易辨》曰：……盡刊『王文』」，「刊」與「刋」字於此同義，而「王文」即「王弼之文」省稱，故本章援引，據以逕改。〔清〕朱彝尊撰：〈易十五・王劉易辨〉，《經義考》，收入《景印摛藻堂四庫全書薈要・史部第151冊・目錄類》（臺北：世界書局，1988年），總第237冊，卷16，頁586。
〔註11〕〔元〕胡一桂撰：〈宋〉，《周易啟蒙翼傳》，收入《景印摛藻堂四庫全書薈要・經部第10冊・易類》（臺北：世界書局，1988年），總第11冊，中篇，頁278。
〔註12〕〔元〕董真卿撰：〈凡例・古今名賢〉，《周易會通》，收入《景印摛藻堂四庫全書薈要・經部第11冊・易類》（臺北：世界書局，1988年），總第12冊，頁247。

　　子曰：「夫易何為者也？夫易，開物成務，冒天下之道，如斯而已者
也。」〔註13〕

〈乾卦☰・文言・九三〉本即說明君子終日乾乾，進德修業以達開物成務應有
之作為，故劉牧摘錄〈繫傳〉「成務」之詞，做為注解之「主語」，蓋屬恰當，
无涉援王之虞。

　　唐・陸希聲（？）此注亡佚，惟北宋・鄭獬（1022～1072）曾言「希聲削
文王、孔子〈繫〉、〈象〉而著以己說」〔註14〕、南宋・晁說之（1059～1129）
亦述：「陸希聲夢三聖人而捨〈彖〉、〈象〉作傳。」〔註15〕其法業與劉牧引〈繫
辭〉「成務」之說相悖。且晁氏有謂：「希聲不出王輔嗣之藩籬。」〔註16〕果
若為是，雖希聲之傳不明，惟尚可依王弼注文，模擬推敲希聲釋語；今劉牧
訓註已然不類於王弼，若此加諸陸、劉相違之訓法研判，則劉牧理應與希聲
之解兩相互異。是以鄭獬所訾：「牧之注，本沿蹈於希聲，而又益以茫昧荒虛，
不可究之象數」〔註17〕誹語，則令人質疑其真確？而南宋・陳振孫（1179～
1262）指斥：「劉牧之學，大抵求異先儒，穿鑿破碎」〔註18〕之論，恐更與事
實抵牾，殊不知所據為何矣？

（二）〈解卦☵・大象〉

　　〈象〉曰：雷雨作，〈解〉☵；君子以赦過宥罪。〔註19〕

李衡於此，載錄一則劉牧釋文：

〔註13〕〔三國・魏〕王弼注，〔唐〕陸德明音義，孔穎達正義：《周易經傳注疏》，收
　　　　入《景印摛藻堂四庫全書薈要・經部第 1 冊・易類》（臺北：世界書局，1988
　　　　年），總第 2 冊，卷 11，頁 266。
〔註14〕〔北宋〕鄭獬撰：〈狀・進鮑極注周易狀〉，《鄖溪集》，收入《景印文淵閣四
　　　　庫全書・集部 36・別集類》（臺北：臺灣商務印書館，1985 年），第 1097 冊，
　　　　卷 12，頁 224。
〔註15〕〔南宋〕晁說之撰：《景迂生集》，收入《景印摛藻堂四庫全書薈要・集部第
　　　　40 冊・別集類》（臺北：世界書局，1988 年），第 387 冊，卷 11，頁 211。
〔註16〕〔南宋〕晁說之撰：《景迂生集》，收入《景印摛藻堂四庫全書薈要・集部第
　　　　40 冊・別集類》，第 387 冊，卷 11，頁 211。
〔註17〕〔北宋〕鄭獬撰：〈狀・進鮑極注周易狀〉，《鄖溪集》，頁 224。
〔註18〕〔南宋〕陳振孫撰：〈易類〉，《直齋書錄解題》，收入《景印摛藻堂四庫全書
　　　　薈要・史部第 151 冊・目錄類》（臺北：世界書局，1988 年），總第 237 冊，
　　　　卷 1，頁 9。
〔註19〕〔三國・魏〕王弼注，〔唐〕陸德明音義，孔穎達正義：《周易經傳注疏》，卷
　　　　7，頁 167。

漢祖寬秦法；湯、武赦宥夏、商之民，「匪」常所行也。牧〔註20〕

葉良佩袞次內容之敘述方式，則與李衡稍有不同：

湯、武赦宥夏、商之民；漢祖寬「除」秦法，「非」常所行也。劉牧
〔註21〕

葉氏臚列之史事年代陳述，由遠而近，與李衡所錄之自近而遠不同，二者恰恰相反。葉氏輯佚多一「除」字，且「匪」以「非」表示，惟彼此全句語義同然相若，毫無區別。

秦代之酷吏嚴誅，繁刑苛法，《史記》多有記載，諸如：

故秦之盛也，繁法嚴刑，而天下振。及其衰也，百姓怨望，而海內畔矣。……繁刑嚴誅，吏治刻深，賞罰不當，賦斂無度，天下多事，吏弗能紀，百姓困窮，而主弗收恤，然後姦偽並起，而上下相遁，蒙罪者，眾刑戮，相望于道而天下苦之。〔註22〕

而漢高祖劉邦（？）於滅秦興漢，入關之初，即廢秦之苛，與民約法：

吾與諸侯約，先入關者，王之；吾當王關中，與父老約法三章耳。

殺人者死，傷人及盜抵罪，餘悉除去秦法。〔註23〕

且《尚書》有陳商湯、武王為民請命而征討夏桀、商紂，取而代之之史事，例如：

夏王滅德作威，以敷虐于爾萬方百姓。爾萬方百姓，罹其凶害，弗忍荼毒，並告無辜于上下神祇。天道福善禍淫，降災於夏，以彰厥罪。……上天孚佑下民，罪人黜伏。天命弗僭，賁若草木，兆民允殖。〔註24〕

〔註20〕〔南宋〕李衡刪增：《周易義海撮要》，收入《景印摛藻堂四庫全書薈要·經部第3冊·易類》（臺北：世界書局，1988年），總第4冊，卷4，頁135。

〔註21〕〔明〕葉良佩輯：《周易義叢》，收入《續修四庫全書·經部·易類》（上海：上海古籍出版社，1995年），第7冊，卷之8，頁306。

〔註22〕〔西漢〕司馬遷撰，〔南朝·宋〕裴駰集解，〔唐〕司馬貞索隱，張守節正義：〈秦始皇本紀第六〉，《史記》，收入《景印摛藻堂四庫全書薈要·史部第1冊·正史類》（臺北：世界書局，1988年），總第87冊，卷6，頁177～180。

〔註23〕〔西漢〕司馬遷撰，〔南朝·宋〕裴駰集解，〔唐〕司馬貞索隱，張守節正義：〈高祖本紀第八〉，《史記》，卷8，頁225～226。

〔註24〕〔西漢〕孔安國傳，〔唐〕陸德明音義，孔穎達正義：〈商書·湯誥〉，《尚書注疏》，收入《景印摛藻堂四庫全書薈要·經部第15冊·書類》（臺北：世界書局，1988年），總第16冊，卷7，頁173～174。

今商王受惟婦言是用，昏棄厥肆弗荅，昏棄厥遺王父母弟不迪，乃惟四方之多罪逋逃，是崇是長，是信是使，是以為大夫卿士，俾暴虐于百姓，以奸宄于商邑。今予發惟龔行天之罰……。〔註25〕

《禮記》亦載：「湯以寬治民而除其虐……武王以武功去民之菑，此皆有功烈於民者也。」〔註26〕劉牧即藉劉邦興漢滅秦，廢除秦法之秦漢歷史，及商湯、武王攻伐桀、紂，弔民除虐去菑之三代史證，以詮註〈解卦䷧·大象〉之義。

劉牧援史釋《易》，無雜象數，符契人事義理之敘，誠然未見前儒有近雷同或另援他史之擬似手法，是以「劉牧之學，大抵求異先儒，穿鑿破碎」之攻詰，於此堪稱毫無根柢，頗有信口雌黃之感。

王弼此則无注，若此，抨擊劉牧：「盡刊王文，直用己意代之」、「牧又注《易》新意，牽合象數，其餘援輔嗣之意而改其辭」等諸語，豈非與上所犯同病？

晁說之曾言：「希聲不出王輔嗣之藩籬」，且鄭獬亦提：「牧之注，本沿蹈於希聲」，惟今陸希聲此說已佚，確然無法與劉牧訓釋〈解卦䷧·大象〉，以史釋《易》之內容相互核對，故而晁、鄭二氏，猶若鑿鑿之論，則不禁令人惑疑其依循之所在為何？

（三）〈損卦䷨·初九〉爻辭、〈小象〉

初九：已事遄往，无咎，酌損之。〈象〉曰：已事遄往，尚合志也。
〔註27〕

李衡於此纂錄一則劉牧注文：

居〈損〉䷨之初，蹇難既濟，事可為者為之，可已者已之，然亦當酌度。秦罷侯而孤睽，漢強國而畔迭，不能酌損也。尚合志，謂合眾民之志，如賦重刑酷難解，則可速已也。牧〔註28〕

〔註25〕〔西漢〕孔安國傳，〔唐〕陸德明音義，孔穎達正義：〈周書·牧誓〉，《尚書注疏》，卷10，頁236～237。

〔註26〕〔東漢〕鄭康成注，〔唐〕陸德明音義，孔穎達正義：《禮記注疏》，收入《景印摛藻堂四庫全書薈要·經部第51冊·禮類》（臺北：世界書局，1988年），總第52冊，卷46，頁324。

〔註27〕〔三國·魏〕王弼注，〔唐〕陸德明音義，孔穎達正義：《周易經傳注疏》，收入《景印摛藻堂四庫全書薈要·經部第1冊·易類》（臺北：世界書局，1988年），總第2冊，卷7，頁170。

〔註28〕〔南宋〕李衡刪增：《周易義海撮要》，收入《景印摛藻堂四庫全書薈要·經部第3冊·易類》（臺北：世界書局，1988年），總第4冊，卷4，頁139。

劉牧此注，不見於其他文獻，僅存《義海撮要》之中。其釋〈損〉卦䷨初九，居損之初，該時蹇難已得拯濟，惟諸般事宜，或當有所作為，抑或有所結束之際，彼此進退，動靜之拿捏，皆須適當斟酌。並取「秦罷侯而孤睽」與「漢強國而畔逆」，兩則不知衡量「酌損」之史例，以喻明〈損〉卦䷨初九之爻義。且以「賦重刑酷」致使百姓深陷危難而離散之鑑，警醒若想糾合群志，令民與上同意，則須快速終止此等逆失舉措，以訓〈象〉辭「尚合志」之旨。

　　劉牧所提「秦罷侯而孤睽」，乃節引西漢‧揚雄（53B.C.～18A.D.）所言：「秦失其猷，罷侯置守，守失其微，天下孤睽」〔註29〕之語。文中論及「罷侯置守」，即與《史記》刊載之史實相關：

> 丞相綰等言：「諸侯初破，燕、齊、荊地遠，不為置王，毋以填之。請立諸子，唯上幸許。」始皇下其議于羣臣，羣臣皆以為便。廷尉李斯議曰：「周文、武所封子弟，同姓甚眾，然後屬疏遠，相攻擊如仇讎，諸侯更相誅伐，周天子弗能禁止。今海內賴陛下神靈一統，皆為郡縣，諸子功臣以公賦稅重賞賜之，甚足易制。天下無異意，則安寧之術也；置諸侯不便。」始皇曰：「天下共苦戰鬪不休，以有侯王。賴宗廟，天下初定，又復立國，是樹兵也，而求其寧息，豈不難哉？廷尉議是。」分天下以為三十六郡。〔註30〕

其意概為丞相王綰（？）等人建議秦始皇云：「剛攻破各國諸侯，而燕、齊、荊（楚），地處偏遠，倘不設置王國，將無以鎮守安撫；懇請允立諸子為王。」始皇將此奏章交由群臣研商，眾夥齊稱合適。惟廷尉李斯（280～208B.C.）反駁曰：「周文、武王時代，分封同姓子弟甚多，致使宗族後嗣疏遠，形成諸侯之間，猶如仇讎，相互攻擊侵伐，然周天子則無法制止。如今天下歸於一統，皆改郡縣編制，諸子、功臣，咸以公家賦稅，而予重賞恩賜，已然甚易掌控。如此能使天下治化，無異圖滋生之法，方為太平安康之術，倘設置諸侯，反將不利。」秦始皇裁奪稱：「天下皆因侯王之故，以至爭戰不休而同陷苦難。惟幸賴宗廟祖先庇佑，國家得以初定，此時又復侯國設立，會再引起戰亂，

〔註29〕〔西漢〕揚雄撰，〔東晉〕李軌、〔唐〕柳宗元、〔北宋〕宋咸、吳祕、司馬光注：〈重黎篇〉，《揚子法言》，收入《景印摛藻堂四庫全書薈要‧子部第2冊‧儒家類》（臺北：世界書局，1988年），總第247冊，卷7，頁350。

〔註30〕〔西漢〕司馬遷撰，〔南朝‧宋〕裴駰集解，〔唐〕司馬貞索隱，張守節正義：〈秦始皇本紀第六〉，《史記》，收入《景印摛藻堂四庫全書薈要‧史部第1冊‧正史類》（臺北：世界書局，1988年），總第87冊，卷6，頁160。

欲以此法而求世界安寧平靜，豈非困難之事？廷尉之說非常正確。」故將全國分為三十六郡。

　　秦始皇，於統一六國之初，驟然廢封建為郡縣，不設諸侯，改置郡守、都尉，此即「罷侯置守」之謂。然因郡守、都尉欠缺防微杜漸之能，是以秦國由此而步入乖離分散之結果。宋咸即述：「秦之失道，罷諸侯之制，分為三十六郡，以置守尉，而守尉無防微之援，天下遂至孤獨睽乖也。」〔註31〕

　　劉牧另舉「漢強國而畔逆」，亦即西漢‧司馬遷（？）所著「七國之亂」之總括：

> 太史公曰：漢興，孝文施大德，天下懷安。至孝景，不復憂異姓，而晁錯刻削諸侯，遂使七國俱起，合從而西鄉。以諸侯大盛，而錯為之不以漸也。〔註32〕

太史公稱：「漢興之際，文帝廣施大德，全國安居樂業。至景帝繼位，已不再憂慮異姓諸侯會起反叛之心。然晁錯（200～154B.C.）感於諸侯權勢太盛，故而予以剝奪，迫使七國聯合起兵西向。禍起皆因晁錯操之過急，不諳酌損漸進之道所致。」

　　劉牧循揚雄沿《史記》「秦罷侯而孤睽」之史，觸類旁通於相對己悟「漢強國而畔逆」之事，藉二者同然以證〈損〉卦䷨初九之旨，全然符契人事義理解《易》之要，未混蛛絲象數之跡，對比王弼〈爻〉、〈象〉之釋：

> 〈損〉䷨之為道，「損下益上」，損剛益柔，以應其時者也。居於下極，損剛奉柔，則不可以逸。處〈損〉䷨之始，則不可以盈，事已則往，不敢宴安，乃獲「无咎」也。剛以奉雖免乎咎，猶未親也。故既獲无咎，復自「酌損」，乃得「合志」也。遄，速也。尚合於志，故速往也。〔註33〕

王、劉彼此語彙，用詞顯然不類。是以所謂劉牧「盡刊王文，直用己意代之」、

〔註31〕〔西漢〕揚雄撰，〔東晉〕李軌、〔唐〕柳宗元、〔北宋〕宋咸、吳祕、司馬光注：〈重黎篇〉，《揚子法言》，收入《景印摛藻堂四庫全書薈要‧子部第2冊‧儒家類》（臺北：世界書局，1988年），總第247冊，卷7，頁350。

〔註32〕〔西漢〕司馬遷撰，〔南朝‧宋〕裴駰集解，〔唐〕司馬貞索隱，張守節正義：〈孝景本紀第十一〉，《史記》，收入《景印摛藻堂四庫全書薈要‧史部第1冊‧正史類》（臺北：世界書局，1988年），總第87冊，總第87冊，卷11，頁273。

〔註33〕〔三國‧魏〕王弼注，〔唐〕陸德明音義，孔穎達正義：《周易經傳注疏》，收入《景印摛藻堂四庫全書薈要‧經部第1冊‧易類》（臺北：世界書局，1988年），總第2冊，卷7，頁170。

「牧又注《易》新意，牽合象數，其餘援輔嗣之意而改其辭」及「又益以范昧荒虛，不可究之象數」等諸訾，於此堪稱盡皆打破。

　　李衡擷萃劉牧辭句之前，尚引有兩則標注作者為「陸」氏之釋文：

　　己事者，以其事為己任者也。體剛在下，為損之初，是以事為己任者也。損之為用，在於應時，宜其速往，尚合眾心。為〈損〉䷨之始，必在酌量，无使過損也。陸　居損之始，是上始取於下也。「取不」過甚，宜「其」速奉之。雖己方執事，亦當捨而速往也。剝下附上，急而奉之，聚斂之臣，君子所賤，以其得宜，故无咎，酌損者，戒之也。陸〔註34〕

葉良佩撰次前「陸」氏之內容，一模一樣，一字不差，標示作者為「陸希聲」。〔註35〕後「陸」氏條，則標註作者，為北宋·陸秉（？）：

　　居損之始，是上始取於下也。「不至」過甚，宜速奉之。雖己方執事，亦當捨而速往也。剝下附上，急而奉之，聚斂之臣，君子所賤，以其得宜，故无咎，酌損者，戒之也。陸秉〔註36〕

勦摘文句，與李衡所輯，僅「『取不』過甚」、「『不至』過甚」；「宜『其』速奉之」、「宜速奉之」，兩組用詞有「取不」、「不至」；一有「其」、一無「其」之些微差異，然整段辭義毫無不同。

　　清·黃奭（1809～1853）因《撮要》標註兩「陸」字，故將兩段「陸」氏注文，全然視為陸希聲之說，一併綴入〈陸希聲易傳〉。〔註37〕惟清·沈起元（1685～1763），節刪前「陸」：「為〈損〉䷨之始，必在酌量，无使過損也」句，餘則以「陸公紀（陸績）」之說標記，撰入其著：

　　陸公紀曰：己事者，以其事為己任者也。體剛在下，為損之初，是以事為己任者也。損之用，在于應時，宜其速往，尚合眾心。〔註38〕

〔註34〕〔南宋〕李衡刪增：《周易義海撮要》，收入《景印摛藻堂四庫全書薈要·經部第3冊·易類》（臺北：世界書局，1988年），總第4冊，卷4，頁139。

〔註35〕〔明〕葉良佩輯：《周易義叢》，收入《續修四庫全書·經部·易類》（上海：上海古籍出版社，1995年），第7冊，卷之8，頁314。

〔註36〕〔明〕葉良佩輯：《周易義叢》，收入《續修四庫全書·經部·易類》，第7冊，卷之8，頁314。

〔註37〕〔清〕黃奭輯：〈陸希聲易傳〉，《黃氏逸書考》，收入《續修四庫全書·子部·雜家類》（上海：上海古籍出版社，1995年），第1206冊，頁636～637。

〔註38〕〔清〕沈起元撰：〈下經〉，《周易孔義集說》，收入《景印文淵閣四庫全書·經部44·易類》（臺北：臺灣商務印書館，1983年），第50冊，卷11，頁242。

省覽上述諸般淆亂紛紜，莫知孰是之訛異，究其根由，實為李衡芟夷《義海》，以「陸」之一字，標示原注作者所致。筆者觀此前後兩則接連之陸氏訓文，雖皆強調「酌損」、「速往」之戒，惟相互辭采文理，可謂大相逕庭，顯非出自一人之手；況歷來從所未見，同於一爻，有人作出兩類不同釋義且均代表己見之例。

前陸為陸希聲或陸公紀，後陸為陸秉抑君陽，抑或兩者皆遁叟，在現存文獻不足以深入探討之際，恐已無法獲得肯定之答案。惟將之與劉牧注說相較，劉以史訓《易》之義理陳述，明顯與二陸純然人事文詞釋《易》之手法，堪稱各異其趣、別具風格。若此鄭獬所云「牧之注，本沿蹈於希聲」之語，於此已然無法成立。且劉牧掇揚雄援史之論，啟發己創相應之見，以詮〈損〉卦䷨初九〈爻〉、〈象〉之辭，脈絡清晰，條理通達，簡潔明快，亦與陳振孫所詆：「劉牧之學，大抵求異先儒，穿鑿破碎」之斥，相為矛盾。

（四）〈升卦䷭·象傳〉

〈彖〉曰：柔以時升，巽而順，剛中而應，是以大亨。用見大人，勿恤，有慶也。南征吉，志行也。〔註39〕

李衡輯錄劉牧之注文如下：

巽☴以剛中而往，坤☷以柔中而來，以實升虛，上、下相應，是以大亨也。五以柔居尊位，是虛己而中正者也。二以剛中而往，不為邪諂者也。往則見納，如石投水，若行此道，以求見大人，則何用憂恤？必有慶也，茲乃元凱之升於舜也。陽氣左行而南，巽順陽氣而發生，故南征吉。志行者，文王，柔以時升，漸基王迹，武王終獲南狩之志；湯亦伐桀，升自陑，陑，南也。「陽」升，明君子之志「得」此，謂六四之德也。牧〔註40〕

葉良佩與李衡載錄之內容，彼此僅在「『柔』升，明君子之志『行』此」〔註41〕、「『陽』升，明君子之志『得』此」之「柔」與「陽」；「行」與「得」，兩組文

〔註39〕〔三國·魏〕王弼注，〔唐〕陸德明音義，孔穎達正義：《周易經傳注疏》，收入《景印摛藻堂四庫全書薈要·經部第1冊·易類》（臺北：世界書局，1988年），總第2冊，卷8，頁186～187。

〔註40〕〔南宋〕李衡刪增：《周易義海撮要》，收入《景印摛藻堂四庫全書薈要·經部第3冊·易類》（臺北：世界書局，1988年），總第4冊，卷5，頁161。

〔註41〕〔明〕葉良佩輯：《周易義叢》，收入《續修四庫全書·經部·易類》（上海：上海古籍出版社，1995年），第7冊，卷之9，頁351。

字之差異，餘皆全然相垺。〔註42〕

惟若將〈升卦䷭・六四〉：「王用亨于岐山，吉，无咎。〈象〉曰：王用亨于岐山，順事也」〔註43〕之〈爻〉、〈象〉辭，與劉牧所稱「志行者，文王，柔以時升，漸基王迹」之語比較，則李衡所輯：「『陽』升，明君子之志『得』此，謂六四之德也」之「陽」詞，恐有傳抄之誤，理應更正為「陰」字，方符六四〈爻〉、〈象〉之旨。且如此李、葉二者所錄劉牧釋解之文義，則不受「得」、「行」二字影響，咸能同然一般，無有不類。是以本處即以「『陰』升」語句討論。

劉牧訓地風〈升〉卦䷭之〈象傳〉，以下卦巽☴九二爻，象徵陽實剛中之君子，往而相應上卦坤☷，柔中居尊，虛己中正之六五大人，契合之情，猶如投石於水，為上所接納；若能不具邪諂，胸懷坦蕩之德性求見，則毋須憂慮，必得大亨且獲福慶。劉牧謂此，即如《春秋》所載：「元凱之升於舜也」〔註44〕之狀。

劉牧兼采東漢・鄭玄（127～200）所云：「陽氣左行」〔註45〕及西晉・杜預（222～285）：「〈復〉䷗，陽長之卦，謂陽氣起子，南行推陰」〔註46〕之注，故言「陽氣左行而南，蓋如巽☴之九二陽氣順行以滋長。」且引「文王漸基王迹，武王終獲南狩」、「湯亦伐桀，升自陑，陑，南也〔註47〕」之史事，以釋

〔註42〕〔明〕葉良佩輯：《周易義叢》，收入《續修四庫全書・經部・易類》，第7冊，卷之9，頁350～351。

〔註43〕〔三國・魏〕王弼注，〔唐〕陸德明音義，孔穎達正義：《周易經傳注疏》，收入《景印摛藻堂四庫全書薈要・經部第1冊・易類》（臺北：世界書局，1988年），總第2冊，卷8，頁187。

〔註44〕按《春秋》載曰：「昔高陽氏，有才子八人……，天下之民謂之八愷。高辛氏有才子八人……，天下之民謂之八元，……舜臣堯，舉八愷，使主后土……，舉八元，使布五教于四方。……」〔西晉〕杜預注，〔唐〕陸德明音義、孔穎達正義：〈文公十八年〉，《春秋左氏傳注疏》，收入《景印摛藻堂四庫全書薈要・經部第29冊・春秋類》（臺北：世界書局，1988年），總第30冊，卷20，頁471～472。

〔註45〕〔東漢〕鄭康成注，〔唐〕陸德明音義、孔穎達正義：〈月令〉，《禮記注疏》，收入《景印摛藻堂四庫全書薈要・經部第50冊・禮類》（臺北：世界書局，1988年），總第51冊，卷16，頁383。

〔註46〕〔西晉〕杜預注，〔唐〕陸德明音義、孔穎達正義：〈成公十六年〉，《春秋左氏傳注疏》，卷28，頁632。

〔註47〕按孔傳：「桀都安邑，湯升道從陑出其不意。陑在河曲之南」故劉牧據而謂：「陑，南也。」〔西漢〕孔安國傳，〔唐〕陸德明音義、孔穎達正義：〈商書・湯誓・序〉，《尚書注疏》，收入《景印摛藻堂四庫全書薈要・經部第15冊・書類》（臺北：世界書局，1988年），總第16冊，卷7，頁166。

「柔以時升」之要及解「南征吉」義。

　　劉牧「文王漸基王迹，武王終獲南狩」之述，或當源於〈明夷䷣·彖傳〉：「內文明而外柔順，以蒙大難，文王以之」〔註48〕，終至武王猶如〈明夷䷣·九三〉：「明夷於南狩，得其大首」〔註49〕之譬。劉牧此說，近於「荀九家」釋〈明夷〉䷣之注：

　　　　〈明夷〉䷣，象文王之輔相商紂，內文明而外柔順以蒙大難也。文
　　　　明，離☲相；柔順，坤☷象；大難互坎☵之象。艱貞自晦，得專征
　　　　伐，故商紂迄於武王南狩，而終入于地，以喪厥明也。〔註50〕

惟劉牧不取下互坎☵難之言，純以文、武史事以箋，且能舉一反三，另以《尚書》記錄之「伊尹相湯伐桀，升自陑」〔註51〕之類似史例相應以喻，全然合契義理解《易》之臬，毫無象數摻雜其間。故以「陰升」，象徵君子心志，猶如〈升卦䷭·六四〉所明之德性一般。

　　劉牧采十翼〈彖〉、〈象〉「得中」、陰陽「相應」，釋《易》之法；融合漢儒「十二辟卦，對應節令」〔註52〕所云「陽氣左行向南」之論；並佐〈明夷〉䷣、《春秋》、《尚書》載列之史事，共同以證〈升䷭·彖〉之諦，敘次通暢，條述鮮明。比較王弼注文：

　　　　柔以其時，乃得升也。純柔則不能自升，剛亢則物不從。既以時升，
　　　　又巽而順，剛中而應，以此而升，故得大亨。巽順以升，至于大明，
　　　　志行之謂也。〔註53〕

兩相對照，輔嗣逕以人事辨析解〈彖〉，與長民兼掇十翼、漢儒義理，輔以歷

〔註48〕〔三國·魏〕王弼注，〔唐〕陸德明音義，孔穎達正義：《周易經傳注疏》，收入《景印摛藻堂四庫全書薈要·經部第 1 冊·易類》（臺北：世界書局，1988年），總第 2 冊，卷6，頁154。

〔註49〕〔三國·魏〕王弼注，〔唐〕陸德明音義，孔穎達正義：《周易經傳注疏》，收入《景印摛藻堂四庫全書薈要·經部第 1 冊·易類》，總第 2 冊，卷6，頁155。

〔註50〕〔明〕葉良佩輯：《周易義叢》，收入《續修四庫全書·經部·易類》（上海：上海古籍出版社，1995年），第 7 冊，卷之7，頁268。

〔註51〕〔西漢〕孔安國傳，〔唐〕陸德明音義、孔穎達正義：〈商書·湯誓·序〉，《尚書注疏》，收入《景印摛藻堂四庫全書薈要·經部第 15 冊·書類》（臺北：世界書局，1988年），總第 16 冊，卷7，頁166。

〔註52〕按「十二辟卦，對應節令」之自然氣候理論，另於下節〈天文、地理科學解《易》〉進行詳述。

〔註53〕〔三國·魏〕王弼注，〔唐〕陸德明音義，孔穎達正義：《周易經傳注疏》，卷8，頁186～187。

史之詮釋，全然不類。分毫未見「盡刊王文，直用己意代之」、「牧又注《易》新意，牽合象數，其餘援輔嗣之意而改其辭」及「又益以茫昧荒虛，不可究之象數」諸情狀。

陸希聲此傳文獻未存，惟鄭獬曾言：「希聲削文王、孔子〈繫〉、〈象〉而著以己說」、晁說之亦稱：「陸希聲夢三聖人而捨〈彖〉、〈象〉作傳。」倘二者所陳為真，則與劉牧擷取「十翼」之「得中」、「相應」，以闡抉〈升䷭・彖〉之理有別。且晁說之有述：「希聲不出王輔嗣之藩籬」，今劉牧訓釋全文已然不類王弼，同然邏輯以推，亦當相異於希聲之撰，若此鄭獬所云「牧之注，本沿蹈於希聲」之辭，於此，恐亦無法自圓其說。

而劉牧所列文、武諸史，或類於九家易〈明夷〉䷣之敘，然稱其自悟於〈明夷〉䷣〈彖〉、〈爻〉之反隅，尚不為過。因其另提意境對等之湯、桀史事以相呼應，且舉〈春秋〉「元凱」之史例，咸皆未見先儒於〈升䷭・彖〉之援用，是以陳振孫詆切「劉牧之學，大抵求異先儒，穿鑿破碎」之語，猶如空口無憑之白話，令人難以置信。

劉牧此注，純然循義理搭配史事釋《易》，引據詳實，詮解醇厚，清・黃以周（1828～1899）即認為牧說，符合孔夫子「十翼」〔註54〕意旨，故節刪內容，惟以「劉先之曰」輯入其著：

> 劉先之曰：五以柔居尊位，是虛己而中正者也。二以剛中而往，不為邪諂者也。往則見納，如石投水，若行此道，以求見大人，則何用憂恤？必有慶也，茲乃元凱之升於舜也。〔註55〕

黃以周錯將劉牧先之誤視為劉牧長民，而訛植作者字號。然則肯定劉牧確遵義理釋《易》而將其裒錄之無形蘊奧，亦足以否定且推翻前揭諸儒，不實攻詰之諸般流言與！

（五）〈節卦䷻・初九〉爻辭、〈小象〉

> 初九：不出戶庭，无咎。〈象〉曰：不出戶庭，知通塞也。〔註56〕

〔註54〕按黃以周謂：「及研討既久，略有會悟，乃承家君命，廣搜『十翼』之注，不拘年代，擇其醇者而錄之，名之曰《十翼後錄》。」〔清〕黃以周撰：〈自序〉，《十翼後錄》，收入《續修四庫全書・經部・易類》（上海：上海古籍出版社，1995年），第36冊，頁6。

〔註55〕〔清〕黃以周撰：〈自序〉，《十翼後錄》，收入《續修四庫全書・經部・易類》（上海：上海古籍出版社，1995年），第37冊，卷12，頁96。

〔註56〕〔三國・魏〕王弼注，〔唐〕陸德明音義，孔穎達正義：《周易經傳注疏》，收

李衡纂錄劉牧此則之注文：

> 〈節〉☵者，止也；止物之通也。且物通散而止之，非所願也，蓋不得已而從其制也，猶叔孫通，創緜蕝之儀耳。將立制以節物情，可使由之，不可使知之也。凡機事之失，泄于言「語」，防其言語不出戶庭，慎之至也，何咎之有？且〈節〉☵者，謂以中道節物情。謂過，則節之未至「者」，俾「跋」而及之也。初雖承〈渙〉☴之末，然物情未至於〈節〉☵，故不行其節也。知通塞者，水之在澤，「畜」之，則功不及物，必通散之；散之不已，則遂至「于」竭，必止塞之也。以初承〈渙〉☴之末，散未至于〈節〉☵，弗行其節，故曰知通塞也。牧〔註57〕

葉良佩亦裒輯劉牧之注，惟和李衡所列，互有「」標記之幾字差異，然整段辭義並無不同，葉氏所載如下：

> 〈節〉☵者，止也；止物之通也。且物通散而止之，非所願也，蓋不得已而從其制也，猶叔孫通，創綿蕝之儀耳。將立制「度」以節物情，可使由之，不可使知之也。凡機事之失，泄于言「路」，防其言語不出戶庭，慎之至也，何咎之有？且〈節〉☵者，謂以中道節物情。謂過，則節之未至，「則」俾「扳」而及之也。初雖承〈渙〉☴之末，然物情未至於「可」節，故不行其節也。知通塞者，「如」水之在澤，「蓄」之，則功不及物，必通「而」散之；散之不已，則遂至「於」竭，必止塞之也。以初承〈渙〉☴之末，散未至于〈節〉☵，弗行其節，故曰知通塞也。劉牧〔註58〕

劉牧以〈雜卦〉：「〈節〉☵，止也。」〔註59〕解釋〈節〉卦☵卦義，在於止物之通。其謂事物因流通渙散而須有所禁止，雖非情願，惟為符契常理而使有

入《景印摛藻堂四庫全書薈要・經部第 1 冊・易類》（臺北：世界書局，1988年），總第 2 冊，卷 10，頁 232。

〔註57〕〔南宋〕李衡刪增：《周易義海撮要》，收入《景印摛藻堂四庫全書薈要・經部第 3 冊・易類》（臺北：世界書局，1988 年），總第 4 冊，卷 6，頁 221～222。

〔註58〕〔明〕葉良佩輯：《周易義叢》，收入《續修四庫全書・經部・易類》（上海：上海古籍出版社，1995 年），第 7 冊，卷之 12，頁 456～457。

〔註59〕〔三國・魏〕王弼注，〔唐〕陸德明音義，孔穎達正義：《周易經傳注疏》，收入《景印摛藻堂四庫全書薈要・經部第 1 冊・易類》（臺北：世界書局，1988年），總第 2 冊，卷 13，頁 309。

所節制，故不得已亦須遵從。且舉《史記》所載漢興五年，叔孫通（？）為漢高祖創設朝庭禮儀，典籍泛稱「緜蕝之儀」〔註60〕之史事以證。劉牧指行將建立約制眾情、民心之制度，令百姓得以順服實行即可，毋須說明設置之緣由，其道理，即如孔子所言：「民可使由之，不可使知之」〔註61〕之意趣一般。

　　劉牧又以〈繫辭〉所述：「子曰：亂之所生也，則言語以為階。君不密則失臣，臣不密則失身，幾事不密則害成，是以君子慎密而不出也」〔註62〕為根據，詮貫〈節〉卦䷻初九爻辭：「凡機事之失，泄于言語。防其所談，不傳出戶庭，慎之至也，何咎之有？」另依〈節卦䷻·象傳〉所云：「說以行險，當位以節，中正以通。」〔註63〕及〈序卦〉所述：「〈渙〉䷺者，離也，物不可以終離，故受之以〈節〉䷻」，〔註64〕而自悟爻義稱：「〈節〉䷻者，謂以中道節物情。然『超過』之意，乃指事物之情有所逾越，制約要求未至之境，若此

〔註60〕 按「漢五年，已并天下，諸侯共尊漢王為皇帝於定陶。叔孫通就其儀號。高帝悉去秦苛儀法，為簡易。羣臣飲酒爭功，醉或妄呼，拔劍擊柱，高帝患之。叔孫通知上益厭之也，說上曰：『夫儒者難與進取，可與守成。臣願徵魯諸生，與臣弟子共起朝儀。』高帝曰：『得無難乎？』叔孫通曰：『五帝異樂，三王不同禮。禮者，因時世人情為之節文者也。故夏、殷、周之禮所因損益可知者，謂不相復也。臣願頗采古禮與秦儀雜就之。』上曰：『可試為之，令易知，度吾所能行，為之。』於是叔孫通使徵魯諸生三十餘人。魯有兩生不肯行，曰：『公所事者且十主，皆面諛以得親貴。今天下初定，死者未葬，傷者未起，又欲起禮樂。禮樂所由起，積德百年而後可興也。吾不忍為公所為。公所為不合古，吾不行。公往矣，無汙我！』叔孫通笑曰：『若真鄙儒也，不知時變。』遂與所徵三十人西，及上左右為學者與其弟子百餘人為緜蕝野外。習之月餘；叔孫通曰：『上可試觀。』上既觀，使行禮，曰：『吾能為此。』迺令羣臣習肄。」〔西漢〕司馬遷撰，〔南朝·宋〕裴駰集解，〔唐〕司馬貞索隱、張守節正義：〈劉敬、叔孫通列傳第三十九〉，《史記》，收入《景印摛藻堂四庫全書薈要·史部第3冊·正史類》（臺北：世界書局，1988年），總第89冊，卷99，頁332～333。

〔註61〕 〔三國·魏〕何晏注，〔唐〕陸德明音義，〔北宋〕邢昺正義：〈泰伯第八〉，《論語注疏》，收入《景印摛藻堂四庫全書薈要·經部第69冊·論語類》（臺北：世界書局，1988年），總第70冊，卷8，頁75。

〔註62〕 〔三國·魏〕王弼注，〔唐〕陸德明音義，孔穎達正義：《周易經傳注疏》，卷11，頁261。

〔註63〕 〔三國·魏〕王弼注，〔唐〕陸德明音義，孔穎達正義：《周易經傳注疏》，收入《景印摛藻堂四庫全書薈要·經部第1冊·易類》（臺北：世界書局，1988年），總第2冊，卷10，頁231。

〔註64〕 〔三國·魏〕王弼注，〔唐〕陸德明音義，孔穎達正義：《周易經傳注疏》，收入《景印摛藻堂四庫全書薈要·經部第1冊·易類》，總第2冊，卷13，頁308。

則將改變使之達於所盼。惟初九為〈節〉卦☵☱之始，雖承〈渙〉卦☴☵離散之終，卻未及於須限之況，是以不行其節。」

劉牧另以〈說卦〉：「坎☵為水」〔註65〕、「兌☱為澤」〔註66〕以解「知通塞」之蘊。其意即如水蓄積在澤，功能未臻於物，必須予以疏通散佈。惟若傳布不知節制，終至於枯竭耗盡，因而適當時機，尤須加以止塞。劉牧藉此摻合己識，歸納而論：「以初承〈渙〉☴☵之末，散未至于〈節〉☵☱，所以弗行其節，故爻辭曰『知通塞』也。」

劉牧摭拾〈繫辭〉、〈象傳〉、〈序卦〉、〈雜卦〉、〈說卦〉、《論語》諸說，併結合史事以相應闡述，全然符協義理釋《易》之範，未有絲毫象數混雜。比較王弼〈節卦☵☱·初九〉之注：

> 為〈節〉☵☱之初，將整離散而立制度者也。〔註67〕故明於通塞，處
> 於險偽，不出戶庭，慎密不失，然後事濟而无咎也。〔註68〕

二者內容，並無同類關鍵注語出現，且詮敘方式截然不同。若此，指斥劉牧「盡刊王文，直用己意代之」、「牧又注《易》新意，牽合象數，其餘援輔嗣之意而改其辭」及「又益以茫昧荒虛，不可究之象數」諸詆語，蓋皆盡無得見真確。

李衡輯錄「牧」條釋文之前，尚載有一則「陸」氏傳註：

> 此卦二、三、四、五剛柔相分，三、「四」下比於二，四則上承於五，
> 初則節制之始而心无私「係」，此制「度數」，議德行之主也，必明
> 通塞之變，以定用捨之宜。此皆節之於內，而施之於外，故慎密不

〔註65〕〔三國·魏〕王弼注，〔唐〕陸德明音義，孔穎達正義：《周易經傳注疏》，收入《景印摛藻堂四庫全書薈要·經部第1冊·易類》，總第2冊，卷13，頁303。

〔註66〕〔三國·魏〕王弼注，〔唐〕陸德明音義，孔穎達正義：《周易經傳注疏》，收入《景印摛藻堂四庫全書薈要·經部第1冊·易類》，總第2冊，卷13，頁304。

〔註67〕孔穎達曰：「〈序卦〉云：『物不可以終離，故受之以〈節〉☵☱。』此卦承〈渙〉卦☴☵之後，初九居〈節〉☵☱之初，故曰『將整離散而立法度』也。」〔三國·魏〕王弼注，〔唐〕陸德明音義，孔穎達正義：《周易經傳注疏》，卷10，頁232。按孔氏看法循王弼之說，惟筆者以為「整離散，立法度」，與「不出戶庭」似有衝突，而劉牧「弗行其節，知通塞」之見解，則與「不出戶庭」有所對應，是以劉牧詮釋，確然與孔、王二者，迥異有別。

〔註68〕〔三國·魏〕王弼注，〔唐〕陸德明音義，孔穎達正義：《周易經傳注疏》，卷10，頁232。

出，然後可以无咎。陸〔註69〕

葉良佩亦裒綴此敘且標註作者為「陸希聲」。惟二者文句，互有標註「」之字詞不同：

> 此卦二、三、四、五剛柔相分，三「則」下比於二，四則上承於五，
> 初則節制之始而心无私「繫」，此制「數度」，議德行之主也，必明
> 通塞之變，以定用捨之宜。此皆節之於內，而施之於外，故慎密不
> 出，然後可以无咎。陸希聲〔註70〕

倘對李衡所錄「此卦二、三、四、五剛柔相分，三、『四』下比於二，四則上承於五」之前、後語句進行分析，則「三、『四』，下比於二」之「四」字，應屬傳抄之誤，理當改為葉良佩所輯之「則」字方是。若此，二者所記全段語義，即無相異。然黃奭已依《撮要》之撰次，未加修訂而全然將之輯入〈陸希聲易傳〉。〔註71〕

　　陸氏雖云〈節卦䷻‧初九〉為制度數，議德行之〈節〉卦䷻卦主，然觀全文所述，則和王弼之說頗為雷同，是以晁說之所言：「希聲不出王輔嗣之藩籬」，於此或可窺其端倪於一二。惟與劉牧詮註相比，彼此之特色主張，卻截然有別；況劉牧所釋，於文獻之中未見前儒相類之著，可謂一己首創之聞。若此，誹稱「牧之注，本沿蹈於希聲」及「劉牧之學，大抵求異先儒，穿鑿破碎」之詆議，於此，咸屬空口無憑，莫知所據。

　　且由陸希聲訓「四則上『承』於五」之「承」字，尚可看出其沿〈節卦䷻‧六四‧小象〉：「安節之亨，『承』上道也」〔註72〕之六四、九五，陰陽相承之論而來。若然，鄭獬所陳「希聲削文王、孔子〈繫〉、〈象〉而著以己說」及晁說之所敘「陸希聲夢三聖人而捨〈彖〉、〈象〉」作傳」諸辭語，又似與眼見，存有名不副實之疑矣。

〔註69〕〔南宋〕李衡刪增：《周易義海撮要》，收入《景印摛藻堂四庫全書薈要‧經部第3冊‧易類》（臺北：世界書局，1988年），總第4冊，卷6，頁221。

〔註70〕〔明〕葉良佩輯：《周易義叢》，收入《續修四庫全書‧經部‧易類》（上海：上海古籍出版社，1995年），第7冊，卷之12，頁456。

〔註71〕〔清〕黃奭輯：〈陸希聲易傳〉，《黃氏逸書考》，收入《續修四庫全書‧子部‧雜家類》（上海：上海古籍出版社，1995年），第1206冊，頁648。

〔註72〕〔三國‧魏〕王弼注，〔唐〕陸德明音義，孔穎達正義：《周易經傳注疏》，收入《景印摛藻堂四庫全書薈要‧經部第1冊‧易類》（臺北：世界書局，1988年），總第2冊，卷10，頁232。

二、宋代史事《易》學定位之考辨

　　省覽擷采於劉牧《新注周易》、《卦德通論》之輯佚注文,且爬梳所得之五則史事詮《易》釋例,綜理其特性,均為沿義理人事為基,且分別對照:

　　(一)史遷所綴太公、周公之術以解〈乾卦☰·文言·九三〉之要。

　　(二)摘掇《史記》、《尚書》、《禮記》所著漢祖滅秦廢法之史,商湯攻桀、武王伐紂之事,詮註〈解卦☵·大象〉之趣。

　　(三)循揚雄《揚子法言》援於《史記》「秦罷侯而孤睽」,相應隅反同源之「漢強國而畔逆」,交相以證〈損〉卦☶初九〈爻〉、〈象〉之辭。

　　(四)摭「十翼」〈彖〉、〈象〉「得中」、陰陽「相應」之臬,融匯鄭玄、杜預「月卦節令,陽氣左行」自然之理,輔之〈明夷〉☷、《春秋》、《尚書》羅列之蹟,以訓〈升卦☷·象傳〉之旨。

　　(五)萃集〈繫辭〉、〈象傳〉、〈序卦〉、〈雜卦〉、〈說卦〉、《論語》諸說,併太史公所陳「縣薴之儀」歷史,以釋〈節卦☵·初九〉之奧。

　　各則文章語句之詮解,咸皆引據詳實,脈絡清晰,條理通暢,撰序醇厚。惟歷來未受義理、史事《易》家之青睞,僅黃以周芟夷綴入其〈升☷·象〉之注,餘則未有他家裒錄。黃忠天:《宋代史事易學研究》[註73]、劉秀蘭:《宋代史事易學之義理風華》[註74],更且全然不見討論。然黃忠天有言:

　　　宋代史事《易》家如李光、楊萬里、李杞、李中正等之《易》學,……亦大致完好也。然宋代史事《易》家,非僅止於上述而已,亦有援史證《易》,顯為史事宗一派者,惟其著述或殘缺特甚,或湮沒不存,難究其詳,惟其人其書,苟吉光片羽,尚可推尋者,亦不敢任其滅沒無聞。[註75]

并比較其分別陳列北宋·薛溫其(?)、阮逸(?)各三則、二則箋注所云:

　　　由上述諸例觀之,薛溫其《易義》雖已亡佚,然其說《易》每喜以唐代史事證之,故可列為史事《易》學一派也。[註76]

　　　阮逸《易筌》雖已亡佚,然由所存二則觀之,蓋亦引史證《易》之

〔註73〕黃忠天:《宋代史事易學研究》(高雄:高雄師範大學國文研究所博士論文,1995 年。)

〔註74〕劉秀蘭撰:《宋代史事易學之義理風華》(高雄:麗文化事業股份有限公司,2011 年。)

〔註75〕黃忠天:《宋代史事易學研究》,頁 363。

〔註76〕黃忠天:《宋代史事易學研究》,頁 363～364。

史事宗也。〔註77〕

黃氏所提薛溫其《易義》乙書,《郡齋讀書志》、《遂初堂書目》、《直齋書錄解題》皆未見著錄。惟清・朱彝尊(1629～1709)《經義考》,則記有「薛氏溫其《易義》」條目,且敘:

> 按薛氏《易》說,散見《周易義海》,其釋〈蠱〉䷑二云:「危行言孫,信而後諫,非梁公之徒,孰能與此。」又釋〈渙・象〉云:「二以身入險,四則輔君任事,上下同濟,厥事乃濟,李晟入險,陸贄輔后,二爻之象。」又釋〈既濟䷾・象〉云:「衰亂之起,必自逸樂,開元之盛,繼以天寶,初吉終亂之驗也。」皆引唐事以為之證,當屬宋初人。〔註78〕

若然,黃氏稱溫其「每喜以唐代史事證之」之言,或援自朱氏所述「皆引唐事以為之證」語。然考彝尊采於《周易義海撮要》所輯之三則注文,〈蠱卦䷑・九二〉〔註79〕、〈渙卦䷺・象傳〉〔註80〕、〈既濟䷾・象傳〉〔註81〕,李衡全以「薛」字表示作者,惟葉良佩則皆標記「薛簪」而非「薛溫其」。〔註82〕是以朱氏所取三則史事釋例,是否果為薛溫其之詮,誠然存有爭議。

　　況《撮要》於〈乾卦䷀・大象〉,摘錄「薛溫其」之陳具:「〈象〉,累聖相承之意。〈大象〉,孔子獨出之事。薛溫其」〔註83〕,葉良佩亦同然纂次,惟較為詳細:「孔氏言〈彖〉詳而〈象〉署。〈象〉在〈彖〉後,所以思過半之義,在〈彖〉,不在〈象〉,愚謂不然。〈彖〉乃累聖相承之意,〈大象〉孔子獨出之辭。且『思過半』是夫子語,安得預兼〈大象〉而言之邪?薛溫其」

〔註77〕黃忠天:《宋代史事易學研究》,頁365。

〔註78〕〔清〕朱彝尊撰:〈易十七〉,《經義考》,收入《景印摛藻堂四庫全書薈要・史部第151冊・目錄類》(臺北:世界書局,1988年),總第237冊,卷18,頁610～611。

〔註79〕〔南宋〕李衡刪增:《周易義海撮要》,收入《景印摛藻堂四庫全書薈要・經部第3冊・易類》(臺北:世界書局,1988年),總第4冊,卷2,頁68。

〔註80〕〔南宋〕李衡刪增:《周易義海撮要》,收入《景印摛藻堂四庫全書薈要・經部第3冊・易類》,總第4冊,卷6,頁216。

〔註81〕〔南宋〕李衡刪增:《周易義海撮要》,收入《景印摛藻堂四庫全書薈要・經部第3冊・易類》,總第4冊,卷6,頁232～233。

〔註82〕〔明〕葉良佩輯:《周易義叢》,收入《續修四庫全書・經部・易類》(上海:上海古籍出版社,1995年),第7冊,卷之4,頁157;卷之11,頁446;卷之12,頁478。

〔註83〕〔南宋〕李衡刪增:《周易義海撮要》,卷1,頁7。

〔註84〕，觀其文中，並無史事之語。

又《撮要》〈師卦☷☵・六四〉撰次：「動左者，生之位次者，不急事。事若不急，何以生民？當位不失者，之所用心也。薛」〔註85〕作者標記「薛」字；而此則，葉良佩掇錄：「左者，生之位次者，不急事。不急事可以生民，此當位不失常者，所用心也。薛溫其」〔註86〕二則文字雖有些許差異，或為傳抄之故，惟葉氏揭示作者為「薛溫其」，然文中皆無史事之跡。

《撮要》於〈泰卦☷☰・六五〉，摭拾一辭：「至尊之妹，必歸於夫，人倫之正。薛」〔註87〕葉良佩劕摘之內容一模一樣，然作者標記「薛溫其」〔註88〕，文中亦無史事之蹤。

李衡於〈謙☷☶・九三〉，摘引：「居上下之際，接兩體焉。非勞不可，亦乾乾之義也。薛」〔註89〕葉良佩則載：「居上下之際，接兩體焉。非勞不可，亦終日乾乾之義也。薛溫其」〔註90〕文句之中，咸無史事出現。

相類上舉諸例，誠於《撮要》，比比皆是。且以「薛」字表示作者之訓注，倘與葉良佩《周易義叢》對照，並非皆為「薛溫其」之釋。〔註91〕惟受限篇幅，洵然無法逐一列敘，僅能略摘四則以駁朱彝尊，欠缺客觀確證而以一概全所稱：「薛氏《易》說，散見《周易義海》，……，皆引唐事以為之證」之肯定結言。

陳振孫於《直齋書錄解題》「《易筌》六卷」詞條嘗云：「太常丞，建安阮逸天隱撰。每爻各以一古事繫之，頗多牽合。」〔註92〕黃忠天則謂：「《宋志》

〔註84〕〔明〕葉良佩輯：《周易義叢》，卷之1，頁24～25。

〔註85〕〔南宋〕李衡刪增：《周易義海撮要》，卷1，頁31。

〔註86〕〔明〕葉良佩輯：《周易義叢》，卷之3，頁87。

〔註87〕〔南宋〕李衡刪增：《周易義海撮要》，卷2，頁45。

〔註88〕〔明〕葉良佩輯：《周易義叢》，卷之3，頁114。

〔註89〕〔南宋〕李衡刪增：《周易義海撮要》，卷2，頁57。

〔註90〕〔明〕葉良佩輯：《周易義叢》，卷之4，頁137。

〔註91〕按如〈需卦☵☰・初九〉，李衡裒撮：「郊遠難而待；沙近難；泥涉難。薛」〔南宋〕李衡刪增：《周易義海撮要》，卷1，頁25。葉良佩，則摘錄於〈需卦☵☰・九二〉：「郊遠難；沙近難；泥涉難。薛仁貴」〔明〕葉良佩輯：《周易義叢》，卷之2，頁72。又按兩者僅差「而待」二字，惟不影響全句語義，可謂同然一般。

〔註92〕〔南宋〕陳振孫撰：《直齋書錄解題》，收入《景印摛藻堂四庫全書薈要・史部第151冊・目錄類》（臺北：世界書局，1988年），總第237冊，卷1，頁9。

載其《易筌》六卷，惜今已佚！惟《周易義海》尚存其說兩則。」〔註93〕今審李衡《撮要》於〈泰卦䷊·六五〉裒輯之《易筌》釋例，作者明確標示「阮逸」〔註94〕二字，陳述比之葉良佩所載，稍顯仔細，且葉氏登記作者亦為「阮逸」，〔註95〕此條應無爭議。

　　然於〈萃卦䷬·九四〉，李衡剟摘：「管仲有奢僭不正之惡，而能九合諸侯，立大功以掩其過，正合此象。阮」〔註96〕標明釋文之作者為「阮」氏。惟葉良佩編錄：「管仲有奢僭不正之失，而能九合諸侯，立大功以掩其過，正合此象。阮渾」〔註97〕與李衡僅「惡」、「失」二字之別，然作者卻書名西晉·阮渾（？）而非「阮逸」。

　　若此，當今文獻，僅存兩則或與阮逸相關之詮註，其中竟有一例，出現令人疑惑其確切之情況。然倘以陳振孫所指，而對比上述明註「阮逸」之訓文，在驗證材料嚴重不足之條件下，恐亦僅能摭單而勉為全般採信。惟朱彝尊評「薛溫其」之陳告，則與現存事實相左，而有所出入。

　　然省校黃氏沿襲朱彝尊「皆引唐事以為之證」之「皆引」及陳振孫「每爻各以一古事繫之」之「每爻」詞義以思，劉牧史事詮《易》之注，祇獲五則輯佚之數，尚未能達所謂「史事宗」之界域標准。

　　惟明·胡應麟（1551～1602）嘗述：「阮逸，字天隱，胡安定璦門士也。」〔註98〕《保德州志》亦載：「薛溫其，絳縣人，熙寧八年，由祕書丞任。」〔註99〕「熙寧」為北宋神宗年號，八年，即西元1075年，〔註100〕是以阮

〔註93〕黃忠天：《宋代史事易學研究》（高雄：高雄師範大學國文研究所博士論文，1995年），頁364。

〔註94〕〔南宋〕李衡刪增：《周易義海撮要》，收入《景印摛藻堂四庫全書薈要·經部第3冊·易類》（臺北：世界書局，1988年），總第4冊，卷2，頁45。

〔註95〕〔明〕葉良佩輯：《周易義叢》，收入《續修四庫全書·經部·易類》（上海：上海古籍出版社，1995年），第7冊，卷之3，頁114。

〔註96〕〔南宋〕李衡刪增：《周易義海撮要》，卷5，頁159。

〔註97〕〔明〕葉良佩輯：《周易義叢》，卷之9，頁347。

〔註98〕〔明〕胡應麟撰：〈四部正譌上〉，《少室山房筆叢正集》，收入《景印文淵閣四庫全書·子部192·雜家類》（臺北：臺灣商務印書館，1985年），第886冊，卷14，頁320。

〔註99〕〔清〕王克昌修，殷夢高纂：〈官師第六·職名州尹·宋〉，《山西省保德州志》（臺北：成文出版社有限公司，1976年據康熙四十九年鉛印本影印），卷6，頁316。

〔註100〕方詩銘編：《中國歷史紀年表》（上海：上海辭書出版社，1980年），頁112。

逸、薛溫其，蓋皆晚於劉牧。若然，縱使劉牧不及於史事宗派之流，然視為
宋初史事解《易》之肇，列宋代史事《易》學承先啟後之位，當可稱名正言
順，毫不為過。其掇史以輔釋《易》之法，亦成為劉牧人事義理疏《易》，
所具特性之一。

第二節　撫天文、地理之規，符契人事解《易》之研辯

　　劉牧內采「十翼」、經典之旨為基兆，外掇史事鋪陳以相應〈乾卦☰・文
言・九三〉、〈解卦☷・大象〉、〈損〉卦☶初九、〈升卦☷・象傳〉、〈節卦☵・初
九〉諸意趣。洵然不違人事之蘊奧，尚且吻合《易》道哲理之精義，確然有其
獨出宋初義理訓《易》之啟發與開創。況〈繫傳〉有云：「《易》之為書也，廣
大悉備。有天道焉，有人道焉，有地道焉。兼三才而兩之，故六。六者非它也，
三才之道也。」〔註101〕人居天、地，必與天、地相協，方得化育，劉牧深諳此
「三才」之要，是以非但摘取歷史以證人事，更且擷擇科學以輔翼詮貫，本節
即就劉牧另循天文、地理之範，契合義理訓《易》之釋例，進行研審與論辨。

一、〈坤卦☷・大象〉

　　　　〈象〉曰：地勢，〈坤〉☷；君子以厚德載物。〔註102〕
劉牧發抒：「〈乾〉☰始東南，地形傾而順之。」〔註103〕所言，乃對「地勢，
〈坤〉☷」之訓解。南宋・王應麟（1223～1296）稱：

　　　　十二月卦出於孟氏章句。十二辟卦：〈復〉☷子、〈臨〉☷丑、〈泰〉
　　　　☷寅、〈大壯〉☳卯、〈夬〉☱辰、〈乾〉☰巳、〈姤〉☴午、〈遯〉☶
　　　　未、〈否〉☷申、〈觀〉☴酉、〈剝〉☶戌、〈坤〉☷亥。〔註104〕

〔註101〕〔三國・魏〕王弼注，〔唐〕陸德明音義，孔穎達正義：《周易經傳注疏》，
　　　　收入《景印摛藻堂四庫全書薈要・經部第 1 冊・易類》（臺北：世界書局，
　　　　1988 年），總第 2 冊，卷 12，頁 292。

〔註102〕〔三國・魏〕王弼注，〔唐〕陸德明音義，孔穎達正義：《周易經傳注疏》，
　　　　收入《景印摛藻堂四庫全書薈要・經部第 1 冊・易類》，總第 2 冊，卷 2，
　　　　頁 47。

〔註103〕〔南宋〕李衡刪增：《周易義海撮要》，收入《景印摛藻堂四庫全書薈要・經
　　　　部第 3 冊・易類》（臺北：世界書局，1988 年），總第 4 冊，卷 1，頁 14。

〔註104〕〔南宋〕王應麟撰：〈六日七分〉，《小學紺珠》，收入《景印文淵閣四庫全書・
　　　　子部 254・類書類》（臺北：臺灣商務印書館，1985 年），第 948 冊，卷 1，
　　　　頁 396。

東漢‧郎顗（？）曾謂：「《京氏傳》曰：卦氣，以十二辟卦，直十二月。」
〔註105〕是以西漢‧孟喜（？）所言之十二月卦，即如西漢‧京房（77～37B.C.）
所說之十二辟卦，每月值有一卦。若此，王應麟云：〈乾〉卦☰當巳月，〈坤〉
卦☷對亥月。

　　《乾鑿度》有載：「八卦數二十四以生陰、陽，衍之皆合之於度量。」
〔註106〕鄭玄注曰：「數二十四者，即分八卦各為三氣之數，於是復云：『以
生陰陽』，則中分為四十八也。」〔註107〕清‧萬年淳（？）則釋：

> 《易乾鑿度》云：「八卦數二十四以生陰陽，衍之皆合於度量。」注
> 云：「分八卦各為三氣之數以生陰陽，中分為四十八。」按此即羅盤
> 一卦管三山之說也。三氣者，如壬子癸，壬為初氣，子為中氣，癸
> 為末氣，二十四山分四十八局，其源皆出於此。〔註108〕

萬氏云《乾鑿度》所提之「二十四」，即指羅盤二十四山。《協紀辨方書》對於
二十四山有清楚詮述：

> 卦四、天干八、地支十二，共用二十四方位，陰陽家名二十四山。……
> 八卦惟用四隅而不用四正者，以四正卦正當地支子、午、卯、酉之
> 位，故不用卦而用支，用支即用卦也。八卦既定四正，則以八干輔
> 之：甲乙夾震、丙丁夾離、庚辛夾兌、壬癸夾坎。四隅則以八支輔
> 之：戌亥夾乾、丑寅夾艮、辰巳夾巽、未申夾坤。合四維、八干、
> 十二支，共二十四。天干不用戊、己者，戊、己為中央土無定位也。
> 以二十四山分屬八卦，則一卦筦三山，戌、乾、亥屬乾☰；壬、子、
> 癸屬坎☵；丑、艮、寅屬艮☶；甲、卯、乙屬震☳；辰、巽、巳屬
> 巽☴；丙、午、丁屬離☲；未、坤、申屬坤☷；庚、酉、辛屬兌☱，
> 謂之八宮，以二十四山分屬五行。〔註109〕

〔註105〕〔明〕葉良佩輯：《周易義叢》，收入《續修四庫全書‧經部‧易類》（上海：
　　　　上海古籍出版社，1995年），第7冊，卷之3，頁116。

〔註106〕〔東漢〕鄭康成注：《易緯乾鑿度》，收入《景印摛藻堂四庫全書薈要‧經部
　　　　第14冊‧易類》（臺北：世界書局，1988年），總第15冊，卷下，頁509。

〔註107〕〔東漢〕鄭康成注：《易緯乾鑿度》，收入《景印摛藻堂四庫全書薈要‧經部
　　　　第14冊‧易類》，總第15冊，卷下，頁509。

〔註108〕〔清〕萬年淳撰：〈通說‧象數〉，《易拇》，收入四庫未收書輯刊編纂委員會
　　　　編：《四庫未收書輯刊》（北京：北京出版社，1998年據道光四年刻本影印），
　　　　第參輯，第3冊，卷之6，頁479。

〔註109〕〔清〕允祿、梅瑴成、何國宗等撰：〈二十四方位〉，《協紀辨方書》，收入《景

四正位「坎」以「子」代表、「離」以「午」代表、「震」以「卯」代表、「兌」以「酉」代表，配以八天干而成四正卦：坎☵——壬、子、癸；離☲——丙、午、丁；震☳——甲、卯、乙；兌☱——庚、酉、辛。四隅位「乾」、「艮」、「巽」、「坤」則配以八地支而成四隅卦：乾☰——戌、乾、亥；艮☶——丑、艮、寅；巽☴——辰、巽、巳；坤☷——未、坤、申。天干戊、己因居中央，五行屬土無定位，所以不予論用。合四隅、八天干、十二地支，總計二十四山，此二十四山分屬八卦，故一卦統三山。

《協紀辨方書》二十四山之論，可謂其來有自。考《易緯乾鑿度》嘗云：

> 震☳生物於東方，位在二月；巽☴散之於東南，位在四月；離☲長之於南方，位在五月；坤☷養之於西南方，位在六月；兌☱收之於西方，位在八月；乾☰制之於西北方，位在十月；坎☵藏之於北方，位在十一月；艮☶終始之於東北方，位在十二月。……故艮☶漸正月，巽☴漸三月，坤☷漸七月，乾☰漸九月，而各以卦之所言為月也。〔註110〕

「乾☰制之於西北，位在十月；乾☰漸九月」，十月為「亥」、「九月」即「戌」，鄭玄箋疏：「乾御戌、亥，在於十月而漸九月也。」〔註111〕此「漸」字，釋為「起始、開端」，是以乾自戌始訖亥，而成乾卦☰三山「戌、乾、亥」。「巽☴散之於東南，位在四月；巽☴漸三月」，四月為「巳」、三月為「辰」，巽從辰起至巳，即成巽卦☴三山「辰、巽、巳」。「坤☷養之於西南，方位在六月；坤☷漸七月」，依天行左順以觀，此「漸」，則釋「至、到」之意。若此，六月為「未」，七月為「申」，坤起於未迄申，而成坤卦☷三山「未、坤、申」。「艮☶終始之於東北，位在十二月；艮☶漸正月」，「十二月」為「丑」、「正月」則「寅」，故艮始於丑終於寅，而成艮卦三山「丑、艮、寅」。

乾☰、艮☶、巽☴、坤☷四維十二山之分置，《易緯乾鑿度》已然言之甚明。惟四正十二山，恐傳抄遺佚，抑或本即舉一而反三，故未有陳述；然循四隅之理，誠然可推。東漢·高誘（？）嘗注：「甲、乙木日，盛德在木，木王

印文淵閣四庫全書·子部 117·術數類》（臺北：臺灣商務印書館，1985 年），第 811 冊，卷 2，頁 171。

〔註110〕〔東漢〕鄭康成注：《易緯乾鑿度》，收入《景印摛藻堂四庫全書薈要·經部第 14 冊·易類》（臺北：世界書局，1988 年），總第 15 冊，卷上，頁 500～501。

〔註111〕〔東漢〕鄭康成注：《易緯乾鑿度》，收入《景印摛藻堂四庫全書薈要·經部第 14 冊·易類》（臺北：世界書局，1988 年），總第 15 冊，卷上，頁 501。

東方。……丙、丁火日也。盛德在火，火王南方。……庚辛金也。〔註112〕盛德在金，金王西方也。……壬癸水日，盛德在水，王北方也。」〔註113〕唐·顏師古（581～645）有曰：「甲、乙、丙、丁、庚、辛、壬、癸，皆有正位。」〔註114〕震☳，東方，位在「二月」，即「卯」。離☲，南方，位在「五月」，則「午」。兌☱，西方，位在「八月」，為「酉」。坎☵，北方，位在「十一月」，乃「子」。四正之卦震☳、離☲、兌☱、坎☵，居「卯」、「午」、「酉」、「子」。是以天干甲、乙為木、主東方，與四正「卯」配，得「甲、卯、乙」而成震卦☳三山；丙、丁屬火，主南方，與四正「午」配，成「丙、午、丁」而為離卦☲三山；庚、辛屬金，主西方，與四正「酉」配，為「庚、酉、辛」而得兌卦☱三山；壬、癸為水、主北方，與四正「子」配，而成「壬、子、癸」，得坎卦☵三山。若然，四正十二山，洎此而生。

乾☰集：「戌、乾、亥」三山；坎☵擁：「壬、子、癸」三山；艮☶據：「丑、艮、寅」三山；震☳含：「甲、卯、乙」三山；巽☴有：「辰、巽、巳」三山；離☲率：「丙、午、丁」三山；坤☷領：「未、坤、申」三山；兌☱簇：「庚、酉、辛」三山，謂之八宮、二十四山。八宮二十四山示意圖，如下：

八宮二十四山示意圖〔註115〕

〔註112〕按原文缺「日」字。

〔註113〕〔西漢〕劉安撰，〔東漢〕高誘注：〈時則訓〉，《淮南鴻烈解》收入《景印摛藻堂四庫全書薈要·子部第 32 冊·雜家類》（臺北：世界書局，1988 年），總第 277 冊，卷 5，頁 52～60。

〔註114〕〔南朝·梁〕楊侃輯：〈戊己校尉〉，《兩漢博聞》，收入《景印文淵閣四庫全書·史部 219·史鈔類》（臺北：臺灣商務印書館，1984 年），第 461 冊，卷 3，頁 54。

〔註115〕〔清〕允祿、梅瑴成、何國宗等撰：〈二十四方位〉，《協紀辨方書》，收入《景印文淵閣四庫全書·子部 117·術數類》（臺北：臺灣商務印書館，1985 年），第 811 冊，卷 2，頁 171。

　　〈說卦傳〉有載：「巽☴，東南也。」〔註116〕巽卦☴轄三山：「辰、巽、巳」，故「巳」居東南之位。《呂氏春秋》記述：「孟夏之月……是月也以立夏。」〔註117〕東漢・高誘（？）注：「孟夏，夏之四月也。」〔註118〕若然孟夏之月為夏曆四月即農曆巳月，其節氣立夏。

　　十二月卦之〈乾〉卦☰，六爻均陽，京房有言：「〈乾〉☰純陽用事。」〔註119〕北周・庾季才（515～603）則曰：「夏四月而食，是謂孟夏，純陽之月。」〔註120〕唐・崔憬（？）即稱：「〈乾〉☰四月，純陽之卦」〔註121〕，是以〈乾〉☰對應十二地支「巳」，象徵孟夏四月陽氣極旺，其方位同為東南。

　　若此，劉牧所述「〈乾〉☰始東南」，即循〈說卦傳〉、孟喜十二月卦、《易緯乾鑿度》、《呂氏春秋》、羅盤二十四山等觀點而發。

　　〈說卦傳〉有錄：「坤☷為地。」〔註122〕《呂氏春秋》登載：「孟冬之月……是月也以立冬。」〔註123〕高誘注：「孟冬，夏之十月。」〔註124〕故孟冬之月為夏曆十月，亦即農曆亥月，節氣立冬。

〔註116〕〔三國・魏〕王弼注，〔唐〕陸德明音義，孔穎達正義：《周易經傳注疏》，收入《景印摛藻堂四庫全書薈要・經部第 1 冊・易類》（臺北：世界書局，1988 年），總第 2 冊，卷 13，頁 301。

〔註117〕〔秦〕呂不韋撰，〔東漢〕高誘註：〈孟夏紀第四・四月紀〉，《呂氏春秋》，收入《景印文淵閣四庫全書・子部 154・雜家類》（臺北：臺灣商務印書館，1985 年），第 848 冊，卷 4，頁 301～302。

〔註118〕〔秦〕呂不韋撰，〔東漢〕高誘註：〈孟夏紀第四・四月紀〉，《呂氏春秋》，收入《景印文淵閣四庫全書・子部 154・雜家類》，第 848 冊，卷 4，頁 301。

〔註119〕〔西漢〕京房撰，〔東漢〕陸績注：《京氏易傳》，收入《景印摛藻堂四庫全書薈要・子部第 19 冊・數術類》（臺北：世界書局，1988 年），總第 264 冊，卷上，頁 2。

〔註120〕〔北周〕庾季才原撰，〔北宋〕王安禮等重修：〈太陽・日食〉，《靈臺秘苑》，收入《景印文淵閣四庫全書・子部 113・術數類》（臺北：臺灣商務印書館，1985 年），第 807 冊，卷 7，頁 59。

〔註121〕〔唐〕李鼎祚撰：《周易集解》，收入《景印文淵閣四庫全書・經部 1・易類》（臺北：臺灣商務印書館，1983 年），第 7 冊，卷 17，頁 874。

〔註122〕〔三國・魏〕王弼注，〔唐〕陸德明音義，孔穎達正義：《周易經傳注疏》，卷 13，頁 303。

〔註123〕〔秦〕呂不韋撰，〔東漢〕高誘註：〈孟冬季第十・十月紀〉，《呂氏春秋》，卷 10，頁 342～343。

〔註124〕〔秦〕呂不韋撰，〔東漢〕高誘註：〈孟冬季第十・十月紀〉，《呂氏春秋》，卷 10，頁 342。

十二月卦之〈坤〉☷，六爻皆陰，京房且謂：「坤☷，純陰用事」〔註125〕，鄭玄則云：「建亥之月，純陰用事」〔註126〕，南宋・李燾（1115～1184）著錄：「……『孟冬，純陰之月』……」〔註127〕，是以〈坤〉卦☷，對應地支「亥」，代表孟冬十月陰氣已極之意。惟「亥」屬〈乾〉卦☰所執「戌、乾、亥」三山之一，〈說卦傳〉已示：「乾☰，西北之卦也。」〔註128〕若此，〈坤〉☷卦亦與亥同列於西北。〈乾〉☰、〈坤〉☷；巳、亥，西北、東南相對。

《晉書》記載：

> 至吳時，中常侍廬江王蕃善數術，傳劉洪《乾象曆》，依其法而制渾儀立論考度曰：……赤道，帶天之紘，去兩極各九十一度少彊。黃道，日之所行也，半在赤道外，半在赤道內，……，其赤道外極遠者，去赤道二十四度，斗二十一度是也。其入赤道內極遠者，亦二十四度，井二十五度是也。〔註129〕

文中言及去、入赤道外、內極遠之「二十四度」，概由鄭可卉、袁敏以下之解釋，可探知其義：

> 中國最早明確提到黃道的是《石氏星經》，永元四年（公元前92年）賈逵說：「石氏星經曰：黃道規牽牛初直斗二十度，去極百一十五度。……這裡的牽牛初是冬至點的代名詞，實際上是說冬至這天的黃道去極度是 115 古度（古度是把圓周分為 $365\frac{1}{4}$ 份得到的，不同於現在的度），減去象限角 91 古度，就得到黃赤交角為 24 古度。……王蕃時代，他對黃赤交角的取值為 24 古度，這也許是對於前人的

〔註125〕 〔西漢〕京房撰，〔東漢〕陸績注：《京氏易傳》，卷中，頁14。

〔註126〕 〔東漢〕鄭康成注，〔南宋〕王應麟編：《周易鄭注》，收入《景印摛藻堂四庫全書薈要・經部第6冊・易類》（臺北：世界書局，1988年），總第7冊，卷上，頁396。

〔註127〕 〔南宋〕李燾撰：〈哲宗〉，《續資治通鑑長編》，收入《景印文淵閣四庫全書・史部80・編年類》（臺北：臺灣商務印書館，1984年），第322冊，卷477，頁248。

〔註128〕 〔三國・魏〕王弼注，〔唐〕陸德明音義，孔穎達正義：《周易經傳注疏》，收入《景印摛藻堂四庫全書薈要・經部第1冊・易類》（臺北：世界書局，1988年），總第2冊，卷13，頁301。

〔註129〕 〔唐〕唐太宗撰，何超音義：〈儀象〉，《晉書》，收入《景印摛藻堂四庫全書薈要・史部第12冊・正史類》（臺北：世界書局，1988年），總第98冊，卷11，頁166～167。

成果進行權衡，總結後作出的選擇吧。〔註130〕

鄭、袁所云之「24古度」，即《晉書》所論之「二十四度」，名稱謂之「黃赤交角」；馮時於此亦有進一步陳述：

> 在渾儀發明之前，通過研究冬至和夏至日的影長，人們已能准確地知道黃道的傾角。由於黃道上的冬至點和夏至點離赤道的距離最遠，所以古人賦予了黃赤交角一個新的名稱——黃赤大距。這是天文學中的基本數據之一。戰國時代的石申夫與甘德在測量天體的赤經與赤緯時，大概已經知道這個數值，不過在今天所能見到的記錄中，《周髀算經》提供的數據可能最早，也最可靠。它取整數 24 度，合今度 23°29' 強。這個值的誤差在所有黃赤交角數據中是最大的一個，因此我們有理由相信它出現得很早，而且後來在相當長的時間內一直被引用。〔註131〕

王永芳則對於「黃赤交角」，另提出更加深入之闡釋：

> 地球運動有自轉與公轉兩種形式。自轉軸稱為地軸，地軸通過地球表面的兩點叫兩極，對著北極星的一極叫北極。自轉產生的平面叫赤道平面，與地軸垂直。地球在公轉過程中，無論公轉到哪個位置，地軸北極總是指向北極星。地球自轉產生的平面叫赤道平面，公轉產生的平面叫黃道平面，黃道平面與赤道面不相平行、不相重合，而構成一個23°26'的夾角，這個夾角就叫黃赤交角。黃赤交角值以 40000 年為周期變化於 22° 和 24.5° 之間，目前每 128 年減小 1°。1976 年國際天文學聯合會第十六次大會上通過了 2000 年的新值為 23°26'，1984 年起正式採用這個固定值。〔註132〕

若此，由以上諸方敘言分析，已清楚確定《晉書》談及之「二十四度」，即為地球本身自轉赤道平面和公轉黃道平面之夾角，亦即今日天文學所名之「黃赤交角」。趙福平謂：「黃赤交角是地球上四季變化和五帶區分之根本原因。」

〔註130〕 鄭可卉，袁敏：〈古代中西黃赤交角測量和計算中幾個問題的比較〉，《內蒙古師範大學學報》（自然科學漢文版）第 36 卷第 2 期（2007 年 3 月），頁 242～243。

〔註131〕 馮時著：〈黃赤交角的測定〉，《中國古代物質文化史.天文歷法》（北京：開明出版社，2013 年），頁 222。

〔註132〕 王永芳：〈圖文解析黃赤交角及其影響〉，《中華少年》2011 年第 3 期，頁 362。

〔註133〕范懷超、羅明雲則詮述，地球因黃赤交角之故，致以傾斜自轉之姿繞行太陽公轉之原：

> 黃赤交角在天球上表現為南北天極對於南北黃極的偏離。天軸垂直於赤道面，黃軸垂直於黃道面，既然黃赤交角是 23°26'，那麼，天極對於黃極的偏離，必然也是 23°26'。黃赤交角的存在，實際上意味著，地球在繞太陽公轉過程中，自轉軸對地球軌道面是傾斜的。由於地軸與天赤道平面是垂直的，地軸與地球軌道面交角應是 90° − 23°26'，即 66°34'，地球無論公轉到什麼位置，這個傾角是保持不變的。……所以無論地球公轉到什麼位置，地軸與地球軌道面的夾角是不變的，黃赤交角是不變的。因此人們有時形象地比喻地球為「斜著身體」繞太陽公轉。我們所見到的地球儀，自轉軸多數呈傾斜狀態，它與桌面（代表地球軌道面）呈 66°34' 的傾斜角度，而地球儀的赤道面與桌面呈 23°26' 的交角，這就是黃赤交角的直觀體現。〔註134〕

是以經范、羅二人之解，同然明確當今地球儀之製作，亦常依黃赤交角之角度而傾斜擺放；地球儀示意圖如下：

地球儀示意圖〔註135〕

若然參較劉牧所注：「地形傾而順之」之意，即乃沿習《晉書》所載古代天體之狀，而稱「地球以傾斜之態，順應自然規律之運行」。《太平御覽》錄有《尚書考靈曜》之文：

> 地有四遊。冬至，地上北而西三萬里；夏至，地下南而東復三萬里；春、秋則其中矣。地恒動不止，人不知，譬如人在大舟中閉牖而坐，

〔註133〕趙福平：〈黃赤交角的變化帶來的思考〉，《教育教學論壇》2009 年第 2 期，頁 161。

〔註134〕范懷超、羅明雲編著：《行星地球概論》（成都：電子科技大學出版社，2006 年），頁 121。

〔註135〕網址：http://202.181.247.90/upload/mall/productImages/17/8/9787555701439.jpg

舟行不覺也。〔註136〕

文中所談，即為地球恒動不已之自轉及四遊之公轉。馬雲飛對於地球自轉、公轉之運行方向，則作了具體之描述：

> 地球自轉是固體的地球繞著自己的軸轉動，方向是由西向東。如果
> 人們在太空從地球的北極點鳥瞰，地球自轉是逆時針旋轉；從南極
> 點上空看是順時針旋轉。……地球環繞太陽的運動，稱為地球公轉，
> 同地球自轉一樣，地球公轉的方向也是自西向東。〔註137〕

筆者按照馬氏之說，實際從地球儀頂端（北極點），俯瞰由西向東撥弄逆時針自轉之同時，另由南極點向上觀視，則運行方向，反呈現順時針轉動；再手持地球儀，以象徵地球自西朝東公轉之逆時針方向移動旋繞，並由底端（南極點）向上凝望天際，發現雲朵星辰皆呈現相對之順時針位移，此番情境，猶如《春秋元命苞》所著：「天左旋、地右動」〔註138〕之意。劉牧繪「太極生兩儀」之圖，所云：「爾今畫天左旋者，取天一、天三之位也。畫地右動者，取地二、地四之位也」，〔註139〕其理即采於此。地球自轉、公轉示意圖，如下：

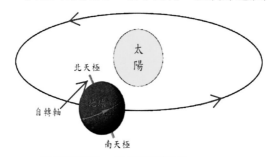

地球自轉、公轉示意圖〔註140〕

〔註136〕〔北宋〕李昉等撰：〈地部一‧地上〉，《太平御覽》，收入《景印文淵閣四庫全書‧子部199‧類書類》（臺北：臺灣商務印書館，1985年），第893冊，卷36，頁436。

〔註137〕馬雲飛主編：《神奇的地球》（武漢：湖北科學技術出版社，2013年），頁8。

〔註138〕按原文：「《春秋元命苞》曰：『天左旋，地右動。』」援引自〔南朝‧梁〕蕭統編，〔唐〕李善、呂延濟、劉良、張銑、呂向、李周翰注：〈賦癸‧勸勵〉，《文選》，收入《景印摛藻堂四庫全書薈要‧集部第119冊‧總集類》（臺北：世界書局，1988年），總第466冊，卷19，頁472。

〔註139〕〔北宋〕劉牧撰：《易數鉤隱圖》，收入《景印摛藻堂四庫全書薈要‧經部第14冊‧易類》（臺北：世界書局，1988年），總第15冊，卷上，頁242。

〔註140〕按：本圖以太陽為中心，相對於地球之自轉、公轉示意圖。底圖參考網址：「https://zh.wikipedia.org/wiki/%E8%BD%89%E8%BB%B8%E5%82%BE%E8%A7%92」，加以補充繪製。

三國吳・虞翻（164～233）於〈繫辭〉「變通配四時」注曰：

> 變通趨時，謂十二月消息也。〈泰〉䷊、〈大壯〉䷡、〈夬〉䷪配春，〈乾〉䷀、〈姤〉䷫、〈遯〉䷠配夏，〈否〉䷋、〈觀〉䷓、〈剝〉䷖配秋，〈坤〉䷁、〈復〉䷗、〈臨〉䷒配冬，謂十二月消息相變通而周於四時也。〔註141〕

清人惠棟（1697～1758）疏言：「十二消息即十二辟卦也。」〔註142〕是以十二辟卦（月卦）相互變化流通，周流循環於春、夏、秋、冬四季，代表地球一年十二個月，陰陽節氣消長之更替。若此劉學富釋稱：

> 地球自轉的同時，還繞著太陽做公轉運動，公轉一圈是一年。地球上「冬去春來，寒來暑往」的四季變遷，正是由於地球的繞日公轉。〔註143〕

楊智亦撰著更為詳盡之詮解：

> 此十二個卦分別對應一年的十二個月，每個消息卦又包含兩個節氣，因此全年共有二十四個節氣，這是古人通過觀察星相、太陽周年運動、推演地球公轉周期得出的氣候預測方法，二十四節氣成為了中國古人日常生活中預知冷暖雪雨的指南針，並長期用於指導農事生產，時至科技高度發達的今日，仍然不失其指導意義。〔註144〕

如此地球自轉併繞日公轉周年，所形成之節令交換，即如南宋・朱元昇（？）所稱：「「一歲之內，二至、二分、四立，是之謂八節，乃歲之綱領也」〔註145〕之諦。

　　惟綱領以十二辟卦區分，而十二辟卦之〈乾〉卦䷀居「巳」，在東南、〈坤〉卦䷁處「亥」，位西北，二者相連可成一斜線，該斜線則似地球傾斜自轉之軸綫，象徵地球遵循自然之規律，正以傾斜之自轉，繞行太陽而公轉，以成就四時氣候之遞嬗。十二辟卦，巳、亥軸綫示意圖如下：

〔註141〕　〔唐〕李鼎祚撰：《周易集解》，收入《景印文淵閣四庫全書・經部1・易類》（臺北：臺灣商務印書館，1983年），第7冊，卷13，頁816。

〔註142〕　〔清〕惠棟撰：《周易述》，收入《景印文淵閣四庫全書・經部47・易類》（臺北：臺灣商務印書館，1983年），第52冊，卷15，頁165。

〔註143〕　劉學富主編：《基礎天文學》（北京：高等教育出版社，2004年），頁95～96。

〔註144〕　楊智：〈易經與中國古代氣象預測的關係淺析〉，《國學》2018年第4期，頁34。

〔註145〕　〔南宋〕朱元昇撰，朱士立補輯：《三易備遺》，收入《景印摛藻堂四庫全書薈要・經部第8冊・易類》（臺北：世界書局，1988年），總第9冊，卷2，頁142。

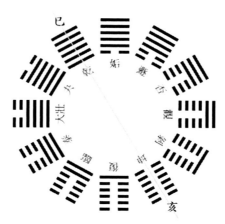

十二辟卦，巳、亥軸綫示意圖〔註 146〕

總括以論，劉牧訓注：「〈乾〉☰始東南，地形傾而順之」全句，誠然沿襲〈說卦傳〉、孟喜十二月卦、《乾鑿度》、《呂氏春秋》、《晉書》、《尚書考靈曜》、《春秋元命苞》等綜合衍生之自然節氣、地理方位及古代天文學理論而來。純然義理結合科學之釋，全然未有錙銖象數摻和其間。

比較王弼〈坤☷·大象〉「地勢，〈坤〉☷」所注：「地形不順，其勢順。」〔註 147〕意指地形、地貌雖不平順，惟卻以平和之形勢運行。其說與劉牧之釋，彼此語詞意境、內涵深度，顯然存有差異，毫無宋咸所稱劉牧：「盡刊王文，直用己意代之」之跡，亦未見李覯駁「牧又注《易》新意，牽合象數，其餘援輔嗣之意而改其辭」及鄭獬斥「又益以茫昧荒虛，不可究之象數」諸情狀。

文獻未存陸希聲之傳，惟依晁說之所言：「希聲不出王輔嗣之藩籬」研判，或可推斷劉牧與陸氏之說，理當猶如劉牧與王弼之般，應無彼此相契之可能，若此鄭獬所謂：「牧之注，本沿蹈於希聲」之論，則不知鄭獬所據為何？恐將形成無稽之公案。

況劉牧融合義理、科學，言簡意賅之詮述，未見前儒相類之文章詞句，堪成一己獨創之立言，若此陳振孫詆「劉牧之學，大抵求異先儒，穿鑿破碎」之訾語，於此亦如鄭獬之流，不知依憑何在？

〔註 146〕 按：本示意圖，底圖參考網址：「http://www.360doc.com/content/17/1010/16/7436612_693808007.shtml」，加以補充繪製完成。

〔註 147〕〔三國·魏〕王弼注，〔唐〕陸德明音義，孔穎達正義：《周易經傳注疏》，收入《景印摛藻堂四庫全書薈要·經部第 1 冊·易類》（臺北：世界書局，1988 年），總第 2 冊，卷 2，頁 47。

二、〈屯卦☳·大象〉

〈象〉曰：雲雷，〈屯〉☳；君子以經綸。〔註148〕

李衡裒輯劉牧注文：

> 雨，則屯解矣。〈象〉言「雷雨」，要終而言也。解絲棼者，綸之、經之，經而又綸，終則有始。離☲南、坎☵北為經。牧〔註149〕

惟葉良佩登載，則比李衡所記更為詳細：

> 「雲未成雨，原始而言也。既」雨，則屯解矣。〈象〉言「雷雨」，要終而言也。解絲棼者，綸之、經之，經而又綸，終則有始。「震☳東、兌☱西，東、西為綸」；離☲南、坎☵北，南、北為經。劉牧〔註150〕

兩者差異，在於葉氏纂錄，多出以「」標註之「雲未成雨，原始而言也。既」及「震☳東、兌☱西，東、西為綸」句。葉良佩自稱讀過《義海》，其言：「愚讀《周易》考古注疏，若子夏、京郎《傳》、房審權《義海》，旁及緯書，自漢至今。」〔註151〕惟陳振孫於「《易義海撮要十卷》」條目曾謂：

> 熙寧中蜀人房審權編《義海》凡百卷，近時江都李衡彥平刪削而益以東坡蘇氏、伊川程氏、漢上朱氏之說。若房氏百卷之書，則未之見也。〔註152〕

南宋陳振孫之時，已言其不見房審權完整百卷之《義海》，然四庫館臣有云：

> 《周易義海撮要》十二卷，宋李衡撰……其程子、蘇軾、朱震三家之說，則原本未收，衡所續入。第十二卷〈襍論〉，亦衡所補綴，……《書錄解題》作十卷，又傳寫之誤矣。……然考《宋史·藝文志》，但有衡書而無審權書。陳振孫《書錄解題》亦惟載殘本四卷。豈卷帙重大，當時即已散佚，抑衡書出而審權書遂廢歟？〔註153〕

〔註148〕〔三國·魏〕王弼注，〔唐〕陸德明音義，孔穎達正義：《周易經傳注疏》，收入《景印摛藻堂四庫全書薈要·經部第1冊·易類》（臺北：世界書局，1988年），總第2冊，卷2，頁51。

〔註149〕〔南宋〕李衡刪增：《周易義海撮要》，收入《景印摛藻堂四庫全書薈要·經部第3冊·易類》（臺北：世界書局，1988年），總第4冊，卷1，頁19。

〔註150〕〔明〕葉良佩輯：《周易義叢》，收入《續修四庫全書·經部·易類》（上海：上海古籍出版社，1995年），第7冊，卷之2，頁55。

〔註151〕〔明〕葉良佩輯：〈周易義叢引〉，《周易義叢》，頁1。

〔註152〕〔南宋〕陳振孫撰：〈易類〉，《直齋書錄解題》，收入《景印摛藻堂四庫全書·史部第151冊·目錄類》（臺北：世界書局，1988年），總第237冊，卷1，頁11。

〔註153〕〔清〕永瑢等撰：〈經部三·易類三〉，《四庫全書總目提要》，收入王雲五主

四庫館臣考證《周易義海撮要》實為十二卷，而《書錄解題》記為十卷，乃傳寫之誤。且迄《宋史·藝文志》已無《義海》書目登錄，而陳振孫撰述尚有殘餘四卷。考今本《直齋書錄解題》並無「《義海》殘本四卷」相關陳敘，惟清·朱彝尊（1629～1709）於其「房氏審權《周易義海》」目錄則鋪陳：

> 陳振孫曰：書只四卷，近時江東李衡彥平稍加刪削而益以東坡、漢
> 上、伊川之說，為《撮要》十卷，所稱百卷未之見也。〔註154〕

四庫館臣所提「殘本四卷」，概援洎此，而今本《書錄》卻已不見該句，恐亦為傳鈔佚失之誤。然四庫館臣又稱：「今《義海》全書久佚，……，蓋《書錄解題》傳寫多訛，不盡足據也」〔註155〕之說，反令人困惑：果尚有殘帙四卷，惟至清之際，則已全然亡佚？抑或「書只四卷」諸字，蓋屬抄寫錯刊衍增，故而傳本《直齋書錄解題》亦無此語標錄？

倘陳振孫所撰「書只四卷」為真，則是否即為葉良佩所見之《義海》，誠然已無從查證。惟其摘掇之內容，較之李衡，確然更加文理通暢，邏輯連貫，論述完整，此亦為事實。是以劉牧此題訓釋，筆者將以葉良佩所輯，加以分析、研究。

《黃帝內經》載記：「故清陽為天，濁陰為地。地氣上為雲，天氣下為雨，雨出地氣，雲出天氣。」〔註156〕唐·王冰（710～804）注曰：

> 陰凝上結，則合以成雲，陽散下流，則注而為雨。雨從雲以施化，
> 故言雨出地；雲憑氣以交合，故言雲出天，天地之理且然，人身清
> 濁亦如是也。〔註157〕

《黃帝內經》所錄、王冰之釋，雖以天陽地陰對應人體清濁、精氣流轉之喻，

編：《萬有文庫·第一集一千種》（上海：商務印書館，1931 年），第 1 冊，卷 3，頁 29。

〔註154〕〔清〕朱彝尊撰：〈易二十·房氏審權周易義海〉，《經義考》，收入《景印摛藻堂四庫全書薈要·史部第 151 冊·目錄類》（臺北：世界書局，1988 年），總第 237 冊，卷 21，頁 641。

〔註155〕〔清〕紀昀等撰：〈提要〉，《周易義海撮要》，收入《景印摛藻堂四庫全書薈要·經部第 3 冊·易類》（臺北：世界書局，1988 年），總第 4 冊，頁 1～2。

〔註156〕〔唐〕王冰次註，〔北宋〕林億等校正：〈陰陽應象大論篇第五〉，《黃帝內經素問》，收入《景印摛藻堂四庫全書薈要·子部第 9 冊·醫家類》（臺北：世界書局，1988 年），總第 254 冊，卷 2，頁 27。

〔註157〕〔唐〕王冰次註，〔北宋〕林億等校正：〈陰陽應象大論篇第五〉，《黃帝內經素問》，收入《景印摛藻堂四庫全書薈要·子部第 9 冊·醫家類》，總第 254 冊，卷 2，頁 27。

惟內容即為地球氣象科學，有關「雲、雨」形成之發抒；筆者藉劉延愷等以今日專業之描繪，加以詮解其變化流程之梗概：

> 海洋中、陸地上或植物中的水受到太陽光的照射，變成水汽蒸發或蒸騰到空中。水汽在高空遇到冷空氣便凝聚成水滴。這些水滴很小，直徑只有 0.01～0.02 毫米，最大也只有 0.2 毫米。它們被上升氣流托在空中，聚集成雲，小水滴就成為小雲滴。在雲中水汽很充足，小雲滴在垂直氣流作用下，上下運動、互相碰撞，不斷吸收四周的水汽凝結而增大，成為大雲滴。大雲滴的體積和重量不斷增加，在下降過程中不僅能趕上那些速度較慢的小雲滴，還會吸收更多的雲滴使自己壯大起來。當大雲滴增大到 100 多萬倍，成為空氣再也托不住的雨滴，這時受重力的吸引便從空中直落下來，雨滴降落在高山、丘陵和平原，就是我們常說的降雨。〔註 158〕

是以《內經》「地氣上為雲」，即如王冰所言「陰凝上結，則合以成雲」，意為水自地面汽化上升，遇冷凝聚為雲；《內經》「天氣下為雨」，同王冰所謂「陽散下流，則注而為雨」，乃雲體於空中變化成雨自天而降。若此，《內經》「雨出地氣，雲出天氣」之結句，猶如王冰所注「雨從雲以施化，故言雨出地；雲憑氣以交合，故言雲出天」，蓋指雨自雲活動而下，雲由地水汽而來，因此《內經》云「雨出地」；雲變易於空中而成雨，所以《內經》稱「雲出天」。王冰以為「雲、雨」循環，皆屬天地自然之規律而曰「天地之理」。

　　據上已知，雲、雨均為水；在天為雲，降下為雨。且〈說卦傳〉有載「震☳為雷……坎☵為水」〔註 159〕，以坎☵表水之象，西漢・董仲舒（192～104B.C.）即謂：「則地氣上為雲、雨，而象亦應之也。」〔註 160〕虞翻則依雲、雨為坎☵，援以訓《易》，其於〈乾䷀・彖〉注：「已成既濟，上坎☵為

〔註 158〕劉延愷、黃玉璋、張書函編著：《留住雨水　利用雨洪》（北京：清華大學出版社，2017 年），頁 3。

〔註 159〕〔三國・魏〕王弼注，〔唐〕陸德明音義，孔穎達正義：《周易經傳注疏》，收入《景印摛藻堂四庫全書薈要・經部第 1 冊・易類》（臺北：世界書局，1988 年），總第 2 冊，卷 13，頁 303。

〔註 160〕〔西漢〕董仲舒撰：〈人副天數第五十六〉，《春秋繁露》，收入《景印文淵閣四庫全書・經部 175・春秋類》（臺北：臺灣商務印書館，1983 年），第 181 冊，卷 13，頁 779。

雲，下坎☵為雨，故雲行雨施。」〔註161〕又釋〈小畜☴・彖〉:「〈需〉䷄，坎☵升天為雲，墜地稱雨。」〔註162〕〈小過䷽・六五〉亦言:「坎☵在天為雲，墜地成雨。」〔註163〕

　　於今文獻所見，洎虞氏以降，歷來解坎☵為雲、雨之說者，咸遵同然之述，惟此非虞氏所創，實乃地球自然科學之徵，即如孔子所云:「聖人立象以盡意，設卦以盡情偽」〔註164〕之旨要。若然劉牧亦稟夫子之教，沿以詮解〈屯卦䷂・大象〉「雲雷，〈屯〉䷂」之「雲」字。

　　〈屯〉卦䷂上坎☵為水，居下卦震☳雷之上，象徵蓄積為雲，尚未成雨而下之兆，表示屯難初始之意，因此劉牧謂之「雲未成雨，原始而言也。」倘若天上之雲集結成雨而降，則如〈解〉卦䷧坎☵水已至雷震☳之下，顯示艱難之勢已除，猶如〈屯䷂・彖〉所載「雷雨之動滿盈」〔註165〕之「雷雨」，代表困頓情事已然完結。若此，劉牧稱之「〈彖〉言雷雨，要終而言也。」其藉夫子「原始要終」〔註166〕之誨，以譬「雲雷」、「雷雨」之別，堪稱鞭辟近裏，映襯得當。

　　〈屯䷂・彖〉云「〈屯〉䷂，剛柔始交而難生」，〔註167〕虞翻謂「〈屯〉䷂，難也。」〔註168〕〈屯〉卦䷂體現險難、困亂之象。劉牧掇《左傳・隱公四年》:

〔註161〕〔唐〕李鼎祚撰:《周易集解》，收入《景印文淵閣四庫全書・經部1・易類》（臺北:臺灣商務印書館，1983年），第7冊，卷1，頁610。

〔註162〕〔唐〕李鼎祚撰:《周易集解》，收入《景印文淵閣四庫全書・經部1・易類》，第7冊，卷3，頁651。

〔註163〕〔唐〕李鼎祚撰:《周易集解》，收入《景印文淵閣四庫全書・經部1・易類》，第7冊，卷12，頁801。

〔註164〕〔三國・魏〕王弼注，〔唐〕陸德明音義，孔穎達正義:《周易經傳注疏》，收入《景印摛藻堂四庫全書薈要・經部第1冊・易類》（臺北:世界書局，1988年），總第2冊，卷11，頁270。

〔註165〕〔三國・魏〕王弼注，〔唐〕陸德明音義，孔穎達正義:《周易經傳注疏》，收入《景印摛藻堂四庫全書薈要・經部第1冊・易類》，總第2冊，卷2，頁51。

〔註166〕〔三國・魏〕王弼注，〔唐〕陸德明音義，孔穎達正義:《周易經傳注疏》，收入《景印摛藻堂四庫全書薈要・經部第1冊・易類》，總第2冊，卷12，頁290。

〔註167〕〔三國・魏〕王弼注，〔唐〕陸德明音義，孔穎達正義:《周易經傳注疏》，收入《景印摛藻堂四庫全書薈要・經部第1冊・易類》，總第2冊，卷2，頁51。

〔註168〕〔唐〕李鼎祚撰:《周易集解》，收入《景印文淵閣四庫全書・經部1・易類》（臺北:臺灣商務印書館，1983年），第7冊，卷4，頁666。

「臣聞以德和民，不聞以亂。以亂，猶治絲而棼之也」〔註169〕之「絲棼」，以擬〈屯〉卦䷂之紛繁擾紊；而欲解決此紛亂，則須採取如同《詩‧小雅‧采綠》所述：「之子于釣，言綸之繩」〔註170〕之「綸」義。藉准則制度加以治理近似絲線雜沓般之險困，且能做到〈蠱䷑‧彖〉、〈恆䷟‧彖〉所陳：「終則有始」〔註171〕之循環往復，有始有終意趣。故劉牧即言「綸之、經之，經而又綸，終則有始」以訓解〈屯卦䷂‧大象〉「君子以經綸」。

　　《孔子家語》有載：「子夏曰：『商聞《山書》曰：地東西為緯，南北為經。』」〔註172〕《淮南鴻烈解》亦記：「凡地形東西為緯，南北為經。」〔註173〕《大戴禮記》且云：「凡地東西為緯，南北為經。」〔註174〕唐‧賈公彥（？）疏《周禮》「九經九緯」，則謂：「南北之道為『經』，東西之道為『緯』。」〔註175〕若此，東西橫軸為緯、南北縱向為經之地理經緯座標概念，於秦漢之前早已確立延續。

　　〈說卦傳〉撰序：「震☳，東方也。……離☲也者，……南方之卦也。……兌☱，正秋也，……坎☵者，……正北之卦也。」〔註176〕〈兌〉☱，正秋，即西方之卦，〔註177〕若此，鄭玄注《易緯乾鑿度》即云：「坎☵、離☲為經，

〔註169〕〔東周〕左丘明傳，〔西晉〕杜預注，〔唐〕孔穎達正義：《春秋左傳注疏》（北京：北京大學出版社，2000年），卷第3，頁100。

〔註170〕〔西漢〕毛亨傳，〔東漢〕鄭玄箋，〔唐〕孔穎達疏：《毛詩正義》（北京：北京大學出版社，2000年），卷第15，頁1078。

〔註171〕〔三國‧魏〕王弼注，〔唐〕陸德明音義，孔穎達正義：《周易經傳注疏》，卷4，頁100；卷6，頁145。

〔註172〕〔三國‧魏〕王肅注：〈執轡第二十五〉，《家語》，收入《景印摛藻堂四庫全書薈要‧子部第1冊‧儒家類》（臺北：世界書局，1988年），總第246冊，卷6，頁65。

〔註173〕〔西漢〕劉安撰，〔東漢〕高誘注：〈墬形訓〉，《淮南鴻烈解》，收入《景印摛藻堂四庫全書薈要‧子部第32冊‧雜家類》（臺北：世界書局，1988年），總第277冊，卷4，頁45。

〔註174〕〔西漢〕戴德撰，〔北周〕盧辯註：《大戴禮記》，收入《景印文淵閣四庫全書‧經部122‧禮類》（臺北：臺灣商務印書館，1983年），第128冊，卷13，頁538。

〔註175〕〔東漢〕鄭玄注，〔唐〕賈公彥疏：《周禮注疏》（北京：北京大學出版社，2000年），卷第41，頁1346。

〔註176〕〔三國‧魏〕王弼注，〔唐〕陸德明音義，孔穎達正義：《周易經傳注疏》，收入《景印摛藻堂四庫全書薈要‧經部第1冊‧易類》（臺北：世界書局，1988年），總第2冊，卷13，頁301。

〔註177〕按請參閱第二章，第二節，頁68之說明。

震☳、兌☱為緯。」〔註178〕〈屯〉卦☲之下卦震☳為東方；上卦坎☵為北方，震☳與兌☱，東、西相對；坎☵與離☲，南、北相望，是以劉牧擷取織物，東、西橫向之「緯」線，釋「綸」；擷采織物，南、北縱走之直線注「經」。訓「經綸」同然於「經緯」，蓋指事物之條理、秩序；「君子以經綸」猶如「君子以經緯」之理。

若然，歸納劉牧訓解〈屯☲・大象〉：「雲雷，〈屯〉☲；君子以經綸」之內容，其綜合《黃帝內經》所載雲、雨自然循環之氣象；《孔子家語》、《淮南鴻烈解》、《大戴禮記》諸文獻所述之地理科學座標，結合夫子「十翼」，兼采《左傳》、《詩經》字詞語義，融彙而成簡明扼要、言近旨遠，全然符契人事義理，毫無象數摻雜之解《易》注文。

對比王弼僅曰：「君子經綸之時。」〔註179〕則劉牧之說，可謂更顯明瞭與清晰，咸無援引改辭，且無求異先儒、穿鑿破碎之狀。是以宋咸駁稱劉牧「盡刊王文，直用己意代之」、李覯叱斥「牧又注《易》新意，牽合象數，其餘援輔嗣之意而改其辭」、陳振孫詆切「劉牧之學，大抵求異先儒，穿鑿破碎」諸議論，於此盡皆不符，猶如虛語之般。況且文獻不見陸希聲之傳，惟晁說之曾述：「希聲不出王輔嗣之藩籬」，浸假此話為真，如今劉牧之釋已然不類王弼之敘，則鄭獬所云：「牧之注，本沿蹈於希聲，而又益以茫昧荒虛，不可究之象數」謗言，亦當無理可據。南宋・朱震（1072～1138）疏〈屯卦☲・大象〉，即剿綴劉牧之詮而成己見：

> 坎☵在上為雲，雷動於下，雲蓄雨而未降，〈屯〉☲也。「屯」者，結而未解之時，雨，則屯解矣。〈象〉言「雷雨之動滿盈者」，要終而言也。解絲棼者，綸之、經之。經綸者，經而又綸，終則有始。
>
> 〈屯〉☲自〈臨〉☷變，離☲為絲，坎☵為輪，綸也。離☲南，坎☵北，南、北為經，經綸也。〔註180〕

朱震未掇葉良佩輯錄劉牧訓文之「雲未成雨，原始而言也。既」及「震☳東、兌☱西，東、西為綸」句，然將李衡所載，一概併入，且擾和它語及東漢・郎

〔註178〕〔東漢〕鄭康成注：《易緯乾鑿度》，收入《景印摛藻堂四庫全書薈要・經部第14冊・易類》（臺北：世界書局，1988年），總第15冊，卷上，頁501。

〔註179〕〔三國・魏〕王弼注，〔唐〕陸德明音義，孔穎達正義：《周易經傳注疏》，卷2，頁51。

〔註180〕〔南宋〕朱震撰：《漢上易傳》，收入《景印摛藻堂四庫全書薈要・經部第2冊・易類》（臺北：世界書局，1988年），總第3冊，卷1，頁477～478。

頴（？）引《京氏傳》所云「〈屯〉☳ 自〈臨〉☷ 來」〔註181〕，而成融貫通順，
如同獨創之文詞章句。惟觀其猶如摘瓜抱蔓，照單全收之整段陳敘，不禁令
人質疑，朱震此論之內容，是否即是未遭李衡刪削前，輯錄於《義海》之劉牧
注解部分原文？

三、〈豐卦☳ · 六二〉爻辭、〈小象〉

> 六二：豐其蔀，日中見斗，往得疑疾，有孚發若，吉。〈象〉曰：有
> 孚發若，信以發志也。〔註182〕

李衡於此，摘錄一則劉牧注文：

> 蔀，蔽也。謂君之明，臣下障蔽之，故曰：「豐其蔀」。日，君之象；
> 斗，臣之象。今日中之時而見斗，是臣之盛明侵於君也。且五不當
> 位，而二當位，是僭也。五不顯明，而四顯明，是專也。二與四「互」
> 有僭、專之咎，故爻辭同也。「往得疑疾」者，更往則益疑「陽」
> 之嫌，必揔所患，若能以信，發明其志，使不疑于「時」，則吉矣。
>
> 牧〔註183〕

葉良佩亦輯有此注，惟將「二與四『互』有僭、專之咎」句之「互」字，題寫
為「五」；「更往則益疑『陽』之嫌」句之「陽」字，標記為「君」；「使不疑于
『時』，則吉矣」句之「時」字，書繕為「己」，與李衡所載，計有三字之別。
〔註184〕其中以「五」字，影響文理為最，此「五」字恐為傳抄之誤；餘「陽」、
「君」；「時」、「己」之差，則無礙全段之釋解，語詞涵義皆能相通。

劉牧訓「豐其蔀」為臣下障蔽明君之義。「日中見斗」，則以「日」象徵國
君，「北斗七星」代表臣屬；日正當中之際，依然得見斗星，呈現臣子威權，
明顯侵凌君上。「往得疑疾，有孚發若」，謂六五陰居於陽，而不當位，惟六二
陰爻得位，本有僭越之兆；六五無賢明之智，然六四反彰卓越之能，已露專

〔註181〕〔明〕葉良佩輯：《周易義叢》，收入《續修四庫全書·經部·易類》（上海：
　　　　上海古籍出版社，1995 年），第 7 冊，卷之 2，頁 53。

〔註182〕〔三國·魏〕王弼注，〔唐〕陸德明音義，孔穎達正義：《周易經傳注疏》，
　　　　收入《景印摛藻堂四庫全書薈要·經部第 1 冊·易類》（臺北：世界書局，
　　　　1988 年），總第 2 冊，卷 9，頁 216。

〔註183〕〔南宋〕李衡刪增：《周易義海撮要》，收入《景印摛藻堂四庫全書薈要·經
　　　　部第 3 冊·易類》（臺北：世界書局，1988 年），總第 4 冊，卷 6，頁 203。

〔註184〕〔明〕葉良佩輯：《周易義叢》，收入《續修四庫全書·經部·易類》（上海：
　　　　上海古籍出版社，1995 年），第 7 冊，卷之 11，頁 423。

擅之勢，是以二、四互有僭分、獨攬過咎，故爻辭有相同之處。六二為陰，本該柔和順服，若逾越太過，將使人益加疑慮其已變為躁動陽剛之性，必然招致禍患而來；若能以誠信證明心志且時局進退掌握合宜，不使君上懷疑，如此則能獲吉。

劉牧稱〈豐卦䷶・六二〉為當位，有僭上之徵，九四陽居陰位有不當把持之憂，是以爻辭同有「豐其蔀，日中見斗」〔註185〕之句，且摭採虞翻注〈豐卦䷶・九四〉：「蔀，蔽也」〔註186〕以訓六二之「蔀」義。又因〈豐卦䷶・九四〉有云：「遇其夷主」〔註187〕，若此，即依「夷主」，相對而論六五陰居陽位之未當。且以〈坤卦䷁・上六・文言〉：「陰疑於陽」〔註188〕之鑒，以戒〈豐卦䷶・六二〉不守分際，必遭災禍之惕。

《京房傳》記〈遯〉卦䷠謂：「大夫居世……六二得應與君位」，〔註189〕此卦，「世」處六二，「應」在九五，故曰「得『應』與君位」，該「君位」即指九五爻；〈剝〉卦䷖：「天子治世，反應大夫」，〔註190〕「世」置六五，「應」坐六二，所稱「天子治世」之「天子」，則謂六五；〈臨〉卦䷒：「九二大夫立世，六五至尊應上位」，〔註191〕「世」立九二，「應」踞上位，上位乃指六五至尊，是以京房所言之君位，相若於天子、至尊之位，蓋指《易》卦第五爻而言。〔註192〕若此，《易緯乾鑿度》撰述：「初為元士，二為大夫，……五為天

〔註185〕按〈豐䷶・九四〉：「豐其蔀，日中見斗，遇其夷主，吉。」〔三國・魏〕王弼注，〔唐〕陸德明音義，孔穎達正義：《周易經傳注疏》，卷9，頁217。

〔註186〕〔唐〕李鼎祚撰：《周易集解》，收入《景印文淵閣四庫全書・經部1・易類》（臺北：臺灣商務印書館，1983年），第7冊，卷11，頁783。

〔註187〕〔三國・魏〕王弼注，〔唐〕陸德明音義，孔穎達正義：《周易經傳注疏》，卷9，頁217。

〔註188〕〔三國・魏〕王弼注，〔唐〕陸德明音義，孔穎達正義：《周易經傳注疏》，收入《景印摛藻堂四庫全書薈要・經部第1冊・易類》（臺北：世界書局，1988年），總第2冊，卷2，頁50。

〔註189〕〔西漢〕京房撰，〔東漢〕陸績注：《京氏易傳》，收入《景印摛藻堂四庫全書薈要・子部第19冊・數術類》（臺北：世界書局，1988年），總第264冊，卷上，頁3。

〔註190〕〔西漢〕京房撰，〔東漢〕陸績注：《京氏易傳》，收入《景印摛藻堂四庫全書薈要・子部第19冊・數術類》，總第264冊，卷上，頁4。

〔註191〕〔西漢〕京房撰，〔東漢〕陸績注：《京氏易傳》，收入《景印摛藻堂四庫全書薈要・子部第19冊・數術類》，總第264冊，卷中，頁15。

〔註192〕按許老居釋京房之「世、應」有詳細之陳述，其云：「京氏於八宮六十四卦中，據陰陽二氣之升降，以訂其卦序之位，猶言居世之位也。世指世爻，應者為相應之爻，故稱應爻。八宮之八純卦皆以上爻為世爻，一世至五世

子，上為宗廟」，〔註193〕故凡《易》卦第五爻多視為國君、天子之位。

劉牧以「日，君之象」媲〈豐卦䷶‧六五〉，餘爻則藉「斗，臣之象」，「日」、「斗」相較而比。其以「日」仿六五君上，當自《漢書‧天文志》：「凡君行急，則日行疾；君行緩，則日行遲。日行不可指而知也」〔註194〕之「日」、「君」對應之說而來。

劉牧釋解〈豐卦䷶‧六二〉，概取〈豐〉卦䷶六四、六五爻辭交相提示，且循十翼當不當位〔註195〕，兼採漢儒字義訓詁，融合天文星體與人事運行映襯之觀，字裡行間，全然以義理詮《易》，未有任何象數混入其內，所創「日，君之象」、「斗，臣之象」之對稱注語，更未見有先儒相類之批注，堪稱為其一家之言。是以陳振孫所詆：「劉牧之學，大抵求異先儒，穿鑿破碎」之議，於此猶如空口一般，毫無所據。

南宋‧牟子才（？）於宋理宗寶祐二年（1254年），時任起居郎，因災異之故而上奏朝庭，〔註196〕其奏疏中，即剽襲劉牧「日，君之象」一辭，其云：

> 自四月以來，天地閉塞，未聞震虩之聲。「日，君之象也。」自四月以來，常噴雲飛雨，未見陰明之象，風物假大之時，資以為長

以所變之爻為世爻，亦即一世卦以初爻為世爻，二世卦以二爻為世爻，三世卦以三爻為世爻，四世卦以四爻為世爻，五世卦以五爻為世爻，游魂卦為五世卦之四爻適變，故以四爻為世爻，歸魂卦由游魂卦下卦初、二、三爻俱變而來，惟世爻僅能以一爻定之，京氏取三爻為世爻。各卦世爻之位已定，則應爻隨之而生，即初與四爻應，二與五爻應，三與上爻應，如初爻為世爻，四爻則為應爻。」許老居著：〈世應說〉，《京氏易傳發微》（臺北：新文豐出版公司，2007年），頁420～421。又按〈遯〉卦䷠為〈乾〉䷀宮二世卦，故世居六二爻，應在九五爻；〈剝〉卦䷖，為〈乾〉䷀宮五世卦，則世居六五爻，應在六二爻；〈臨〉䷒卦為〈坤〉䷁宮二世卦，即世居九二爻，應在六五爻。許老居著：〈京氏六十四卦爵位、世應對照表〉，頁334、336。
〔註193〕〔東漢〕鄭康成注：《易緯乾鑿度》，收入《景印摛藻堂四庫全書薈要‧經部第14冊‧易類》（臺北：世界書局，1988年），總第15冊，卷上，頁504。
〔註194〕〔東漢〕班固撰，〔唐〕顏師古注：〈天文志第六〉，《前漢書》，收入《景印摛藻堂四庫全書薈要‧史部第4冊‧正史類》（臺北：世界書局，1988年），總第90冊，卷26，頁635。
〔註195〕按「當位」、「不當位」已於第二章，頁65～66，有所說明，此不複贅述。
〔註196〕〔明〕楊士奇等撰：〈災祥〉，《歷代名臣奏議》，收入《景印文淵閣四庫全書‧史部199‧詔令奏議類》（臺北：臺灣商務印書館，1984年），第441冊，卷312，頁659。

養也。〔註197〕

明・鍾惺（1581～1624）於其〈修省疏〉亦抄劉牧之語而謂：

> 京師以風霆告矣。臣不敢以占候家幽隱之言論，論其至顯者。「日，
> 君之象也。」暈，則其徵為蒙、為塞。〔註198〕

日人賀茂在方（？）則將劉牧訓詞，視為《漢書・天文志》之本文而剽綴稱
引：

> 《漢書・天文志》云：「日，君之象也。君行急，則日行疾；君行緩，
> 則日行遲。」是以觀乎天文以察乎時變。」〔註199〕

由此可證，劉牧「日，君之象也」之述，誠然與《漢書・天文志》所載，辭義
相襯，立論有據。王弼注〈豐卦䷶・六二〉：

> 蔀，覆曖，鄣光明之物也。處明動之時，不能自豐以光大之德，既
> 處乎內，而又以陰居陰，所豐在蔀，幽而无覩者也，故曰「豐其蔀，
> 日中見斗」也。日中者，明之盛也；斗見者，闇之極也。處盛明而
> 豐其蔀，故曰「日中見斗」。不能自發，故往得疑疾。然履中當位，
> 處闇不邪，有孚者也。若，辭也。有孚可以發其志，不困於闇，故
> 獲吉也。〔註200〕

其釋「蔀」為鄣光明之物，作名詞解，與劉牧采虞翻取「蔽」，成動詞論，詞
性運用已然不類，整段義理詮次之風韻與方法，更是各有千秋，互具特色，
彼此未有相垺之處。若此，宋咸指謫劉牧「盡刊王文，直用己意代之」、李覯
詰斥「牧又注《易》新意，牽合象數，其餘援輔嗣之意而改其辭」諸語，於此
盡皆無稽可證。

現今文獻，未獲陸希聲此則傳文，惟晁說之有謂「陸希聲不出王輔嗣之

〔註197〕〔明〕楊士奇等撰：〈災祥〉，《歷代名臣奏議》，收入《景印文淵閣四庫全書・
史部199・詔令奏議類》（臺北：臺灣商務印書館，1984年），第441冊，卷
312，頁660。

〔註198〕〔明〕鍾惺撰，陸雲龍評：〈修省疏〉，《翠娛閣評選鍾伯敬先生合集》，收入
《續修四庫全書・集部・別集類》（上海：上海古籍出版社，1995年），第
1371冊，卷之7，頁479。

〔註199〕〔日本〕賀茂在方著：〈釋日第三〉，《曆林問答集》（應永甲午【1414年】，
東京圖書館藏），卷上，頁7。按原書本無頁碼，筆者依其實際分頁，予以編
排頁碼為第7頁。

〔註200〕〔三國・魏〕王弼注，〔唐〕陸德明音義，孔穎達正義：《周易經傳注疏》，
收入《景印摛藻堂四庫全書薈要・經部第1冊・易類》（臺北：世界書局，
1988年），總第2冊，卷9，頁216。

藩籬」，倘若該言為真，則陸氏訓文之經緯絡脈，當相去王弼注說之內容不遠，按理亦應與劉牧釋解之文詞語句，同然猶如王弼與劉牧之般，呈現相互悖異之情況；若然，鄭獬譏刺「牧之注，本沿蹈於希聲，而又益以茫昧荒虛，不可究之象數」闊論，豈非一派胡讕？何況希聲傳注無存，誠不知，鄭獬之高明卓識，所憑為何？

第三節　經典文獻解《易》及宋初義理、儒學治《易》之席位考辨

劉牧綜採經傳、典籍、文獻等相關天文、地理、節氣、星體諸般科學理論，以訓注〈坤卦☷·大象〉、〈屯卦☵·大象〉、〈豐卦☲·六二〉之法，堪稱暨「史事證《易》」之外，又添一解《易》之特性。南宋·黃度（1138～1213）嘗云：

> 太極既判，輕清者為天，重濁者為地，清、濁渾者為人。輕清者，氣也；重濁者，形也；形、氣合者，人也。故凡氣之發見於天者，皆太極中自然之理。……，與人道相應可以理而知也。〔註201〕

概指太極分出天、地、人三才。人居天、地之間，稟天、地之輕、濁；形、氣合會而生，故人道之事即相應於天地自然之理。所言之義，即如劉牧摘掇天文、地理相關之要，以協佐人事義理訓《易》旨趣之寫照。

若然，本節持續多端探研，劉牧史事、科學相輔詮《易》之外，尚且循藉經典、文獻之鋪陳解《易》諸卦例，希冀經由廣泛之裒錄與彙萃，能得更切劉牧人事訓《易》之全貌，以證劉牧於宋初義理《易》學，所應具有之明確地位。

一、擷萃經傳、典籍、文獻之義理解《易》析辯

（一）〈乾卦☰·卦辭〉

〈乾〉☰，元亨利貞。〔註202〕

〔註201〕〔南宋〕黃度撰，〔清〕陳金鑒輯：〈春官宗伯下〉，《宋黃宣獻公周禮說》，收入《續修四庫全書·經部·禮類》（上海：上海古籍出版社，1995年），第78冊，卷3，頁54。

〔註202〕〔三國·魏〕王弼注，〔唐〕陸德明音義，孔穎達正義：《周易經傳注疏》，收入《景印摛藻堂四庫全書薈要·經部第1冊·易類》（臺北：世界書局，1988年），總第2冊，卷1，頁26。

南宋・李石（1108～1181）〔註203〕論〈乾〉卦☰卦辭「元、亨、利、貞」四德，曾舉文王、孔子之言，以證劉牧「四時」之說，其云：

> 道出於天，以乾☰為體，德出於道，以仁、義、禮、智為用。以天而統於道，則一氣陰陽之分為四時，曰：「元、亨、利、貞」者，統之以乾☰也。以道而分於德，曰：「仁、義、禮、智」者，會之以「信」，以肇乾☰道之分而四德具矣，文王之言。曰：「元者，善之長。」一氣之運，自其元者始，猶春蠢萬物之發生也。「亨者，嘉之會。」品彙相見，盛大之期，猶之夏，假萬物之亨會也。「利者，義之和。」氣之摯欽肅殺，不可以過，猶之秋，裁制而收其利也。「貞者，事之幹。」貞者，止。於貞猶之冬，終歲而畢其務也。此本文王之詞，孔子再釋之，則知四德之為四時矣，而統以乾☰者會於一元，而人得之者為五常，曰：「仁、義、禮、智」而合之於信也。〔註204〕

李石稱「道」由「天」而出，且以〈乾〉☰為道體。德又自道而出，以「仁、義、禮、智」為用。以天表自然而統於道，如此，則道之一氣分出陰陽，進而變為「春、夏、秋、冬」四季之時，而稱之「元、亨、利、貞」，且以〈乾〉卦☰統之。

李石認為，如此以道體而分出所謂：「仁、義、禮、智，而會之以信」之德性，則是象徵〈乾〉道☰四德「元、亨、利、貞」之分類與完備，且此四德，即是周文王之言。孔子對於文王之「四德」，又以「元者，善之長；亨者，嘉之會；利者，義之和；貞者，事之幹」加以解釋，且由四德對應自然之春、夏、秋、冬四時法則，延伸至「仁、義、禮、智」合於「信」之人倫「五常」，並統以〈乾〉☰者表示。

李石於陳述〈乾〉卦☰「元、亨、利、貞」文王之言、孔子之意後，援舉劉牧之說，做為其對「四德」即為「四時」說之結論：

> 竊嘗槩之曰：「天者，強名也。又何德之可名？因天為〈乾〉☰，因四時為元、亨、利、貞，因陰、陽而為道，因道為德，因德而為仁、義、禮、智。」此近世劉牧之學也。牧之學不過以道為德，取其合

〔註203〕按生卒年參考李裕民著：《宋人生卒行年考》（北京：中華書局，2010），頁78。

〔註204〕〔南宋〕李石撰：〈四德論〉，《方舟集》，收入《景印文淵閣四庫全書・集部88・別集類》（臺北：臺灣商務印書館，1985年），第1149冊，卷8，頁615～616。

　　於人心，同體異用者為之名，故以元為仁，以禮為亨，以義為利，

　　以智為貞。因文王之言，孔子之意敷而釋之也。〔註205〕

李石以劉牧訓解〈乾〉☰「元、亨、利、貞」四時之論，做為其「四德」對應「四時」說之心得總結。他且提出，劉牧之學乃以文王「元、亨、利、貞」之言，和孔子上述〈文言〉〔註206〕解釋之意為根據，而以「道為德」，取其〈乾〉☰、道同體異用、合於人心而為之名曰：「元者，仁也；亨者，禮也；利者，義也；貞者，智也」。

　　由李石所載，可輯出劉牧對於〈乾〉☰「元、亨、利、貞」四時之注解：「天者，強名也。又何德之可名？因天為〈乾〉☰，因四時為元、亨、利、貞，因陰、陽而為道，因道為德，因德而為仁、義、禮、智。以元為仁，以禮為亨，以義為利，以智為貞。」

　　此則佚文，於《義海撮要》、《漢上易傳》、《厚齋易學》，乃至其他文獻皆未得見。且由四德元、亨、利、貞對應春木、夏火、秋金、冬水四季〔註207〕，及劉牧所云：「木性仁，火性禮，土性信，金性義，水性智」〔註208〕、「土无象也，分王四季」〔註209〕之語，校核李石「仁、義、禮、智而合之於信」及「此近世劉牧之學」，「以智為貞」諸句，當可分判該文，即為劉牧《卦德通論》釋〈乾〉卦☰「元、亨、利、貞」四時之旨要，而李石因之予以詮言。

　　比較唐・孔穎達（574～648）於〈乾〉☰「元、亨、利、貞」之疏註：

　　施於五事言之，元則仁也，亨則禮也，利則義也，貞則信也。不論

〔註205〕〔南宋〕李石撰：〈四德論〉，《方舟集》，收入《景印文淵閣四庫全書・集部88・別集類》（臺北：臺灣商務印書館，1985年），第1149冊，卷8，頁616。

〔註206〕按〈文言〉原文：「元者，善之長也。亨者，嘉之會也。利者，義之和也。貞者，事之幹也。」〔三國・魏〕王弼注，〔唐〕陸德明音義，孔穎達正義：《周易經傳注疏》，收入《景印摛藻堂四庫全書薈要・經部第1冊・易類》（臺北：世界書局，1988年），總第2冊，卷1，頁33。

〔註207〕按春、夏、秋、冬四季之五行即木、火、金、水。譬如《魏書》即云：「推五行用事日，⋯⋯春木、夏火、秋金、冬水四立，即其用事。」〔北齊〕魏收撰：〈志第八・律曆三上〉，《魏書》，收入《景印摛藻堂四庫全書薈要・史部第21冊・正史類》（臺北：世界書局，1988年），總第107冊，卷107上，頁389。

〔註208〕〔北宋〕劉牧撰：《易數鈎隱圖》，收入《景印摛藻堂四庫全書薈要・經部第14冊・易類》（臺北：世界書局，1988年），總第15冊，卷上，頁257。

〔註209〕〔北宋〕劉牧撰：《易數鈎隱圖》，收入《景印摛藻堂四庫全書薈要・經部第14冊・易類》，總第15冊，卷上，頁256。

> 智者，行此四事，竝須資於知。且《乾鑿度》云：「水、土二行，兼
> 信與知也。」故略而不言也。〔註210〕

孔穎達云「貞則信也」，貞之所以不論「智」，乃因〈乾鑿度〉有敘：「水、土
二行，兼信與知也。」貞之言信，亦已含「智」於其內。所以孔穎達論「元、
亨、利、貞」之「貞」，可謂「以信為貞」，而劉牧則云：「以智為貞」，二者看
似不類，實則其義一般。

後於劉牧之胡瑗，釋「元、亨、利、貞」之「貞」字，則稱：

> 貞者，正也，固也。言物之既成，必歸於正，以陰陽之氣幹了於萬
> 物。聖人法之為智事，非智不能幹固而成立，故于四時為冬，于五
> 常為智。然則此五常不言信者，何也？蓋信屬於土，土者分王四
> 季，凡人之有仁、義、禮、智，必有信，然後能行，故於四者无所
> 配也。〔註211〕

胡瑗訓「貞」於四時為「冬」，於五常為「智」。其云：「五常中不談信者，乃
因信屬土，分王四季，凡人之有『仁、義、禮、智』，則必有『信』。」所論之
意，近於李石釋劉牧「四德」所陳：「人得之者為五常，曰：『仁、義、禮、智』
而合之於信也」之辭。且胡瑗「以貞為智」之說，雖相異於孔穎達，然卻沿習
於劉牧之聞。由此可證，劉牧之後，亦有承襲與其相近乃至相同觀點之《易》
解詮貫者。

孔穎達及胡瑗二者之文，咸被視為「專明人事」〔註212〕之述，故皆節錄
於《義海撮要》之中。〔註213〕若此，劉牧於此之見，更當同屬義理範疇而無
疑。惟考今傳本《易緯乾鑿度》並無「水、土二行，兼信與知也」之句，然
《乾坤鑿度·乾鑿度》則引《萬名經》有謂：

> 運五行，先水、次木、生火、次土及金。木仁、火禮、土信、水智、
> 金義。又《萬名經》曰：「水、土兼智、信，木、火兼仁、惠。五事

〔註210〕〔三國·魏〕王弼注，〔唐〕陸德明音義，孔穎達正義：《周易經傳注疏》，
　　　　卷1，頁34。

〔註211〕〔北宋〕胡瑗撰：《周易口義》，收入《景印摛藻堂四庫全書薈要·經部第1
　　　　冊·易類》（臺北：世界書局，1988年），總第2冊，卷1，頁337。

〔註212〕〔清〕紀昀等撰：〈提要〉，《周易義海撮要》，收入《景印摛藻堂四庫全書薈
　　　　要·經部第3冊·易類》（臺北：世界書局，1988年），總第4冊，頁1。

〔註213〕〔南宋〕李衡刪增：《周易義海撮要》，收入《景印摛藻堂四庫全書薈要·經
　　　　部第3冊·易類》（臺北：世界書局，1988年），總第4冊，卷1，頁3。

天性，訓成人倫。」〔註214〕

故劉牧早於胡瑗所提「以智為貞」之思想根據，應可溯源於《乾坤鑿度‧乾鑿度》所援之《萬名經》而來。

王弼、陸希聲均無〈乾〉卦☰「元、亨、利、貞」之傳注存世。若然，南宋‧晁說之（1059～1129）嘗稱「希聲不出王輔嗣之藩籬」〔註215〕一說，於此則無可驗證。且北宋‧宋咸（？）所謂劉牧「盡刊王文，〔註216〕直用己意代之」〔註217〕、北宋‧李覯（1009～1059）指摘「牧又注《易》新意，牽合象數，其餘援輔嗣之意而改其辭」〔註218〕、北宋‧鄭獬（1022～1072）抨擊「牧之注，本沿蹈於希聲，而又益以茫昧荒虛，不可究之象數」〔註219〕、南宋‧陳振孫（1179～1262）誹訛「劉牧之學，大抵求異先儒，穿鑿破碎」〔註220〕諸批駁，對比劉牧〈乾〉卦☰四德之人事詮註，不獨抄襲之訾流於無稽，他項之斥亦如虛妄，咸皆不足採信。

〔註214〕〔東漢〕鄭康成注：〈乾鑿度〉，《易緯乾坤鑿度》，收入《景印摛藻堂四庫全書薈要‧經部第14冊‧易類》（臺北：世界書局，1988年），總第15冊，卷上，頁491。

〔註215〕〔南宋〕晁說之撰：《景迂生集》，收入《景印摛藻堂四庫全書薈要‧集部第40冊‧別集類》（臺北：世界書局，1988年），總第387冊，卷11，頁211。

〔註216〕按原文為「盡刊『文王』」。惟依宋咸文中所言：「劉可專門，王可焚竄」、「王、劉義」句及書名定為：「《王劉易辨》」，可知「王」字乃指王弼，則原文應為「盡刊『王文』」之訛錯。清‧朱彝尊於《經義考》「《王劉易辨》」條即云：「盡刊王文」，「刊」與「刋」字於此同意，故本章援引，據以改之。參閱清‧朱彝尊撰：〈易十五‧王劉易辨〉，《經義考》，收入《景印摛藻堂四庫全書薈要‧史部第151冊‧目錄類》（臺北：世界書局，1988年），總第237冊，卷16，頁586。

〔註217〕〔元〕胡一桂撰：〈宋〉，《周易啟蒙翼傳》，收入《景印摛藻堂四庫全書薈要‧經部第10冊‧易類》（臺北：世界書局，1988年），總第11冊，中篇，頁278。

〔註218〕〔元〕董真卿撰：〈凡例‧古今名賢〉，《周易會通》，收入《景印摛藻堂四庫全書薈要‧經部第11冊‧易類》（臺北：世界書局，1988年），總第12冊，頁247。

〔註219〕〔北宋〕鄭獬撰：〈狀‧進鮑極注周易狀〉，《鄖溪集》，收入《景印文淵閣四庫全書‧集部36‧別集類》（臺北：臺灣商務印書館，1985年），總第1097冊，卷12，頁224。

〔註220〕〔南宋〕陳振孫撰：〈易類〉，《直齋書錄解題》，收入《景印摛藻堂四庫全書薈要‧史部第151冊‧目錄類》（臺北：世界書局，1988年），總第237冊，卷1，頁9。

（二）〈坤卦䷁‧初六〉爻辭、〈小象〉

> 初六：履霜，堅冰至。〈象〉曰：履霜堅冰，陰始凝也，馴致其道，
> 至堅冰也。〔註221〕

李衡於此載錄一則，未註明作者之注文：

> 陰之為道，漸至於著，以其柔順故也。且陰雖柔順，終反剛矣。〈象〉
> 辭：「堅冰」二字，當為羨文；「馴」，狎也。〔註222〕

惟葉良佩亦登載，全然一律之內容，且標記作者為「劉牧」：

> 陰之為道，漸至於著，以其柔順故也。且陰雖柔順，終反剛矣。〈象〉
> 辭：「堅冰」二字，當為羨文；「馴」，狎也。劉牧〔註223〕

李衡疏漏未著之訛，或於裁竄刪削《義海》所犯，抑或後人輾轉傳抄之誤，雖
有未定，然幸賴葉氏之補逸，否則該條訓註，恐將湮沒就此亡佚，又或張冠
李戴而成李衡之言。

劉牧釋解〈坤卦䷁‧初六〉爻辭：「陰之為道，漸至於著，以其柔順故也。」
對照王弼之注：「陰之為道，本於卑弱而後積著者也。」〔註224〕意雖一致，惟
用詞稍有不同。王弼以「卑弱」象徵初六，劉牧則以「柔順」示之。王弼稱
「而後積著」，孔穎達疏：「漸漸積著」〔註225〕，劉牧則語「漸至於著」，三者
文義雖皆同然，然語法使用著實不類。

劉牧詮釋〈小象〉「履霜『堅冰』，陰始凝也」句，依「陰始凝」對應「履
霜」，及下文「馴致其道，至『堅冰』」已有「堅冰」之故，是以提出前「堅冰」
二字，乃衍文之詞，其論堪稱一家之言，胡瑗亦從其說而曰：「『堅冰』二字，

〔註221〕〔三國‧魏〕王弼注，〔唐〕陸德明音義，孔穎達正義：《周易經傳注疏》，
　　　　收入《景印摛藻堂四庫全書薈要‧經部第 1 冊‧易類》（臺北：世界書局，
　　　　1988 年），總第 2 冊，卷 2，頁 47。

〔註222〕〔南宋〕李衡刪增：《周易義海撮要》，收入《景印摛藻堂四庫全書薈要‧
　　　　經部第 3 冊‧易類》（臺北：世界書局，1988 年），總第 4 冊，卷 1，頁
　　　　14。

〔註223〕〔明〕葉良佩輯：《周易義叢》，收入《續修四庫全書‧經部‧易類》（上海：
　　　　上海古籍出版社，1995 年），第 7 冊，卷之 1，頁 43。

〔註224〕〔三國‧魏〕王弼注，〔唐〕陸德明音義，孔穎達正義：《周易經傳注疏》，
　　　　收入《景印摛藻堂四庫全書薈要‧經部第 1 冊‧易類》（臺北：世界書局，
　　　　1988 年），總第 2 冊，卷 2，頁 47。

〔註225〕〔三國‧魏〕王弼注，〔唐〕陸德明音義，孔穎達正義：《周易經傳注疏》，
　　　　收入《景印摛藻堂四庫全書薈要‧經部第 1 冊‧易類》，總第 2 冊，卷 2，
　　　　頁 47。

當為羡文，蓋下文已有至『堅冰』也。」〔註226〕

　　《九家易》有云：「馴，猶順也。」〔註227〕唐‧陸德明（556～627）謂：「馴，似遵反。向秀云『從』也。徐音訓此依鄭義。」〔註228〕清‧惠棟（1697～1758）則據陸德明「依鄭義」之言，而考補鄭玄之箋：「馴，從也。」〔註229〕孔穎達述〈坤卦☷‧六三〉：「『或從王事，无成有終』者，言六三為臣，或順從於王事。」〔註230〕「從」釋為「順從」。劉牧注：「『馴』，狎也。」「狎」亦即「馴順、順從」之意，〔註231〕故劉牧此說，乃承襲《九家易》及鄭玄之述而來。

　　綜上分析，劉牧於〈坤卦☷‧初六〉爻辭及〈小象〉之注，乃兼採《九家易》及鄭康成《周易注》之字訓以佐抒己見，文中未見象數穿鑿，純為人事義理釋《易》，是以《義海撮要》僅收錄劉牧與王輔嗣之注文於此。平心而論，倘內容誠有與輔嗣：「義意重複」〔註232〕者，李衡概已刪削去除，何使二者並存羅列在案？由此可判，劉牧此則注文，確無宋咸所稱「盡刊王文，直用己意代之」之嫌，且無李覯所謂「牧又注《易》新意，牽合象數，其餘援輔嗣之意而改其辭」之狀。

　　今考文獻未見希聲之言，倘晁說之所云：「希聲不出王輔嗣之藩籬」為真，

〔註226〕〔北宋〕胡瑗撰：《周易口義》，收入《景印摛藻堂四庫全書薈要‧經部第1冊‧易類》（臺北：世界書局，1988年），總第2冊，卷1，頁359。

〔註227〕〔唐〕李鼎祚撰：《周易集解》，收入《景印文淵閣四庫全書‧經部1‧易類》（臺北：臺灣商務印書館，1983年），第7冊，卷2，頁625。

〔註228〕〔唐〕陸德明著：《經典釋文》，收入《景印摛藻堂四庫全書薈要‧經部第76冊‧經解類》（臺北：世界書局，1988年），總第77冊，卷2，頁27。

〔註229〕〔東漢〕鄭玄撰，〔南宋〕王應麟輯，〔清〕惠棟考補：《增補鄭氏周易》，收入《景印文淵閣四庫全書‧經部1‧易類》（臺北：臺灣商務印書館，1983年），第7冊，卷上，頁150。

〔註230〕〔三國‧魏〕王弼注，〔唐〕陸德明音義，孔穎達正義：《周易經傳注疏》，卷2，頁48。

〔註231〕按《韓非子》云：「夫龍之為蟲也，柔可狎而騎也。」〔東周〕韓非撰，〔？〕李瓚注：〈說難第十二〉，《韓非子》，收入《景印摛藻堂四庫全書薈要‧子部第7冊‧法家類》（臺北：世界書局，1988年），總第252冊，卷4，頁322。又按《後唐書》曰：「鵰、鶚、鷹、鸇，豈眾禽之偶？奈何設拜以狎之。」〔後晉〕劉昫撰：〈列傳第三十八‧韋思謙〉，《舊唐書》，收入《景印摛藻堂四庫全書薈要‧史部第32冊‧正史類》（臺北：世界書局，1988年），總第118冊，卷88，頁415。以上二則「狎」字，皆作「馴順、順從」解釋。

〔註232〕〔清〕紀昀等撰：〈提要〉，《周易義海撮要》，收入《景印摛藻堂四庫全書薈要‧經部第3冊‧易類》（臺北：世界書局，1988年），總第4冊，頁1。

則依劉牧不類於王弼注說推斷，循理亦將相悖於希聲之語，故鄭獬駁斥：「牧之注，本沿蹈於希聲，而又益以茫昧荒虛，不可究之象數」及陳振孫攻詆「劉牧之學，大抵求異先儒，穿鑿破碎」諸曲說，蓋可盡皆推翻，無以確立。

（三）〈坤卦䷁·文言·六五〉

（〈文言〉曰）：君子黃中通理，正位居體，美在其中，而暢於四支，發於事業，美之至也。〔註233〕

李衡袞輯一則劉牧之注文如下：

「五過四」而不為失臣節者，以其得中道也。內隱陽明，故能通乎物理。處五之位，故曰正位「體居」。陰處陽，而陽「不」發，故曰美在其中，暢於四支也。牧〔註234〕

惟葉良佩載記內容與李衡有些許出入：

「五居尊」而不為失臣節者，以其得中道也。內隱陽明，故能通乎物理。處五之位「而在坤䷁體」，故曰正位「居體」。「以」陰處陽而陽「必」發，故曰美在其中，暢於四支也。劉牧〔註235〕

二者差異以「」標記對照。彼此在於「五『過四』」、「五『居尊』」；「體居」、「居體」；「不」、「必」及葉良佩登載多「而在坤體」句及「以」字，李衡則無。於下分析，再與校覈是非宜當。

〈坤卦䷁·文言·六三〉有云：「……地道也，妻道也，臣道也，地道无成，而代有終也。」〔註236〕〈坤鑿度〉則稱：「〈乾〉䷀君、〈坤〉䷁臣」，〔註237〕是以虞翻即謂：「〈坤〉䷁，地道、妻道、臣道，故禮義有所錯者也。」〔註238〕若

〔註233〕 〔三國·魏〕王弼注，〔唐〕陸德明音義，孔穎達正義：《周易經傳注疏》，收入《景印摛藻堂四庫全書薈要·經部第 1 冊·易類》（臺北：世界書局，1988 年），總第 2 冊，卷 2，頁 50。

〔註234〕 〔南宋〕李衡刪增：《周易義海撮要》，收入《景印摛藻堂四庫全書薈要·經部第 3 冊·易類》（臺北：世界書局，1988 年），總第 4 冊，卷 1，頁 18。

〔註235〕 〔明〕葉良佩輯：《周易義叢》，收入《續修四庫全書·經部·易類》（上海：上海古籍出版社，1995 年），第 7 冊，卷之 1，頁 51。

〔註236〕 〔三國·魏〕王弼注，〔唐〕陸德明音義，孔穎達正義：《周易經傳注疏》，收入《景印摛藻堂四庫全書薈要·經部第 1 冊·易類》（臺北：世界書局，1988 年），總第 2 冊，卷 2，頁 50。

〔註237〕 〔東漢〕鄭玄注：〈坤鑿度〉，《易緯乾坤鑿度》，收入《景印摛藻堂四庫全書薈要·經部第 14 冊·易類》（臺北：世界書局，1988 年），總第 15 冊，卷下，頁 494。

〔註238〕 〔唐〕李鼎祚撰：《周易集解》，收入《景印文淵閣四庫全書·經部 1·易類》

此，〈坤〉卦☷具有臣道節操之義。

前節已述，京房皆稱各卦第五爻為「君位」、「天子」、「至尊」；《易緯乾鑿度》概定統稱為「天子」之位，是以《易》卦第五爻，均顯其高貴無上之義。〈繫辭〉所載：「三與五同功而異位，三多凶，五多功，貴賤之等也」〔註239〕之五爻尊崇意趣即為此。

虞翻論〈乾卦☰·文言·九三〉「重剛而不中」曾曰：「以乾☰接乾☰故重剛，位非二、五，故不中也。」〔註240〕業已相對表示，凡卦之二、五爻，均為中位。

劉牧則綜上所陳，合而以論，訓釋〈坤〉卦☷六五爻，雖過四爻居尊位，惟〈坤〉卦☷卦體本即謙柔順服之義，故未失人臣應有之節理道義。六五雖陰處陽位，然因得其中道，若此不失其正，是以稱之「正位居體」。六五居陽，陽者動也，惟陰外、陽內相為調和，致能動藏於心，未發散於形，內隱陽明之德，外通事務之理，故曰「美在其中，和暢四方。」

歷來諸儒，於《易》爻「中」、「正」二義，彼此輕重之比較，全無討論。惟劉牧於此可謂據〈文言〉「黃中通理」、「美在其中」之「中」旨，連結明釋「正位」之義。其言「處五之位（而在坤☷體），故曰正位居體」，意味〈坤〉卦☷體質純陰柔順，六五位居其間，陰爻處陽之位，本為不正，惟因六五得中，是以敘之「正位居體」。其「正位」之訓，已然於此隱顯「得中必正」之理，雖無直接明示，然實已開立此論之先河。其後北宋·程頤（1033～1107）方云：「能恒久於中，則不失正矣。中重於正，中則正矣」〔註241〕之說。

比較李衡與葉良佩兩者載記之注文，筆者以為「五過四」與「五居尊」，就整體文脈而言，無什差異，惟以後者所釋較為詳細。然李衡所錄「陽『不』發」，似較葉氏所載「陽『必』發」，更能契合「陰處陽」而「美在其『中』、暢於四支」之諦，且能與「內隱陽明，故能通乎物理」之義，上下呼應，前後連貫。惟若以「陰靜」、「陽動」之《易》理分析，葉氏所記「陽『必』發」，則又與「通乎物理」、「和暢四方」可相聯繫，且不違「內隱陽明」、「美在其

（臺北：臺灣商務印書館，1983 年），第 7 冊，卷 17，頁 886。

〔註239〕　〔三國·魏〕王弼注，〔唐〕陸德明音義，孔穎達正義：《周易經傳注疏》，卷 12，頁 292。

〔註240〕　〔唐〕李鼎祚撰：《周易集解》，卷 1，頁 620。

〔註241〕　〔北宋〕程頤撰：《易程傳》，收入王雲五主編：《叢書集成初篇》（上海：商務印書館，1936 年據古逸叢書本影印），第 3 冊，卷第 4，頁 157。

中」之蘊，是以「陽『不』發」，抑或「陽『必』發」，何者方為劉牧訓解原文，確然令人費解？若此，本章雖取李衡輯錄內容加以譯釋，然不代表葉氏所記為誤，畢竟李衡刪削《義海》而成《撮要》，其間多有淆亂，亦為不爭之事實。〔註242〕

至於李衡所記「故曰：正位『體居』」之「體居」詞，實為〈坤卦☷☷・文言・六五〉「正位『居體』」之「居體」倒文，二者詞意全然一般，與葉氏所輯：「故曰：正位『居體』」無有區別；此情況猶若有無「而在坤☷☷體」及「以」諸字，咸皆毋改原注文句之意蘊。

研省劉牧此則訓解，其乃沿循〈繫辭〉、《京氏易傳》、《易緯乾鑿度》五爻顯榮至尊之說，結合〈坤卦☷☷・文言〉「臣道」柔順、黃中之理，兼采〈坤鑿度〉、漢儒之論，融會發為己見，成其一家之言。全文義理一氣，毫無象數穿插，且敘述條達通順，抒詞有理，並無求異先儒之嫌，更不見穿鑿破碎之狀。

今考王弼於此無注、亦未見有陸希聲之說，若此，宋咸訕議劉牧「盡刊王文，直用己意代之」、李覯駁稱「牧又注《易》新意，牽合象數，其餘援輔嗣之意而改其辭」、鄭獬詆抑「牧之注，本沿蹈於希聲，而又益以汒昧荒虛，不可究之象數」及陳振孫攻詰「劉牧之學，大抵求異先儒，穿鑿破碎」等諸語，可謂盡皆無憑，猶如空話，令人不信。

（四）〈蒙卦☶☵・彖傳〉

〈彖〉曰：〈蒙〉☶☵，山下有險，險而止，蒙。蒙亨，以亨行時中也。匪我求童蒙，童蒙求我，志應也。初筮告，以剛中也，再三瀆，瀆則不告，瀆蒙也。蒙以養正，聖功也。〔註243〕

李衡袞掇劉牧之釋解：

行時中者，謂訓不失時也。過稚則性未成，過長則扞格不入，必時中，乃能通於學。志應者，謂中相應也。牧〔註244〕

〔註242〕按李衡袞夷《義海》而成《撮要》之訛混淆亂之處，前節已略有陳述，此處不複贅述，惟全然之分析，筆者將另撰文章詳細以述。

〔註243〕〔三國・魏〕王弼注，〔唐〕陸德明音義，孔穎達正義：《周易經傳注疏》，收入《景印摛藻堂四庫全書薈要・經部第1冊・易類》（臺北：世界書局，1988年），總第2冊，卷2，頁54～55。

〔註244〕〔南宋〕李衡刪增：《周易義海撮要》，收入《景印摛藻堂四庫全書薈要・經部第3冊・易類》（臺北：世界書局，1988年），總第4冊，卷1，頁22。

葉良佩亦綴有此則注文，惟最後一句，錄記為「志應，謂『兩』中相應也。」
〔註245〕少了「者」、多出「兩」，然整體文義，全然一律，無有區別。

　　葉氏雖少了「者」，多出「兩」，惟相比李衡所輯，似較令人明了其意。倘
再參校以下南宋・馮椅（1140～1231）撰述之內容，則劉牧此注，或將能拼湊
出更近完整之原貌：

　　　　劉長民曰：「時中，謂訓不失時也。過稚則性未成，過長則扞格不入。

　　　　匿我求童蒙，童蒙求我，志應也。九二為內卦之主而能發蒙六五應

　　　　之。」〔註246〕

馮椅著錄之劉文，或亦芟荑部分文詞，故與李衡、葉良佩所記，少「行」、「者」
二字及「必時中，乃能通於學」、「志應（者），謂（兩）中相應也」句，惟增
列「匿我求童蒙，童蒙求我，志應也。九二為內卦之主而能發蒙六五應之」；
若將三者合併，即成：「行時中者，謂訓不失時也。過稚則性未成，過長則扞
格不入，必時中，乃能通於學。匿我求童蒙，童蒙求我，志應也。九二為內卦
之主而能發蒙六五應之，志應者，謂兩中相應也。」

　　如此，則清楚看出李、葉、馮三者，輯佚劉牧訓解〈蒙䷃・彖〉之釋文，
僅存留「行時中」及「匿我求童蒙，童蒙求我，志應也」之闡發；本章依此進
行分析。

　　劉牧以「訓不失時」詮釋「行時中」，筆者以為，乃循《禮記・學記》所
云：「當其可之謂時」〔註247〕及「時過然後學，則勤苦而難成」〔註248〕之義
理而伸，故其謂之「過稚則性未成，過長則扞格不入，必時中，乃能通於學。」
劉牧之訓注，堪媲純然以《經》解《經》，毫無象數摻雜其間。

　　東漢・陸績（188～219）注〈巽䷸・彖〉曾言：「陰為卦主，故小亨。」
〔註249〕巽䷸二陽一陰，物以稀貴之理，若此陰爻為卦主。然則陸績「卦主」

〔註245〕〔明〕葉良佩輯：《周易義叢》，收入《續修四庫全書・經部・易類》（上海：
　　　　上海古籍出版社，1995年），第7冊，卷之2，頁62。

〔註246〕〔南宋〕馮椅撰：〈易外傳第一・象上贊〉，《厚齋易學》，收入《景印文淵閣
　　　　四庫全書・經部10・易類》（臺北：臺灣商務印書館，1983年），第16冊，
　　　　卷33，頁598。

〔註247〕〔東漢〕鄭玄注，〔唐〕孔穎達疏：〈學記第十八〉，《禮記正義》（北京：北
　　　　京大學出版社，2000年），卷第36，頁1237。

〔註248〕〔東漢〕鄭玄注，〔唐〕孔穎達疏：〈學記第十八〉，《禮記正義》，卷第36，
　　　　頁1238。

〔註249〕〔東漢〕陸績撰，〔明〕姚士粦輯：《陸氏易解》，收入《景印文淵閣四庫全

之論，當源於京房所稱：「少者為多之所宗」〔註250〕之旨要，是以陸績方敘：「多以少為貴」〔註251〕之文。王弼即承京房、陸績之說而云：

> 夫少者，多之所貴也；寡者，眾之所宗也。一卦五陽而一陰，則一陰為之主矣；五陰而一陽，則一陽為之主矣。〔註252〕

〈蒙〉卦☶之內卦為坎☵，二陰一陽，斯陽爻，同理於巽☴二陽一陰之陰爻，亦當為卦主。是以劉牧稱〈蒙〉卦☶九二為內卦之主；其卦主之論，蓋泊京房、陸績而來。

〈蒙〉卦☶內卦九二，既為卦主且居中爻之位，六五亦處外卦艮☶中。九二陽剛能相應、發蒙於六五之陰，故劉牧詮以「九二為內卦之主而能發蒙六五應之，志應者，謂兩中相應也。」劉牧此論，概為陸績：「六五陰爻在〈蒙〉☶，暗蒙又體艮☶少男，故曰童蒙。」〔註253〕及東漢·荀爽（128～190）：「二與五，志相應也。」〔註254〕兩者之趣旨融匯。全句條理分明，脈絡通暢，分毫未有陳振孫所稱「大抵求異先儒，穿鑿破碎」之象。比較王弼「『行時中』及『匪我求童蒙，童蒙求我，志應也』」之注：

> 時之所願，惟願亨也。以亨行之，得時中也。我，謂非童蒙者也。非童蒙者，即陽也。凡不識者求問識者，識者不求所告，闇者求明，明者不諮於闇。故蒙之為義，「匪我求童蒙，童蒙求我」也。童蒙之來求我，志應故也。〔註255〕

則劉牧訓解，相形之下，更顯精簡明確，不若王弼之迂迴逶迤，全然不見宋

書·經部 1·易類》（臺北：臺灣商務印書館，1983 年），第 7 冊，頁 195。

〔註250〕〔西漢〕京房撰，〔東漢〕陸績注：《京氏易傳》，收入《景印摛藻堂四庫全書薈要·子部第 19 冊·數術類》（臺北：世界書局，1988 年），總第 264 冊，卷上，頁 5。

〔註251〕〔西漢〕京房撰，〔東漢〕陸績注：《京氏易傳》，收入《景印摛藻堂四庫全書薈要·子部第 19 冊·數術類》，總第 264 冊，卷上，頁 3。

〔註252〕〔三國·魏〕王弼著，〔唐〕邢璹注，〔唐〕陸德明音義：〈明象〉，《周易略例》，收入《景印摛藻堂四庫全書薈要·經部第 1 冊·易類》（臺北：世界書局，1988 年），總第 2 冊，頁 316。

〔註253〕〔唐〕李鼎祚撰：《周易集解》，收入《景印文淵閣四庫全書·經部 1·易類》（臺北：臺灣商務印書館，1983 年），第 7 冊，卷 2，頁 635。

〔註254〕〔唐〕李鼎祚撰：《周易集解》，收入《景印文淵閣四庫全書·經部 1·易類》，第 7 冊，卷 2，頁 635。

〔註255〕〔三國·魏〕王弼注，〔唐〕陸德明音義，孔穎達正義：《周易經傳注疏》，收入《景印摛藻堂四庫全書薈要·經部第 1 冊·易類》（臺北：世界書局，1988 年），總第 2 冊，卷 2，頁 55。

咸所云「盡刊王文，直用己意代之」、李覯所抨「牽合象數，其餘援輔嗣之意而改其辭」之徵。

　　陸希聲於現今文獻，僅存藉〈蒙〉卦䷃卦象，予以命名其避亂隱居所在之東谿為「蒙谿」之撰序：

> 遯叟以斯世方亂，遺榮於朝，築室陽羨之南而遁跡焉。地當君山之陽，東谿之上，古謂之湖汱渚，遯叟既以名自命，又名其山曰頤山，谿曰蒙谿，將以頤養蒙昧也。……蒙之象䷃，亦艮☶為山，山下有坎☵，坎☵為水、為險，頤山之下，泉流于險而達于大谿，有〈蒙〉䷃象焉。〔註256〕

說解內容與王弼、劉牧前述注釋全無干係。惟此以外，則未見有其它與〈蒙〉卦䷃相關之傳注。〔註257〕今劉牧與王弼注文毫無聯繫，彼此已然不類，然晁說之曾言「希聲不出王輔嗣之蕃籬」，倘該語成立，則劉牧之文亦當與希聲之傳，猶如王、劉之般無有淵源，若此鄭獬所謂「牧之注，本沿蹈於希聲，而又益以茫昧荒虛，不可究之象數」諸詞，豈非空穴來風？

　　觀劉牧〈蒙䷃・彖〉僅存之注解，非但未有象數隱伏其間，更無援引改易之狀，其論可謂揉合漢儒京房、荀爽、陸績義理之詮，參佐《禮記》「教之所由興」〔註258〕、「教之所由廢」〔註259〕之思想，交相融會，而成一家之創。

〔註256〕〔北宋〕姚鉉編：《唐文粹》，收入《景印摛藻堂四庫全書薈要・第129冊・總集類》（臺北：世界書局，1988年），總第476冊，卷75，頁222。

〔註257〕按李衡《義海撮要》於〈蒙〉卦䷃卦辭、〈蒙䷃・九二〉、〈蒙・六三〉、〈蒙䷃・上九〉各標記一則「陸」氏注文（〔南宋〕李衡刪增：《周易義海撮要》，收入《景印摛藻堂四庫全書薈要・經部第3冊・易類》（臺北：世界書局，1988年），總第4冊，卷1，頁22、23、24。）惟葉良佩於《周易義叢》依序登錄作者為唐・陸震（？）、陸臯（恐為北宋・陳臯誤植）、北宋・陸秉（？）、唐・陸德明。（〔明〕葉良佩輯：《周易義叢》，收入《續修四庫全書・經部・易類》（上海：上海古籍出版社，1995年），第7冊，卷之2，頁61、64、65、67。）然黃奭則依李衡所載之「陸」字，將四則全然視為陸希聲之說，而輯入〈陸希聲易傳〉（〔清〕黃奭輯：〈陸希聲易傳〉，《黃氏逸書考》，收入《續修四庫全書・子部・雜家類》（上海：上海古籍出版社，1995年），第1206冊，頁622〜623。）如此具有爭議之陸希聲傳注，筆者將另撰他文討論，於此概依葉良佩所錄，咸皆不視為陸希聲之注文。

〔註258〕〔東漢〕鄭玄注，〔唐〕孔穎達疏：〈學記第十八〉，《禮記正義》（北京：北京大學出版社，2000年），卷第36，頁1237。

〔註259〕〔東漢〕鄭玄注，〔唐〕孔穎達疏：〈學記第十八〉，《禮記正義》，卷第36，頁1238。

晚於葉良佩之明‧姜寶（？）於其《周易傳義補疑》，亦登載同然於葉氏且一字不差之劉牧輯文，〔註260〕然黃以周雖視劉牧此注，「未悖於聖傳，可以兼錄之而明其義」〔註261〕，卻失之以「劉先之」之名著錄，〔註262〕此乃美中不足之處，惟不影響劉牧此釋，契合孔子「十翼」意旨之明證。

（五）〈同人䷌‧初九〉爻辭、〈小象〉

　　初九：同人于門，无咎。〈象〉曰：出門同人，又誰咎也。〔註263〕
現今文獻，僅存《義海撮要》，輯有一則或遭刪削大部之劉牧簡要釋文：

　　初剛而能屈於下，毀方瓦合者也。牧」〔註264〕
天火〈同人〉䷌，五陽一陰，惟初九能以陽剛降尊，屈求和同，相比於六二之下；若此劉牧即舉《禮記》：「毀方而瓦合」〔註265〕之述，以闡其旨。循《易》理用詞，藉《經典》證義，劉牧此訓，可謂遣字精切，引用的當，絲毫未見蛛絲象數摻和，純然義理詮《易》，蓋屬以《經》解《經》之例。對比王弼之注：

　　居〈同人〉䷌之始，為同人之首者也。无應於上，心无繫吝，通夫大

　　同，出門皆同，故曰「同人于門」也。出門同人，誰與為咎？〔註266〕
明顯看出，劉、王釋解〈同人〉䷌之初，皆俱義理陳敘，惟文章趣識所采各異，誠然不見宋咸所稱「盡刊王文，直用己意代之」之情，更未契李覯貶斥「牧又注《易》新意，牽合象數，其餘援輔嗣之意而改其辭」之狀。

　　李衡於載錄劉牧注文之前，記有「陸」氏之撰：「門者，出入之正道。

〔註260〕〔明〕姜寶撰：《周易傳義補疑》，收入《續修四庫全書‧經部‧易類》（上海：上海古籍出版社，1995年），第8冊，卷之2，頁436。

〔註261〕〔清〕黃以周撰：〈自序〉，《十翼後錄》，收入《續修四庫全書‧經部‧易類》（上海：上海古籍出版社，1995年），第36冊，頁6～7。

〔註262〕〔清〕黃以周撰：〈自序〉，《十翼後錄》，收入《續修四庫全書‧經部‧易類》，卷2，頁112～113。

〔註263〕〔三國‧魏〕王弼注，〔唐〕陸德明音義，孔穎達正義：《周易經傳注疏》，收入《景印摛藻堂四庫全書薈要‧經部第1冊‧易類》（臺北：世界書局，1988年），總第2冊，卷3，頁83。

〔註264〕〔南宋〕李衡刪增：《周易義海撮要》，收入《景印摛藻堂四庫全書薈要‧經部第3冊‧易類》（臺北：世界書局，1988年），總第4冊，卷2，頁49。

〔註265〕〔東漢〕鄭玄注，〔唐〕孔穎達疏：〈儒行第四十一〉，《禮記正義》，卷第59，頁1850。

〔註266〕〔三國‧魏〕王弼注，〔唐〕陸德明音義，孔穎達正義：《周易經傳注疏》，收入《景印摛藻堂四庫全書薈要‧經部第1冊‧易類》（臺北：世界書局，1988年），總第2冊，卷3，頁83。

同則正，不由斯道，則為咎。陸」〔註267〕黃奭即據而將其輯入〈陸希聲易傳〉。〔註268〕

　　葉良佩亦刊有內容稍有不同，然註名作者為陸希聲之文：「門者，出入之正道，即所謂禮門是也。行同則合，不由斯道，則為咎。陸希聲」〔註269〕葉所登，多於李者「即所謂禮門是也。行同則合」兩句，相較彼此語詞文義，則更為通順暢白，尤勝李衡所綴。

　　陸氏訓「同人于『門』」之「門」為禮門，強調出入禮門，行事皆能同遵正道，若然，即能和合，否則為咎。與王弼、劉牧注解各涵其蘊，互有擅長。是以晁說之所語「希聲不出王輔嗣之藩籬」，於此猶然已為無憑之強辭，且鄭獬斥云「牧之注，本沿蹈於希聲，而又益以茫昧荒虛，不可究之象數」諸詆，更如謗言惑眾，令人不解。

　　劉牧此則釋文，可謂以《經》證《經》，全然義理人事解《易》，未見前儒相類之陳，且無謄抄沿襲之跡，亦無象數混雜之敘，若此陳振孫駁指「劉牧之學，大抵求異先儒，穿鑿破碎」之辭，則如鄭獬之流，同然俾人懷疑根據之所在！

（六）〈賁卦☲☶・上九〉爻辭、〈小象〉

　　　上九：白賁，无咎。〈象〉曰：白賁无咎，上得志也。〔註270〕李衡輯錄劉牧之注：「繪事後素，居上而能正五彩也。牧」〔註271〕葉良佩亦同然載有，與李衡所列，內容一字不差，且標註作者為「劉牧」之釋文。〔註272〕

　　〈序卦傳〉有言：「賁者，飾也。」〔註273〕〈賁〉卦☲☶卦義即乃「文飾、裝扮」。惟夫子曾云「繪事後素。」〔註274〕鄭玄注稱：「繪，畫文也。凡繪畫，

〔註267〕〔南宋〕李衡刪增：《周易義海撮要》，收入《景印摛藻堂四庫全書薈要・經部第3冊・易類》（臺北：世界書局，1988年），總第4冊，卷2，頁49。

〔註268〕〔清〕黃奭輯：〈陸希聲易傳〉，《黃氏逸書考》，收入《續修四庫全書・子部・雜家類》（上海：上海古籍出版社，1995年），第1206冊，頁625。

〔註269〕〔明〕葉良佩輯：《周易義叢》，收入《續修四庫全書・經部・易類》（上海：上海古籍出版社，1995年），第7冊，卷之4，頁124。

〔註270〕〔三國・魏〕王弼注，〔唐〕陸德明音義，孔穎達正義：《周易經傳注疏》，卷4，頁111。

〔註271〕〔南宋〕李衡刪增：《周易義海撮要》，卷3，頁84。

〔註272〕〔明〕葉良佩輯：《周易義叢》，卷之5，頁185。

〔註273〕〔三國・魏〕王弼注，〔唐〕陸德明音義，孔穎達正義：《周易經傳注疏》，卷13，頁306。

〔註274〕〔三國・魏〕何晏注，〔唐〕陸德明音義，〔北宋〕邢昺正義：〈八佾第三〉，

先布眾色，然後以素分布其間，以成其文。」〔註275〕是以劉牧即援其理，以喻〈賁䷕·上九〉「白賁」，雖陽處无位之況，然知白素打扮之道，故可「居上而能正五彩」，若合符節「白賁无咎，上得志」之蘊。劉牧藉引孔子儒理之說，以呼應經傳文旨之訓解，堪稱以《經》詮《經》之典範。比較王弼所陳：

> 處飾之終，飾終反素，故任其質素，不勞文飾而无咎也。以白為飾，
> 而无患憂，得志者也。〔註276〕

二者對於「白賁」、「无咎」、「得志」之見識及釋詞語意，可謂全然不類，非但不見宋咸詰斥劉牧：「盡刊王文，直用己意代之」之徵，亦無李覯詆攻劉牧「牽合象數，其餘援輔嗣之意而改其辭」之情。

現今文獻，已然無存陸希聲此爻論著，惟晁說之曾謂「希聲不出王輔嗣之藩籬」，果若此言為真，則順理以推，希聲之注，當不離王弼之述過甚。然上已證劉牧與王弼〈賁卦䷕·上九〉之敘，猶如南轅北轍之狀。若此，劉牧與陸希聲之釋，亦該相悖不應，無有干係；且劉牧詮解之文，分毫未見先儒相類之傳註，是以鄭獬所云「牧之注，本沿蹈於希聲，而又益以茫昧荒虛，不可究之象數」及陳振孫所駁「劉牧之學，大抵求異先儒，穿鑿破碎」諸議論，無異猶如無端莫名之誹訕，令人質疑其客觀與公正！

劉牧采摘儒家經典，輔佐訓注〈賁卦䷕·上九〉爻辭、〈小象〉之文句，未有絲毫象數攙和其間，全然依循夫子「十翼」之旨要，符契義理解《易》之真諦，蓋黃以周識得其善，故將之輯入《十翼後錄》，惟誤以作者「劉先之」著記，〔註277〕則乃美中稍嫌不足之處。

（七）〈大壯䷡·彖傳〉

〈彖〉曰：〈大壯〉䷡，大者壯也，剛以動，故壯。大壯利貞，大者

《論語注疏》，收入《景印摛藻堂四庫全書薈要·經部第69冊·論語類》（臺北：世界書局，1988年），總第70冊，卷3，頁29。

〔註275〕〔三國·魏〕何晏注，〔唐〕陸德明音義，〔北宋〕邢昺正義：：〈八佾第三〉，《論語注疏》，收入《景印摛藻堂四庫全書薈要·經部第69冊·論語類》（臺北：世界書局，1988年），總第70冊，卷3，頁29。

〔註276〕〔三國·魏〕王弼注，〔唐〕陸德明音義，孔穎達正義：《周易經傳注疏》，收入《景印摛藻堂四庫全書薈要·經部第1冊·易類》（臺北：世界書局，1988年），總第2冊，卷4，頁111。

〔註277〕按黃以周撰稱：「劉先之曰：繪事後素，居上而能正五彩也。」〔清〕黃以周撰：〈十翼後錄〉，收入《續修四庫全書·經部·易類》（上海：上海古籍出版社，1995年），第36冊，卷6，頁479。

正也。正大而天地之情可見矣。〔註278〕

李衡衷輯節刪劉牧此則注文:「天地无不覆載,大也。覆載无所偏私,正也。牧」〔註279〕葉良佩載記之內容亦同然如此,且作者標明為「劉牧」。〔註280〕對照〈象傳〉所言,劉牧注釋,概僅餘「大」、「正」與「天地之情」之訓解。

　　劉牧以「天地無不覆載」,形容天地之「大」;並以天地之覆載,「无所偏私」,譬喻「正」字之旨。讀《文子》之著:

　　　夫所謂大丈夫者,內強而外明。內強如天地,外明如日月。天地無

　　　不覆載,日月無不照明。〔註281〕

可知劉牧所陳「天地無不覆載」,即援引泊此。劉牧藉《文子》闡述天無所包覆、地無怨承載,所蘊涵「碩大」、「公正」之道,以詮釋〈大壯䷡·象傳〉所云,天地自然運轉之情,對應形容象徵「大」、「正」字義之理。

　　劉牧此述,文詞簡練,經義明確,條暢通達,語意完整,未見象數融合其間。比較王弼〈大壯䷡·象傳〉之注:

　　　大者謂陽爻,小道將滅,大者獲正,故利貞也。天地之情,正大而

　　　已矣。弘正極大,則天地之情可見矣。〔註282〕

彼此字裡行間,未有任何相類之處;詮註「天地之情」與「大」、「正」之釋解,更見相異。若此,宋咸謂劉牧「盡刊王文,直用己意代之」及李覯批劉牧「牽合象數,其餘援輔嗣之意而改其辭」之論,於此儼然無法成立。

　　現今文獻,不見陸希聲此則傳注,然晁說之有言「希聲不出王輔嗣之藩籬」,浸假此話為真,則陸氏傳文,理當相去王弼不遠。王弼尚有《老子道德經》注本傳世,惟其〈大壯䷡·象傳〉之注,已然與劉牧引用道家《文子》

〔註278〕〔三國·魏〕王弼注,〔唐〕陸德明音義,孔穎達正義:《周易經傳注疏》,卷6,頁149。

〔註279〕〔南宋〕李衡刪增:《周易義海撮要》,收入《景印摛藻堂四庫全書薈要·經部第 3 冊·易類》(臺北:世界書局,1988 年),總第 4 冊,卷4,頁118。

〔註280〕〔明〕葉良佩輯:《周易義叢》,收入《續修四庫全書·經部·易類》(上海:上海古籍出版社,1995 年),第 7 冊,卷之 7,頁 263。

〔註281〕〔東周〕辛鈃撰:〈精誠〉,《文子》,收入《景印摛藻堂四庫全書薈要·子部第 31 冊·道家類》(臺北:世界書局,1988 年),總第 276 冊,卷上,頁 111。

〔註282〕〔三國·魏〕王弼注,〔唐〕陸德明音義,孔穎達正義:《周易經傳注疏》,收入《景印摛藻堂四庫全書薈要·經部第 1 冊·易類》(臺北:世界書局,1988 年),總第 2 冊,卷 6,頁 149。

義理之敘，全然不類且無符契之詞。雖《崇文總目》〔註283〕、《遂初堂書目》〔註284〕登載陸希聲，曾有《老子》相關撰著，然亦應如王弼與劉牧之般，陸、劉兩者，該當存在毫無聯繫之差異。

若然，鄭獬抑稱「牧之注，本沿蹈於希聲，而又益以茫昧荒虛，不可究之象數」、陳振孫攻詰「劉牧之學，大抵求異先儒，穿鑿破碎」諸言語，咸皆不知所憑，淪為荒誕。

（八）〈損卦䷨‧彖傳〉

〈彖〉曰：〈損〉䷨，損下益上，其道上行。損而有孚，元吉，无咎，可貞，利有攸往。曷之用，二簋可用享，二簋應有時，損剛益柔有時，損益盈虛，與時偕行。〔註285〕

李衡於此，裒輯劉牧一則注文：

「〈泰〉䷊損九三以代上六，是損下益上，而其道上行矣。」損有孚者，取於民，當以誠信取之，有制什一而稅是也，故利有所往。二簋應有時者，八蜡不通，所以謹民財，是歲凶，民不足之時，當用約以取民也。歲「儉」民不足，則「用之以約」，歲豐民侈，厚欲以節之，損益盈虛，與時偕行也。牧〔註286〕

葉良佩亦同然錄記，惟內容稍有不同：

損有孚者，取於民，當以誠信取之，有制什一而稅是也，故利有所往。二簋應有時者，八蜡不通，所以謹民財，是歲凶，民不足之時，當用約以取民也。歲「凶」民不足，則「儉用以裕之」，歲豐民侈，

〔註283〕按《崇文總目》登載：「《道德經傳》四卷　唐陸希聲撰，傳疏道、德二經義。」〔北宋〕王堯臣、王洙、歐陽修等撰：〈道家類〉，《崇文總目》，收入《景印文淵閣四庫全書‧史部432‧目錄類》（臺北：臺灣商務印書館，1984年），第674冊，卷5，頁59。

〔註284〕按《遂初堂書目》記錄：「唐陸希聲《老子指解并問答》。」〔南宋〕尤袤撰：〈道家類〉，《遂初堂書目》，收入《景印文淵閣四庫全書‧史部432‧目錄類》（臺北：臺灣商務印書館，1984年），第674冊，頁462。

〔註285〕〔三國‧魏〕王弼注，〔唐〕陸德明音義，孔穎達正義：《周易經傳注疏》，收入《景印摛藻堂四庫全書薈要‧經部第1冊‧易類》（臺北：世界書局，1988年），總第2冊，卷7，頁169。

〔註286〕〔南宋〕李衡刪增：《周易義海撮要》，收入《景印摛藻堂四庫全書薈要‧經部第3冊‧易類》（臺北：世界書局，1988年），總第4冊，卷4，頁138～139。

「財則」厚斂以節之，損益盈虛，與時偕行也。劉牧〔註287〕

李、葉所載之差異，分別以「」號框記且比較如下：

㈠李有「〈泰〉䷊損九三以代上六，是損下益上，而其道上行矣」句，惟葉無。

㈡李著「歲『儉』民不足」，葉登「歲『凶』民不足」；「儉」、「凶」二字之別。

㈢李刊「用之以約」，葉書「儉用以裕之」。

㈣李編「厚斂以節之」，葉作「『財則』厚斂以節之」，多出「財則」之語。

　　彼此雖有些許詞句登載之不類，惟整段文義並無區別。若此，筆者即採合併方式，進行分析與研究。

　　劉牧云〈泰〉䷊卦，下卦乾☰九三，代上卦坤☷上六；坤☷上六，下替乾☰九三，即〈損䷨·彖〉所稱「〈損〉䷨，損下益上，其道上行」之義。劉牧此釋，乃承東漢·荀爽（128～190）注「損而有孚」：「謂損乾☰之三居上，孚二陰也。」〔註288〕及釋〈賁䷕·彖〉「柔來而文剛，故亨。分剛上而文柔，故小利有攸往」〔註289〕：

> 此本〈泰〉卦䷊，謂陰從上來，居乾☰之中，文飾剛道，交於中和，故亨也；分乾☰之二居坤☷之上，上飾柔道兼據二陰，故小利有攸往矣。〔註290〕

之「成卦說」而來。後於劉牧，被四庫館臣尊為「儒理宗」代表之胡瑗，〔註291〕亦沿荀爽成卦之論而曰：

> 〈賁〉卦䷕，自〈泰〉䷊而得。坤☷之上六，來居乾☰之九二，此以柔道文飾剛健之德也。……以〈泰〉卦䷊，乾☰之二，分居坤☷之上，是分剛陽之道而文飾于柔德也。〔註292〕

〔註287〕〔明〕葉良佩輯：《周易義叢》，收入《續修四庫全書·經部·易類》（上海：上海古籍出版社，1995年），第7冊，卷之8，頁313。

〔註288〕〔唐〕李鼎祚撰：《周易集解》，收入《景印文淵閣四庫全書·經部1·易類》（臺北：臺灣商務印書館，1983年），第7冊，卷8，頁737。

〔註289〕〔三國·魏〕王弼注，〔唐〕陸德明音義，孔穎達正義：《周易經傳注疏》，收入《景印摛藻堂四庫全書薈要·經部第1冊·易類》（臺北：世界書局，1988年），總第2冊，卷4，頁109。

〔註290〕〔唐〕李鼎祚撰：《周易集解》，卷5，頁687。

〔註291〕〔清〕永瑢等撰：〈經部一·易類一〉，《四庫全書總目提要》，收入王雲五主編：《萬有文庫·第一集一千種》（上海：商務印書館，1931年），第1冊，卷1，頁2。

〔註292〕〔北宋〕胡瑗撰：《周易口義》，收入《景印摛藻堂四庫全書薈要·經部第1冊·易類》（臺北：世界書局，1988年），總第2冊，卷4，頁447。

同為「儒理宗」之程頤，〔註293〕猶采相類「成卦」之言：

> 有取二象兼取二爻交變為義者，風雷〈益〉䷩，兼取損上益下；山
> 下有澤〈損〉䷨，兼取損下益上是也。〔註294〕

是以洎劉牧以降，義理學派談「成卦」之說者，概循荀爽之源可見。劉牧且引
《穀梁傳》所載「古者稅『什一』〔註295〕之制，以譬「損而有孚」之意，故
謂「損有孚者，取於民，當以誠信取之，有制『什一』〔註296〕而稅是也。」

　　劉牧另舉《禮記》所錄：「八蜡以記四方，四方不順成，『八蜡不通，以謹
民財』也」〔註297〕之戒，以解「二簋應有時」之機，當於歲凶，民用不足之
際，則取民以約。

　　若此，劉牧訓〈損䷨·彖〉之辭，可謂摭荀爽之說以詮〈損〉䷨成卦之兆，
兼取《穀梁傳》、《禮記》鑑誡君上，能視年歲豐儉之況，依時厚斂或用約於
民；洞見損益盈虛，與時偕行之契，以達節奢適當，教化於眾之蘊。敘文全循
〈彖〉辭之述，逐一義理論疏，條暢通達，引據妥切，未有一絲象數穿插其
間，蓋屬以《經》釋《經》，人事解《易》之範式耳。對照王弼之注：

> 艮䷳為陽，兌䷹為陰。凡陰順於陽者也。陽止於上，陰說而順，損
> 下益上，上行之義也。〈損〉䷨之為道，損下益上，損剛益柔也。損
> 下益上，非補不足也。損剛益柔，非長君子之道也。為損而可以獲
> 吉，其唯有孚乎？損而有孚，則元吉，无咎而可正，利有攸往矣。

〔註293〕〔清〕永瑢等撰：〈經部一·易類一〉，《四庫全書總目提要》，第 1 冊，卷 1，
　　　　頁 2。

〔註294〕〔北宋〕程頤撰：《易程傳》，收入王雲五主編：《叢書集成初篇》（上海：商
　　　　務印書館，1936 年據古逸叢書本影印），第 2 冊，卷第 3，頁 111。

〔註295〕按《穀梁傳》云：「……國無九年之畜曰不足，無六年之畜曰急，無三年之
　　　　畜曰國非其國也。……古者『稅什一』，豐年補敗，不外求而上下皆足也。」
　　　　〔東晉〕范寧注，〔唐〕陸德明音義，楊士勛正義：〈莊公·二十有八年〉，
　　　　《春秋穀梁傳注疏》，收入《景印摛藻堂四庫全書薈要·經部第 32 冊·春秋
　　　　類》（臺北：世界書局，1988 年），總第 33 冊，卷 6，頁 104。

〔註296〕按東晉·范寧（？）注：「古者五口之家，受田百畝，為官田十畝，是為私
　　　　得其什，而官稅其一，故曰『什一』。」唐·楊士勛（？）進一步解釋：「……
　　　　『為官田十畝』者，受田百畝之外，又受十畝以為公田，是為私得其十，而
　　　　官稅其一，……。」〔東晉〕范寧注，〔唐〕陸德明音義，楊士勛正義：〈莊
　　　　公·二十有八年〉，《春秋穀梁傳注疏》，收入《景印摛藻堂四庫全書薈要·
　　　　經部第 32 冊·春秋類》，總第 33 冊，卷 20，頁 326。

〔註297〕〔東漢〕鄭玄注，〔唐〕孔穎達疏：〈郊特牲〉，《禮記正義》（北京：北京大
　　　　學出版社，2000 年），卷第 26，頁 939。

> 損剛益柔，不以消剛。損柔益上，不以盈上，損剛而不為邪，益上
> 而不為諂，則何咎而可正？雖不能拯濟大難，以斯有往，物无距也。
> 曷，辭也。「曷之用」，言何用豐為也。二簋，質薄之器也。行損以
> 信，雖二簋而可用享。至約之道，不可常也。下不敢剛，貴於上行，
> 損剛益柔之謂也。剛為德長，損之不可以為常也。自然之質，各定
> 其分，短者不為不足，長者不為有餘，損益將何加焉？非道之常，
> 故必「與時偕行」也。〔註298〕

劉牧注文或已遭部分芟削，僅存「〈損〉☷，損下益上，其道上行。」「損而有
孚」、「利有攸往」、「二簋應有時」、「損益盈虛，與時偕行」諸句有所詮釋。惟
劉牧藉經傳引喻說明之簡潔明暢，相較王弼於該諸句之迂腐曲折陳具，確然
不可同日而語。彼此不見有何關聯干係，闡示筆法更且互不相類，全然未有
宋咸所稱劉牧「盡刊王文，直用己意代之」及李覯「牧又注《易》新意，牽合
象數，其餘援輔嗣之意而改其辭」之情狀。

　　陸希聲〈損☷·象〉之傳注，已不存於文獻，然依晁說之所言「希聲不出
王輔嗣之藩籬」研判，按理劉牧與陸希聲兩相詮註之內容，亦應猶如劉牧之
於王弼一般，無有關涉；且考劉牧〈損☷·象〉注文，除「成卦」之論有所承
續，餘則純然皆為己創之義理條述，未有片言雷同於先儒，若然鄭獬所謂「牧
之注，本沿蹈於希聲，而又益以茫昧荒虛，不可究之象數」及陳振孫所云「劉
牧之學，大抵求異先儒，穿鑿破碎」之詆誹，於此則盡皆歸於虛浮，無可接
受。

（九）〈歸妹☳·九四〉爻辭、〈小象〉

　　九四：歸妹愆期，遲歸有時。〈象〉曰：愆期之志，有待而行也。
　　〔註299〕

李衡纂錄劉牧之注說如下：

> 說以動，謂少女說從「於」長男。今四居下體之上，位過乎少女，
> 是歸妹之愆期者也。女過盛年，則與「摽」梅之嘆，然四以陽處陰，

〔註298〕〔三國·魏〕王弼注，〔唐〕陸德明音義，孔穎達正義：《周易經傳注疏》，
　　　　收入《景印摛藻堂四庫全書薈要·經部第 1 冊·易類》（臺北：世界書局，
　　　　1988 年），總第 2 冊，卷 7，頁 169。
〔註299〕〔三國·魏〕王弼注，〔唐〕陸德明音義，孔穎達正義：《周易經傳注疏》，
　　　　收入《景印摛藻堂四庫全書薈要·經部第 1 冊·易類》，總第 2 冊，卷 9，
　　　　頁 213～214。

不居其正，合〈歸妹〉䷵之象，雖有勤望之志，而不為備「淫」奔之行，茲待禮而行者，故〈象〉曰：「愆期之志，有待而行也。」牧〔註300〕

葉良佩亦載記此則注文，惟間有三字之別：

說以動，謂少女說從長男。今四居下體之上，位過乎少女，是歸妹之愆期者也。女過盛年，則與「摽」梅之嘆，然四以陽處陰，不居其正，合〈歸妹〉䷵之象，雖有勤望之志，而不為「遙」奔之行，茲待禮而行者，故〈象〉曰：「愆期之志，有待而行也。」劉牧〔註301〕

兩者差異之處，以「」圈註。葉良佩所登「謂少女說從『於』長男」句，無「於」字；李衡錄「興『摽』梅之嘆」，葉氏記「興『標』梅之嘆」，李寫「摽」，葉植「標」；李衡陳「而不為備『淫』奔之行」，葉則列「而不為備『遙』奔之行」，有「淫」、「遙」之不同。

依《說文通訓定聲》釋「摽」云：「〔叚借〕為『莩』，《詩》：『摽有梅。』《爾雅·釋詁》：『摽，落也。』又為『標』，《漢書·王莽傳》：『及至青戎，摽末之功。』」〔註302〕若此，「摽」可叚借為「標」。明·張溥（1602～1641）記錄梁·蕭統（501～531）〈貌雪〉詩即載：「既同『標』梅萼散，復似大谷花飛」〔註303〕、明末清初刁包（1603～1669）於〈歸妹䷵·九四〉爻述：「蓋賢明之女，自守以待佳偶，雖抱『標』梅之嘆而不違恤也。」〔註304〕亦將「摽梅」寫為「標梅」，顯然此二詞，泊古（或明）以來，即有相通之用。是以葉良佩所載之「標梅」，等同於李衡所錄之「摽梅」。

葉良佩所輯「而不為備『遙』奔之行」之「遙」，恐為「淫」字傳抄之誤，

〔註300〕〔南宋〕李衡刪增：《周易義海撮要》，收入《景印摛藻堂四庫全書薈要·經部第3冊·易類》（臺北：世界書局，1988年），總第4冊，卷5，頁197。

〔註301〕〔明〕葉良佩輯：《周易義叢》，收入《續修四庫全書·經部·易類》（上海：上海古籍出版社，1995年），第7冊，卷之10，頁416。

〔註302〕〔清〕朱駿聲撰：〈小部第七·摽〉，《說文通訓定聲》，收入《續修四庫全書·經部·小學類》（上海：上海古籍出版社，1995年），第220冊，頁392。

〔註303〕〔明〕張溥編：〈蕭統集〉，《漢魏六朝百三家集》，收入《景印摛藻堂四庫全書薈要·集部第124冊·總集類》（臺北：世界書局，1988年），總第471冊，卷81，頁160。

〔註304〕〔清〕刁包撰：《易酌》，收入《景印文淵閣四庫全書·經部33·易類》（臺北：臺灣商務印書館，1983年），第39冊，卷9，頁463。

蓋本章逕予改之。惟李、葉撰次劉牧整段釋解之語義，彼此不因有無助詞「於」字，而有所區分。

〈歸妹〉卦䷵，上震☳，下兌☱，〈說卦傳〉著曰：「震☳一索而得男，故謂之長男。……兌☱三索而得女，故謂之少女。」〔註305〕又云：「震☳，動也。……兌☱，說也。」〔註306〕劉牧沿此以訓〈歸妹䷵·彖傳〉：「說以動」〔註307〕，即少女說從長男之意。且謂〈歸妹〉䷵九四爻，居下卦兌☱之上，位已過乎少女，有嫁妹歸期耽誤之徵，故爻辭稱之「歸妹愆期」。

劉牧引《詩·召南·摽有梅》所言：「摽有梅」〔註308〕，以喻〈歸妹䷵·九四〉之狀，猶如女過盛年，則興此「摽梅」之嘆。更藉《詩經·王風·大車序》：「禮義陵遲，男女淫奔」〔註309〕之譏，輔翼詮註〈歸妹䷵·九四〉：「遲歸有時」及〈九四·小象〉：「愆期之志，有待而行也」之旨。

敘之〈歸妹䷵·九四〉，陽爻處陰，未得其正之狀，洽能符契歸妹愆期之情，雖有延遲而顯急切企盼之心，惟尚能待禮以動，不為淫奔之行。

觀劉牧此注，乃循〈說卦傳〉之述，對應〈歸妹〉䷵之卦體，兼采《詩經》之說，以釋解〈歸妹䷵·彖傳〉、〈九四〉爻辭及〈小象〉，純然人事義理之運用，未雜象數於其間，堪為以《經》、《傳》解《易》之典式。對照王弼〈歸妹䷵·彖傳〉：「說以動」及〈九四〉爻辭之注：

> 少女而與長男交，少女所不樂也。而今「說以動」，所歸必妹也，雖與長男交，嫁而係娣，是以「說」也。〔註310〕

〔註305〕〔三國·魏〕王弼注，〔唐〕陸德明音義，孔穎達正義：《周易經傳注疏》，收入《景印摛藻堂四庫全書薈要·經部第1冊·易類》（臺北：世界書局，1988年），總第2冊，卷13，頁302。

〔註306〕〔三國·魏〕王弼注，〔唐〕陸德明音義，孔穎達正義：《周易經傳注疏》，收入《景印摛藻堂四庫全書薈要·經部第1冊·易類》（臺北：世界書局，1988年），總第2冊，卷13，頁302。

〔註307〕〔三國·魏〕王弼注，〔唐〕陸德明音義，孔穎達正義：《周易經傳注疏》，收入《景印摛藻堂四庫全書薈要·經部第1冊·易類》，總第2冊，卷9，頁212。

〔註308〕〔西漢〕毛亨傳，〔東漢〕鄭玄箋，〔唐〕孔穎達疏：《毛詩正義》（北京：北京大學出版社，2000年），卷第1（1之5），頁109。

〔註309〕〔西漢〕毛亨傳，〔東漢〕鄭玄箋，〔唐〕孔穎達疏：《毛詩正義》（北京：北京大學出版社，2000年），卷第4（4之1），頁314。

〔註310〕〔三國·魏〕王弼注，〔唐〕陸德明音義，孔穎達正義：《周易經傳注疏》，卷9，頁212。

　　夫以不正无應而適人也，必須彼道窮盡，无所與交，然後乃可以往，

　　故「愆期遲歸」，以待時也。〔註311〕

明顯看出，和劉牧之陳示，毋論文詞抑或語句，彼此可謂毫無干連，全然未
有劉牧沿習之痕蹟。若此，宋咸稱劉牧「盡刊王文，直用己意代之」、李覯云
「牧又注《易》新意，牽合象數，其餘援輔嗣之意而改其辭」等諸語，於此則
淪為空話，盡遭否定。

　　文獻不存陸希聲此則傳注，惟晁說之曾曰：「希聲不出王輔嗣之藩籬」。
若然，其言倘若為真，則希聲此處訓註，概與王弼之說，恐該相去不遠。然今
劉牧已然相悖於王弼，同理可期，必也應當不類於希聲。況亦未見先儒有與
劉牧詮解近似者，是以鄭獬攻訐「牧之注，本沿蹈於希聲，而又益以茫昧荒
虛，不可究之象數」及陳振孫駁斥「劉牧之學，大抵求異先儒，穿鑿破碎」等
議論，則猶如宋咸、李覯之流般，均屬無稽之荒誕耳。

　　馮椅撰《厚齋易學·自序》有云：「今釐贊於《經》，以合於〈傳〉，復孔
門全書之舊，裒稡諸儒之說，為之輯注，庶有補於世教云爾。斯亦孔子贊《易》
之心也。」〔註312〕若然，馮椅認為劉牧此則詮注，蓋符孔子訓《易》之性，
故於「明象占」項，載引劉牧「愆期」之釋，以佐其〈歸妹䷵·九四〉之贊：
「劉長民曰：居下體之上，位過乎少女，是愆期也。」〔註313〕

　　沈起元於其撰著之〈凡例〉亦言：「本朝說《易》諸書，概無偏主，惟以
合于孔〈傳〉足以旁通曲暢者，即為採入，名曰《孔義集說》，以明遵孔之意，
其諸儒則統以時代為先後焉。」〔註314〕是以沈氏猶視劉牧此注，切合孔夫子
「十翼」之旨，同然節刪綴入其作：「劉長民曰：居下體之上，位過乎少女，
女過盛年，愆期也。」〔註315〕

二、宋初義理、儒學治《易》之席位考定

　　審北宋楊億（974～1020）記述：「景德二年三月，試草澤劉牧，策二道，

〔註311〕〔三國·魏〕王弼注，〔唐〕陸德明音義，孔穎達正義：《周易經傳注疏》，
　　　　　卷9，頁213～214。

〔註312〕〔南宋〕馮椅撰：〈自序〉，《厚齋易學》，收入《景印文淵閣四庫全書·經部
　　　　　10·易類》（臺北：臺灣商務印書館，1983年），第16冊，頁5。

〔註313〕〔南宋〕馮椅撰：〈易輯傳第二十三〉，《厚齋易學》，卷27，頁519。

〔註314〕〔清〕沈起元撰：〈凡例〉，《周易孔義集說》，收入《景印文淵閣四庫全書·
　　　　　經部44·易類》（臺北：臺灣商務印書館，1983年），第50冊，頁8。

〔註315〕〔清〕沈起元撰：〈下經〉，《周易孔義集說》，卷14，頁325。

奉旨撰。」〔註316〕策題既為奉旨撰擬，則對照《歐陽修年譜》所云：「天聖八年庚午，公年二十四。……三月御試崇政殿，公甲科第十四名。」〔註317〕當可推斷劉牧於真宗景德二年（1005）〔註318〕三月，即已參加崇政殿御試且獲通過入仕，若此，方有如同李燾所稱：「牧善言邊事，真宗時嘗獻陣圖兵略」〔註319〕之機會。

　　北宋・范仲淹（989～1052）至「（真宗大中祥符）八年乙卯（1015），年二十七」〔註320〕始登進士第。（仁宗天聖）五年丁卯（1027），年三十九，始掌南京應天府學，〔註321〕以教生徒。〔註322〕北宋・司馬光（1019～1086）稱其執教府學時：

　　　　出題使諸生作賦，必先自為之，欲知其難易及所用意，使學者準以為法，由是四方從學者輻輳，其後宋人以文學有聲名于場屋、朝廷者多其所教也。〔註323〕

束景南即據司馬光之說而謂范仲淹：「《易兼三才賦》應即作在這時」〔註324〕。劉炳良且云：

　　　　《范文正公集》中專門討論《周易》的作品有《易義》，……還有幾

〔註316〕　〔北宋〕楊億撰：〈策問十首〉，《武夷新集》，收入《景印摛藻堂四庫全書薈要・集部第 21 冊・別集類》（臺北：世界書局，1988 年），總第 368 冊，卷12，頁 173。

〔註317〕　〔南宋〕周必大編：《文忠集年譜》，收入《景印摛藻堂四庫全書薈要・集部第 25 冊・別集類》（臺北：世界書局，1988 年），總第 372 冊，頁 521。

〔註318〕　方詩銘編：《中國歷史紀年表》（上海：上海辭書出版社，1980 年），頁 110。

〔註319〕　〔南宋〕李燾撰：〈仁宗〉，《續資治通鑑長編》，收入《景印文淵閣四庫全書・史部 73・編年類》（臺北：臺灣商務印書館，1984 年），第 315 冊，卷 103，頁 598。

〔註320〕　按「登蔡齊榜，中乙科第九十七名。」〔南宋〕樓鑰撰：《范文正公年譜》，收入張壽鏞輯：《四明叢書》（揚州：廣陵書社，2006 年），第 8 冊，頁 4738。

〔註321〕　〔南宋〕樓鑰撰：《范文正公年譜》，收入張壽鏞輯：《四明叢書》（揚州：廣陵書社，2006 年），第 8 冊，頁 4739。

〔註322〕　按「（晏殊）知宣州數月，改應天府，延范仲淹以教生徒。」〔元〕托克托撰：〈列傳第七十・晏殊〉，《宋史》，收入《景印摛藻堂四庫全書薈要・史部第 50 冊・正史類》（臺北：世界書局，1988 年），總第 136 冊，卷 311，頁 242。

〔註323〕　〔北宋〕司馬光撰：《涑水記聞》，收入《景印文淵閣四庫全書・子部 342・小說家類》（臺北：臺灣商務印書館，1985 年），第 1036 冊，卷 10，頁 402。

〔註324〕　束景南著：《中華太極圖與太極文化》（蘇州：蘇州大學出版社，1994 年），頁 216。

　　篇賦，如《乾為金賦》、《易兼三材賦》、《天道〔註325〕益謙賦》、《窮

　　神知化賦》等，也是以發揮《周易》思想為主的。〔註326〕

若此，范仲淹與《易》學相關之賦作，倘依司馬光及束氏之論，則理應均作於
執教南京應天府學之時。惟〈易義〉雖無法推斷寫成時間，然亦當於執掌府
學之際，併同諸賦一起教授。是以范氏《易》學學風漫衍之起始上限，亦當由
此滋生。

　　徐洪興談范仲淹之《易》學嘗曰：「范仲淹之治《易》，與當時胡瑗的《周

　　易口義》及稍後程頤的《程氏易傳》十分相似，所以可以歸入宋代《易》學中

　　之「義理」一派。」〔註327〕劉炳良則敘：

　　范仲淹作為開創「宋學精神」的第一人，是宋初儒學復興運動的倡

　　導者，胡瑗、孫復、石介、李覯等都是這一思潮中湧現出來的有代

　　表性的學者。……在學術上，他們開創了純以儒家義理解讀《周易》

　　的風氣之先。〔註328〕

楊亞利亦述：

　　「慶曆易學」指慶曆前後學壇易學，以往學界對這個易學派別未加

　　注意，實際上該學派在易學史上占有重要的地位，它開宋易系統之

　　先河。首先「慶曆易學」開宋學重《易》風氣之先。其次，「慶曆易

　　學」開宋易系統解《易》風氣之先。最後，「慶曆易學」開純以儒家

　　義理解《易》風氣之先。……「慶曆易學」是以范仲淹為核心的學

　　者集團共同作用的結果。〔註329〕

若然，前文已知劉牧《新注周易》、《卦德通論》成書之下限，當於「天聖三年
（1025）冬十一月庚子日之前」，且《新注周易》、《卦德通論》可謂純然儒家
人事義理釋《易》之典範。況仁宗各朝言數者咸已奉劉牧為宗，按理其儒理
《易》學，亦應同然之般令人皆曉，否則即無宋咸「摘〈乾〉䷀、〈坤〉䷁二

<hr>

〔註325〕按原文漏寫「道」字，本章遂以補綴。

〔註326〕劉炳良：〈范仲淹的易學與政治改革思想研究〉，《中央社會主義學院學報》
　　　　2012 年 6 月第 3 期（總第 177 期），頁 83。

〔註327〕徐洪興著：《思想的轉型：理學發生過程研究》（上海：上海人民出版社，2016
　　　　年），頁 245。

〔註328〕劉炳良：〈范仲淹的易學與政治改革思想研究〉，頁 83。

〔註329〕楊亞利：〈「慶曆易學」發微〉，《周易研究》2004 年第 4 期（總第六十六期），
　　　　頁 71。

卦中，王、劉義及《鈎隱圖》以辨之也」〔註330〕之情，及李覯「牧又注《易》
新意，牽合象數，其餘援輔嗣之意而改其辭」、鄭獬「牧之注，本沿蹈於希聲
而又益以茫昧荒虛，不可究之象數」諸詆語。

是以由此誠然可證劉牧義理《易》學之成風，依理亦當早於范仲淹之義
理《易》學、慶曆《易》學，不啻居有宋初義理《易》學濫觴之位，更且具有
宋初儒學倡導推廣之功而不為過。

第四節　小結

劉牧《新注周易》、《卦德通論》，不獨運用史事呼應人事，展現博古通今
之內涵，更且綜合融會〈說卦傳〉、《呂氏春秋》、「孟喜十二月卦」、《易緯乾鑿
度》、《尚書考靈曜》、《春秋元命苞》、《晉書》等諸書衍生之自然節氣、地理方
位及古代天文學理論，以不摻蛛絲象數，純然義理之敘述，釋解〈坤卦䷁‧大
象〉。

因襲《黃帝內經》載述「雲、雨循環氣象」之律，合并《孔子家語》、《淮
南鴻烈解》、《大戴禮記》所陳地理科學座標，兼采「十翼」、《左傳》、《詩經》
字詞文義，以訓〈屯䷂‧大象〉，其義理結合科學之述，即被朱震不註作者而
全然抄錄。

源取《漢書‧天文志》「日，君；斗，臣」之象，兼循「十翼」之說、漢
儒字義訓詁，結合天文星體映襯人事運行以詮釋〈豐䷶‧六二〉，所云內容，
堪稱一家之言，牟子才、鍾惺、賀茂在方咸皆未有著名，逕自剽綴。

劉牧擇取天文、地理之自然科學，以詮釋《易》經卦象、爻辭之精義，符
契人情事理之遞嬗，誠然具備儒家天人合一之風範，且讓人見識其學識之醇
厚與淵廣。劉牧即藉其博覽群書，嫻熟經典，了然諸家之長才，另發揮以經
傳、典籍旨要解《易》之特質，蓋其內容統整如下：

一、采擷《乾坤鑿度‧乾鑿度》援引《萬名經》所云「水、土兼智、信」
之述，以釋〈乾〉卦䷀「元、亨、利、貞」之「貞」，而持「以智為貞」之稱，
異於孔穎達「貞則信也」之論，胡瑗不遵孔氏，全然沿襲劉牧之見。

〔註330〕〔元〕胡一桂撰：〈宋〉，《周易啟蒙翼傳》，收入《景印摛藻堂四庫全書薈要‧
　　　　經部第 10 冊‧易類》（臺北：世界書局，1988 年），總第 11 冊，中篇，頁
　　　　278～279。

　　二、摘掇《九家易》、鄭玄《周易注》之「馴」字訓義，以輔釋〈坤卦䷁・初六〉爻、象之辭，提出〈小象〉「履霜『堅冰』」之「堅冰」乃衍文之說，堪稱獨家之創，胡瑗亦隨從之。

　　三、循〈繫辭〉、《京氏易傳》、《易緯乾鑿度》之說，結合〈坤卦䷁・文言〉之理，併采〈坤鑿度〉、虞翻之注，融會以解〈坤卦䷁・文言・六五〉，其述雖無明指，惟已然隱顯「得中必正」之理，可謂詮發此論之首。程頤：「大率中重於正，中則正矣」〔註331〕之陳，或即因緣於此。

　　四、揉合漢儒荀爽、陸績義理之傳，參佐《禮記》思想，交相而成己敘以訓〈蒙䷃・彖〉。其注說，明・姜寶（？）即全般登載於《周易傳義補疑》，黃以周亦收錄於《十翼後錄》。

　　五、舉《禮記》以闡〈同人䷌・初九〉之旨，藉經典證義，純然義理詮《易》，蓋屬以《經》解《經》之例。

　　六、摘引孔子《論語・八佾》之說，以呼應〈賁卦䷕・上九〉爻、象之辭，堪稱以《經》詮《經》之範，黃以周識得其善，故將之輯入《十翼後錄》。

　　七、據《文子》詮釋〈大壯䷡・象傳〉，文詞簡練，經義明確，條暢通達，語意完整，此為以道家典傳釋《經》之式。

　　八、承荀爽成卦之說，併取《穀梁傳》、《禮記》之詮以釋〈損䷨・象〉，蓋屬以《經》、《傳》解《經》之樣。

　　九、依〈說卦傳〉之述，對應〈歸妹〉䷵之卦體，併采《詩經》之訓，以注〈歸妹〉䷵〈象傳〉、〈九四〉爻、象之辭，亦為以《經》、〈傳〉解《易》之楷。馮椅認為此則注文，符契孔子贊《易》之性，故輯引「愆期」之釋，以輔其〈歸妹䷵・九四〉之敘。沈起元亦視劉牧陳述，切合「十翼」之趣，同然節刪載入其作。

　　綜析而言，劉牧參酌《詩經》、《禮記》、《論語》、《穀梁傳》、《文子》、《京房易傳》、《易緯乾鑿度》、《乾坤鑿度》、〈繫辭〉、〈文言〉、〈說卦〉諸經傳相關著錄，結合《九家易》、鄭玄、荀爽、虞翻、陸績漢儒文章字義之訓注，融會而成一己之論，以釋解〈乾〉卦䷀、〈坤卦䷁・初六〉、〈坤卦䷁・文言・六五〉、〈蒙䷃・彖〉、〈同人䷌・初九〉、〈賁卦䷕・上九〉、〈大壯䷡・象傳〉、〈損䷨・象〉、〈歸妹䷵・象傳〉、〈九四〉爻、象之辭。

〔註331〕〔北宋〕程頤撰：《易程傳》，收入王雲五主編：《叢書集成初篇》（上海：商務印書館，1936年據古逸叢書本影印），第3冊，卷第5，頁200。

　　各注咸皆契合人事義理之要，毫無象數摻雜其間，提出「以智為貞」、「堅冰衍文」之說，均獲胡瑗沿蹈採用。闡發隱含「得中必正」之述，恐啟程頤「中者必正」之端。且〈蒙䷃·彖〉之敘，同獲姜寶、黃以周收錄，〈賁卦䷕·上九〉之釋，亦得黃以周登載，而〈歸妹䷵·九四〉「愆期」之解，尚有馮椅、沈起元援引。

　　劉牧「以史證《易》」；「摭天文、地理科學解《易》」；「摘經傳、典籍闡《易》」之諸特性，誠然架構於儒理釋《易》之核心要諦之上，而進行相關之論述及演繹，字裡行間，未有抄掇竄改先儒之跡，可謂純然一己之創；咸未混雜象數之譯，全然契合義理之規。

　　繼前章因受限篇幅之故，僅能從 249 條輯佚注文之中，分上、下《經》，衷取 21 則文句較為完整之釋例加以分析，兼及本章梳理所得之史事 5 則、天文地理 3 則、經傳典籍 9 則之詮解研究，已確然可證劉牧《新注周易》、《卦德通論》之詮註，不獨列居宋初義理《易》學肇端之尊，尚且占有宋代史事解《易》風潮之承上啟下席位，甚且兼備宋初儒學勃興開創之功。